*J'AI EU VINGT ANS
À RAVENSBRÜCK*

BÉATRIX DE TOULOUSE-LAUTREC

J'AI EU VINGT ANS À RAVENSBRÜCK

La victoire en pleurant

FRANCE LOISIRS
123, Boulevard de Grenelle, Paris

Édition du Club France Loisirs, Paris,
réalisée avec l'autorisation de la librairie Académique Perrin

ISBN 2-7242-6676-5

Je dédie ce livre à tous les jeunes au seuil de leur vie d'adulte, et j'ose leur dire comme le pape Jean Paul II : « N'ayez pas peur. »

Ce « témoignage » vécu à l'âge de vingt ans démontre que, même si c'est très dur, ça vaut la peine de VIVRE.

AVANT-PROPOS

Voici comment ce livre a jailli spontanément de mon cœur, il y a quarante-cinq ans.

En 1946, un an après la libération de Ravensbrück, je rencontre celui qui deviendra mon mari. Il commande le 2e régiment de dragons à Schwaz en Tyrol.

Cette ambiance germanique dans laquelle je baigne soulève soudain en moi une marée de tristesse profonde. Je m'empare aussitôt de ma plume, compagne fidèle, et je vide sur le papier le souvenir trop lourd de toutes ces choses si dures qui m'obsèdent. C'est ainsi que j'écris très vite la première partie : Montluc.

Puis fiançailles, mariage. Je reprends ma plume et, en deux mois, le manuscrit est terminé. Terminées aussi les nuits de cauchemar, les angoisses qui m'empêchent presque de vivre. Le mot « FIN » m'a en quelque sorte libérée. Je suis prête à regarder l'avenir sans être paralysée par le passé. Ecrire est une excellente thérapeutique !

Ce fut vraiment un « jaillissement » car je n'avais pris aucune « note », ni en prison ni dans le camp. A mesure que j'écrivais, le film se déroulait si vite, si vite, que ma plume avait du mal à suivre les images bondissantes du plus profond de moi-même. Personnages, scènes, dialogues, tout était gravé en moi.

En 1948, je rencontre à Paris une ancienne et excellente amie de mon père. Elle me pose des questions sur ma déportation. Je trouve plus simple de lui passer mon manuscrit. Elle le trouve excellent et le fait lire — sans nom d'auteur et à mon insu car l'idée de le faire éditer ne me traversait pas l'esprit — à Roger Martin du Gard et à Albert Camus dont voici les commentaires :

D'abord ceux de Roger Martin du Gard :

« Nice, 28 novembre 1948. J'ai lu le manuscrit anonyme 75.537 sur Montluc et Ravensbrück. Vous aviez raison de me dire que peu de récits de camps donnent une telle impression d'exactitude et d'authenticité ; peu de ces rescapés qui racontent leur martyre, ont su rendre si fidèlement, si humblement, avec une telle absence de cabotinage et de tricherie, ce qu'a été leur vie de chaque jour, ses grandes angoisses, ses dangers, ses petites peines, ses petites joies. Cela mériterait certainement de ne pas rester manuscrit, et de survivre parmi les documents de cette sinistre époque. (Imaginez combien il serait curieux pour nous de lire, dans quelque notation littérale, ce qu'étaient au juste l'existence, la promiscuité, la conversation, dans les cachots de la Terreur !)

« Ceci dit, ce saisissant documentaire n'est pas un "livre"... Je ne crois guère que le public actuel y trouverait autant d'intérêt que les historiens futurs ou les romanciers curieux du réel. »

Voici le jugement d'Albert Camus :

« 17 juin 1948. Je vous remercie d'avoir bien voulu me communiquer ce manuscrit. On ne peut pas ne pas être profondément touché par le ton même du récit. Garder l'amour de la vie, la confiance, l'humour quelquefois, la tendresse toujours au milieu des charniers, c'est un tour de force ou une grâce, je ne sais pas. Il y faut de l'âme en tout cas et l'auteur en est pourvu [...] La forme n'est pas littéraire, c'est un fait. Mais sans doute ne pouvait-elle pas l'être. »

En apprenant ces réactions, je suis parfaitement heureuse. Ils ont bien jugé : je n'ai pas fait de littérature.

Les années passent.

1957. J'apprends par hasard qu'un concours est organisé par *le Parisien libéré*. Je tente ma chance. Pourquoi pas ? J'envoie mon manuscrit anonyme numéro 75.537 (mon numéro au camp).

J'avoue que mon cœur frémit de joie lorsqu'une lettre de Claude Bellanger m'apprend que je suis lauréate du prix exceptionnel accompagnant le Grand Prix Vérité. Voir soudain mon nom dans les journaux, passer à la télévision à l'issue du déjeuner chez Lucas-Carton où une assistance choisie me remet le prix, assaisonné d'éloges... Je dois le confesser, un vertige me saisit, des vapeurs délicieuses me montent à la tête. Ça y est, me voici au bord de l'abîme : une maladie mortelle me tombe dessus... je me prends « au sérieux » ! Oui, quoi de plus grave que de se prendre au sérieux ? Réellement terrifiée, à peine le repas terminé, je me précipite à la Madeleine, aux pieds de sainte Rita et de saint Expédit, patrons des causes désespérées. Je les supplie ainsi : « Faites que je ne sois pas éditée. »

Je fus pleinement exaucée.

Les années passent.

1966. Une amie me demande de lui prêter le manuscrit. Elle le fait lire à M. Pontal, préfet de l'Oise. Il trouve le récit très bon et assez particulier dans sa forme. Il demande à me voir et m'explique qu'il faut absolument trouver un éditeur, ne serait-ce que pour en déposer un exemplaire à la Bibliothèque nationale en vertu du dépôt légal et à l'intention des « historiens futurs » ou des « romanciers curieux du réel », selon la formule de Roger Martin du Gard.

M. Pontal en parle à M. Chaussade, préfet de Haute-Normandie, qui obtient du Conseil général de Seine-Maritime la possibilité d'imprimer quelques exemplaires non commercialisés dans le but de conserver le « témoignage ». C'est alors que Mme Caillaux, sœur du général de Gaulle, que nous appelons tous « tante Agnès » et qui préside notre groupe de déportées de Seine-Maritime, remet un exemplaire à son frère. Et, un beau matin, je reçois une lettre toute simple, écrite à la main, sans en-tête sur l'enveloppe. C'était la lettre du général de Gaulle qui figure à la fin de cet ouvrage ! Treize ans après, des amis s'employèrent à faire éditer mon livre. C'est ainsi qu'il atterrit à France-Empire en 1981. Je n'avais pas cru bon alors de parler de cette lettre du Général, mais François-Xavier de Vivie, qui a souhaité la renaissance de ce livre, m'a convaincue de la publier, car elle ne lui a pas paru de simple et anodine politesse. Et je pense effectivement que, mieux qu'aucune parole, elle introduira le lecteur au « cœur » de mon témoignage.

Quelques personnes m'avaient suggéré de le réécrire en vue de cette seconde naissance qui m'enchante d'autant plus qu'elle a lieu au sein d'une maison d'édition spécialisée dans l'Histoire. J'ai été tentée, sous leur influence, de lui donner une forme plus littéraire, plus cursive, plus léchée. L'éditeur m'en a dissuadée, estimant « qu'il y perdrait son authenticité et sa fraîcheur ». Je me suis inclinée et je laisse donc à mes souvenirs la spontanéité et, sans doute, les maladresses de mes vingt ans. Ils sont dédiés à ceux qui ont aujourd'hui l'âge que j'avais à Ravensbrück.

Béatrix de TOULOUSE-LAUTREC
Déportée sous son nom de jeune fille :
Béatrix de Gontaut-Biron.
Entrée au camp dans les 57.000 et au
retour de Torgau numéro matricule 75.537.

PREMIÈRE PARTIE

MONTLUC

Même le plus noir nuage a toujours sa frange d'or.
(Chant des Prisonniers.)

20 juillet 1946. Le Pont de Kehl est démoli. Le Rhin à gros bouillons bondit sur les ossements de ce qui fut une puissante armure de fer. A l'entrée du Pont, un grand écriteau blanc avec des lettres noires : « Ici, les troupes françaises ont franchi le Rhin en 1945 ».

Alors je me souviens qu'il y a deux ans le Pont de Kehl se dressait majestueux, les portes de fer resserraient leur étreinte sur les milliers de bagnards et de bagnardes qui s'en allaient aux travaux forcés. Combien peu ont repassé le Pont de Kehl !

AVANT-PROPOS

Je ne veux pas écrire un livre. Les faits précis, les statistiques, ce qu'on nomme : les horreurs de Ravensbrück, les descriptions techniques ont déjà été exposés.

Ce que je veux, c'est prendre un pinceau, une palette et y jeter quelques couleurs et vous qui regarderez ces couleurs, vous sentirez alors en vous toute la souffrance, les désespoirs et les espoirs de vos sœurs qui ont franchi le Pont de Kehl.

Je veux vous faire pénétrer l'atmosphère d'un tableau que j'ai non seulement vu mais vécu, et je m'engage à ne citer que des observations faites par moi seule.

Ne croyez pas que j'aie parcouru d'une manière spéciale l'âpre chemin où je veux vous mener. Non. Je n'ai été qu'une entre mille, une entre mille à haïr, une entre mille à espérer, un point gris perdu dans la foule grise des bagnards, le numéro 75.537, une voix du chœur immense qui chantait en sourdine :

O terre de détresse
Où nous devons sans cesse
Piocher, piocher...

Cette masse humaine, chargée de chaînes, le front penché vers la terre, les yeux levés vers le ciel, chantait :

Même le plus noir nuage
A toujours sa frange d'or.

Je voudrais que de mon tableau, peut-être un peu sombre, se dégage cette clarté lumineuse qui a soutenu toutes nos camarades. Et que, lorsque de noirs nuages menaceront de vous écraser, vous gardiez une confiance ferme et pure. C'est le plus grand hommage que vous pourrez rendre à vos sœurs d'armes, car aucune d'elles n'a jamais douté :

Que même le plus noir nuage
A toujours sa frange d'or.

*

Un jour avec grande politesse
On ne sait pourquoi, ni comment
On nous demande notre adresse
Ce n'est que pour un renseignement
On nous emmène en auto
Comme tout l'monde
Tout droit à la Gestapo
Comme tout l'monde
Les deux mains derrière le dos
Comme tout l'monde
Et c'est ainsi qu'on arrive à Montluc
Comme tout l'monde
(Le chant de Montluc).

21 juin 1944. La route se déroule devant nous, blanche et poudreuse. Nous venons de dépasser la borne qui délimite les départements du Rhône et de l'Ain. Il est six heures du soir et dans l'Ain, c'est le couvre-feu ; représaille contre les maquisards qui gagnent du terrain.

Nous sommes Maman, moi et le chauffeur dans la camionnette de la Croix-Rouge ; c'est régulier, nous avons les ordres de mission nécessaires. Evidemment le couvre-feu ne tolère aucune exception, mais il nous reste deux kilomètres à parcourir pour atteindre notre but. Nous devions passer à cinq heures, une panne nous a retardés. Mais qui ne risque rien n'a rien, et le chauffeur accélère.

Soudain, à l'horizon, un point noir qui grossit et se concrétise dans une auto de laquelle bondissent des militaires armés. Reculer serait un suicide.

— C'est mauvais, mais n'aie pas peur, me souffle Maman, il faut rester calme.

— Stop. Ce cri de guerre retentit à nos oreilles plein de menaces. Aussitôt, la tête de mort sur leurs képis, les militaires nous entourent : la Gestapo. Ils nous insultent, croyant qu'ils sont les seuls à parler leur langue :

— Nous la tenons enfin la Comtesse, vous êtes une heure en retard...

— D'où le savez-vous ? Et il se mord la langue.

Ils nous font descendre de voiture et monter dans leur conduite intérieure, menaçant de leurs baïonnettes. Ils étaient trois plus le rétroviseur. Devant nous roule la camionnette, gardée elle aussi. Et nous suivons la Saône, la fraîcheur du soir tombe comme un voile léger sur les rives vertes, et les rues des faubourgs de Lyon sont très animées parce que c'est la sortie des bureaux, et :

— Vous vous expliquerez à la Gestapo, gueule le boche, jouant avec son revolver.

INQUIÉTUDES. LE PAPIER

Dans l'auto, Maman murmure :

— As-tu quelque chose sur toi ?

— Non, et vous ?
— Moi, oui, un mauvais papier.

Alors Maman hypnotise les serpents, leur parlant sans arrêter et les fixant, les yeux dans les yeux ; alors elle peut ouvrir son sac, en sortir un petit rouleau de papier :

— Prends-le et détruis.

Ce fut dit entre deux mots allemands et je ne compris que lorsque je vis la main de Maman s'avancer vers moi ; je pris le papier. Ils n'ont rien vu. Mais comment ? où ? Alors de la même façon je le rendis à Maman :

— Impossible.

Elle le reprend. Ils n'ont rien vu. Soudain panne dans le moteur, petite perturbation :

— Maintenant, je reprends le papier. Ils n'ont toujours rien vu.

Voici Lyon, le Train Bleu, les quais, les Jacobins, Bellecour, un virage, un caniveau, et nous voici dans l'enceinte de la terreur... d'où on ne revient pas ! Nous sommes cernés de toutes parts de militaires.

— Montez, ordonne le chef de notre équipe, et, lorsque je levai ma jambe et la reposai sur la marche supérieure, je crus que mes jambes étaient en coton ou l'escalier en substance molle. J'avais très peur.

TROISIÈME ÉTAGE

Nous voici au troisième étage du grand immeuble. Autour de nous cris, ordres, bruits de bottes et cliquetis d'armes.

— Entrez, et nous pénétrons, Maman, moi, le chauffeur et nos gardes du corps dans une grande pièce claire : le bureau du chef de la Gestapo :

— Prenez place, Mesdames. Versailles.

Questions auxquelles Maman répond avec calme.

— Fouillez, ordonne le chef, et systématiquement nos affaires sont passées au crible. Tout ce qui est papier est déposé sur le bureau du chef, qui les parcourt avec attention. Soudain de mon sac sort une lettre dont le chef se saisit. Je n'ose regarder Maman mais je sens posé sur moi son regard calme et d'apparence indifférent qui me brûle et me transperce.

— Qu'est ceci ? demande le chef.

— Des comptes, sans aucun intérêt..., et il replie la lettre et la pose sur la pile formée par tout ce qu'il a déjà parcouru et jugé sans intérêt. Je revis. L'avant-veille Maman m'a dit :

— On ne sait jamais, etc., note ce que je vais te dire... et ne trouvant rien d'autre sous la main, j'avais pris la lettre de C. qui laisse toujours beaucoup de marge, et j'avais noté...

— Ça va... Quand l'affaire sera éclaircie, vous serez libres, mais pour ce soir il est tard, sept heures, je me vois dans l'obligation de vous tenir à notre disposition.

Et nous redescendons les trois étages.

LA FORTERESSE

Certains mots évoquent certaines atmosphères. Celui de Gestapo correspond à un malaise très marqué, mais pour nous, Lyonnais provisoires, celui de Fort Montluc équivaut à terreur. Pour nous Fort Montluc égale torture, cachots humides, paillasses sales, punaises et rats. Mort ! Nous ne recevions jamais de nouvelles de ceux de nos amis qui en ont franchi le seuil. Dès que je vis, par la vitre de la petite auto qui nous conduisait, les murs crénelés et les portes de fer, j'ai compris.

Nous sommes au fort Montluc.

Dans un roulement d'acier, ces mêmes portes se referment après nous avoir englouties. Les hommes sont enchaînés deux à deux, mais les chaînes qui pèsent sur notre cœur sont plus lourdes.

Je me rapproche de Maman :

— Va-t-on nous séparer ?

— Je ne sais pas, il faut beaucoup prier. J'en suis incapable.

Les clefs tournent devant nous, les portes se referment derrière, je ne sais vraiment pas par où nous sommes passées. Mais nous voici dans un couloir de pierre. Tout le long, des portes. Je lève la tête et au-dessus de nous une triple balustrade superposée et, à chaque étage, deux soldats qui font la ronde. Je lis sur une pancarte : Frauen Sektion, Section des femmes. Le soldat appelle et du fond du couloir apparaît une femme S.S., elle a les cheveux roux et l'œil mauvais.

— Ah! Ah! dit-elle pleine de mépris, et d'un Komm — viens — autoritaire, elle nous mène dans le couloir, ouvre d'un bruit sec une de ces nombreuses portes pleines de mystère et nous pousse rudement.

C'est la cellule 26.

ENCORE LE PAPIER

Pendant tout l'interrogatoire, place Bellecour, Maman tenait le petit papier, si précieux et si dangereux, dans le creux de sa main. Il était notre unique pensée et l'inquiétude de le voir découvert nous donnait des forces et orientait notre esprit vers un but précis. Cela amortit beaucoup le choc que nous ressentions et tempérait notre effroi.

Arrivés à Montluc, Maman le tenait toujours dans sa main. Alors, pendant que nous attendions l'arrivée de la femme S.S., Maman me dit :

— On va nous fouiller. Chacun de nos gestes était surveillé.

— Fais diversion. Alors je m'éloignais innocemment du lieu où l'on nous avait groupées. Aussitôt voilà le soldat qui crie : Komm, Komm ; alors, très calme et étonnée, je reviens à pas lents sentant fixés sur moi tous les regards. Je me rapproche de Maman :

— Ça va ?

— Oui, je l'ai glissé derrière le radiateur. Alors la geôlière nous a emmenées. On ne nous a pas fouillées et le précieux papier était derrière le radiateur, dans le couloir.

LA CELLULE 26

Le jour baisse. Il est au moins huit heures trente. Le pas que nous venons de franchir est si grand que nous ne savons plus mesurer ce que nous ressentons. Tout ce que nous savons c'est qu'il y a deux heures nous étions libres, et maintenant, quatre murs très gris et sales, le sol en terre battue, une paillasse et, au-dessus de la paillasse, si on lève la tête, des barreaux qui laissent passer un air chaud. Dans un coin, un seau, et ça c'est une réalité. Ce n'est plus une crainte, une perspective angoissante, un avenir improbable. Non! C'est le présent inéluctable contre lequel nous sommes impuissants, c'est la chaîne qui s'est refermée sur nous, c'est la prison.

Alors je m'assieds sur la paillasse et je pleure. Maman s'approche du seau. Cela me fait mal. Et elle s'assied près de moi et me murmure des mots très tendres et pleins d'espoir :

— Notre cas n'est sûrement pas mauvais puisqu'on ne nous a pas séparées, etc., et le soir avance ; nous voici enveloppées d'ombre et nous nous soufflons tout bas des paroles de réconfort et d'espérance... et puis si jamais nous étions séparées, il faut se concerter... Et puis Maman me fait des recommandations :

— Attention à tout ce que tu dis... attention aux moutons, femmes mises dans les cellules pour espionner... attention aux microphones... Il faut être armé pour la prison!

Et maintenant il fait tout à fait noir.

PREMIERS CONTACTS AVEC DES CAMARADES

Nous sommes tirées de notre torpeur, angoissées par un bruit de pas et de clefs. La lourde porte tourne sur elle-même, s'ouvre et se referme avec un claquement de ferrailles. Les pas lourds et durs s'éloignent dans le silence et la nuit de la prison. Alors nous ouvrons les yeux : un être vivant est là! Un faible rayon de lune nous permet de deviner un visage jeune et surtout, au milieu de ce visage blanc, deux yeux sombres affolés.

— Où suis-je? La voix fraîche meurt en un sanglot et le corps s'effondre sur notre paillasse à côté de Maman. Nous nous serrons l'une contre l'autre!

— Il ne faut plus rien dire, c'est peut-être un mouton. Les sanglots sont hachés par des bribes de paroles qui n'ont pas de sens. Pourtant : Papa... mort... Maman... fiancé... ma faute... reviennent souvent. Alors Maman intervient mais n'obtient pas de réponse claire. Apparemment, cette jeune fille devait être fiancée à un résistant et, à défaut de ce dernier, elle, son père, sa mère sont arrêtés. Alors Maman lui conseille de prier car Dieu seul a un pouvoir illimité ; mais les sanglots se poursuivent, monotones et déchirants au milieu de la nuit.

Soudain, un coup de feu ! Je sursaute, affolée. Maman me presse contre elle :

— Ce n'est rien, mais il faut beaucoup prier, avec toute notre ferveur ; il doit en avoir besoin, c'est le seul secours que nous puissions lui accorder. Alors je pleure d'angoisse et à grand-peine je parviens à répondre : Sainte Marie, Mère de Dieu... etc. Les minutes paraissent des siècles, je me sens au fond de l'infini et j'égrène un à un les petits grains du chapelet, apaisée par la douce chaleur que me communique Maman. Ce murmure machinal — j'étais incapable de penser — m'avait assoupie. Mais un nouveau bruit de pas et de clefs m'éveille à la réalité ; la porte s'ouvre et se referme, les pas s'éloignent, une femme est là, debout, dans le rayon de lune. Un lourd silence plane sur nous toutes. Soudain, la femme apeurée réalise, son âme se déchire et à son tour elle s'effondre sur un bout de la paillasse, sanglotant, et la tête dans ses mains :

— Mon enfant, mon tout petit... J'ai entendu dans mon enfance une chienne hurler de cette façon.

Nous essayons de la calmer, mais sans succès. Quelles sont les paroles qui apaisent une mère à qui on a arraché l'enfant de son sein ? Et elle continue dans une vague de désespoir à crier :

— Qu'ont-ils fait de mon bébé ? Alors la voix de Maman s'élève au-dessus des sanglots :

— Pour ceux qui souffrent, pour les innocents, je vous salue Marie... Peu à peu le calme revient et c'est en chœur que nous répondons : Sainte Marie, Mère de Dieu...

Lorsque la lumière du jour illumina notre triste cellule, nous étions cinq femmes par terre, serrées les unes contre les autres.

LE CAFÉ

Lorsque le jour se lève, on éprouve soit de la joie, soit de l'angoisse car, ainsi qu'un fleuve qui toujours se renouvelle et n'est jamais semblable à lui-même, une journée apporte soit un pas en avant, soit un recul : un ruisseau doux comme le miel ou âcre et amer comme la ciguë. Aussi, avec le ciel clair s'éveille en nous un sixième sens, celui de l'intuition de la souffrance et, lorsque résonne tout alentour de nous ce cri : Aufstehen, debout, ma gorge est si serrée que je ne peux pas proférer un son. Quelques instants après, la porte de notre cellule s'ouvre. Personne de nous ne bouge : serait-ce une nouvelle compagne ? Mais la voix de l'allemande crie, méchante :

— Kaffee hohlen, schnell, ici vous êtes en prison, cela accompagné d'insultes humiliantes que je suis heureuse de ne pas comprendre. Alors, Maman se lève, va à la porte, ramasse un récipient posé à terre, dit aimablement merci et la porte claque.

C'est le café, jus noir sur lequel flottent des yeux gras, dans une gamelle sale et graisseuse. A cette vue j'ai envie de vomir.

— C'est chaud, dit Maman, il faut boire, cela nous fera du bien, après cette nuit, et il faut pouvoir affronter la journée, et avec le plus grand calme elle boit cette infecte mixture avec autant de naturel que s'il s'était agi d'un délicieux café crème servi dans du saxe. Mais les traits de Maman sont contractés et sa bouche est crispée par le dégoût et l'écœurement. Cependant aucune plainte ne dépasse ses lèvres. Je suis émue de cette simplicité et cela me fait mal de voir comment Maman, si raffinée, affronte les humiliations de la prison. A mon tour, je bois. C'est vraiment très mauvais, mais chaud. Nos compagnes suivent notre exemple et la gamelle est bientôt vide.

ET TOUJOURS LE PAPIER...

Nous voici, toutes les cinq, les unes derrière les autres dans le couloir de la prison. Celui-là même par lequel nous sommes arrivées hier soir. Autour de nous cris, ordres brefs, claquements de talons, discussions ; alors la voix de Maman, blanche et contenue, résonne dans mon oreille :

— Ils ont dû trouver le papier (nous l'avions laissé derrière le radiateur). Je suis perdue. Toi, on te relâchera, tu préviendras X, et prie pour moi, Dieu ne t'abandonnera pas.

Je sens le sol se dérober sous moi.

— Vous en êtes sûre ? Mais Maman ne m'entend plus ; d'une manœuvre stratégique elle s'approche du radiateur. Alors j'observe une petite flamme qui s'allume au fond de ses yeux, ses joues reprennent des couleurs, un geste rapide comme l'éclair. Ils n'ont rien vu ! Et la voilà qui se glisse près de moi :

— Le voilà, je m'étais trompée.

— Mais laissez-le.

— Non, c'est trop dangereux.

Au même instant, l'Allemande commande brièvement :

— En afant, Mestames, fouille.

Je risque un regard vers Maman qui semble calme : Jetez-le vite ; mais c'est impossible, nous sommes trop gardées et trop d'yeux braqués sur nous pour surprendre le moindre geste. Alors nous avançons en file indienne, gardées à l'avant et à l'arrière.

La fouille : petite pièce carrée, une table, un banc et dans un coin, près du banc, un poêle. Nous sommes assises toutes les cinq sur le banc, et la fouille commence.

Il faut se déshabiller une à une et se tenir nue, debout devant la femme en uniforme. A mesure elle arrache de nos mains chaque pièce que nous ôtons, la froisse en tous sens, inspecte minutieusement chaque couture et regarde en transparence. Tout en se livrant avec attention à ce travail, elle ne perd pas des yeux les quatre autres victimes qui attendent sur le banc, et ne se gêne pas pour gueuler si une attitude lui déplaît. Tout objet suspect est mis de côté. Il faut faire certains mouvements de gymnastique qu'elle ordonne d'un geste brusque, par exemple lever les bras, se baisser, plier les genoux en les écartant, et son regard soupçonneux et méchant visite tout ce qui pourrait servir d'abri à un objet « de toute importance ». Il faut ouvrir très grand la bouche et, d'un geste violent, elle passe sa main dans les cheveux, en ressort peignes et barrettes, dit d'une voix menaçante « ça fa », et vous montre le mur près de la porte où il faut en un clin d'œil se ranger et se rhabiller. Tout cela doit s'effectuer à un rythme rapide et, l'une après l'autre, nous devons nous exécuter.

Durant toute cette opération, je suis hantée par l'idée du papier que Maman tient dans sa main. C'est mon tour, puis une autre, encore une autre, et voilà celui de Maman. J'ose à peine regarder. Je me rends trop bien compte que rien ne peut passer inaperçu... Et la pièce est si nue, si propre, qu'un papier jeté par terre serait aussitôt ramassé.

Maman se déshabille, fait la gymnastique exigée, ouvre la bouche, l'Allemande crie « fertig », et Maman est de nouveau près de moi. On n'a rien trouvé. Cela tient du miracle. C'est peut-être parce que j'ai beaucoup prié et répété dans une fièvre : Seigneur, aveuglez ceux qui veulent nous frapper.

Nous voici dans la cour. On nous a tout pris : bijoux, argent, lunettes, poudre, tout, absolument tout, sauf nos habits. Les objets de toilette nous seront rendus par la suite. Je parviens à demander :

— Où est-il ? et Maman répond :

— Dans ma main. Je suis incrédule.

Plus tard elle me racontera comment elle a pu jeter le pli derrière le poêle et le reprendre après la fouille sans être vue. C'est de la haute école.

Nous voici toutes les cinq debout dans le couloir, toujours le même, de la « Frauen Sektion », Section des femmes... le couloir le long duquel s'alignent, à intervalles réguliers, les portes mystérieuses surmontées d'un numéro blanc et percées d'un petit trou : le judas.

Je suis la première des cinq. Profitant d'un moment d'inattention de notre gardienne, Maman me dit :

— Prends le papier, je te le passe dans mon chapeau, toi, on ne te fouillera plus, moi on ne sait jamais. A peine me suis-je emparée du chapeau gris et du papier glissé dedans que l'Allemande vient à moi, me fait signe de la suivre.

Cela s'est passé si vite que je suis incapable de décomposer cet instant, je crois, le plus pathétique de ma vie. Il est resté gravé dans mon cœur comme une image : je me retourne pour voir si Maman me suit, une porte qui s'ouvre, et au moment où un coup de poing dans le dos me jette en avant, je vois Maman qui s'élance : « Mon enfant ». Je crois que je lui ai jeté un regard désespéré... sa voix s'est perdue dans le bruit de la serrure de fer.

Devant moi une cellule semblable à celle d'hier, où gisent des corps humains. Je colle l'oreille contre la lourde porte de chêne, mais je n'entends plus rien.

Alors, je crois que j'ai crié « Maman » et, appuyant ma tête contre le mur, j'ai beaucoup pleuré.

MONTLUC

> Bruit des pas, et bruit des armes,
> Sentinelles jours et nuits
> Et du sang, des cris, des larmes
> Et la mort pour ceux qui fuient...

Il m'a fallu jusqu'à présent vous faire un récit, afin de donner un sens à ce qui va suivre. Il a fallu que le lourd rouleau de fer se referme sur vous. Il a fallu que vous aussi pénétriez dans les murs de la prison par la même porte que moi. Alors, peut-être, saurez-vous maintenant comment regarder le tableau que je déroule devant vos yeux, et saurez-vous dégager l'atmosphère qui fera battre votre cœur à l'unisson de celui de toutes vos sœurs d'armes.

ACCUEIL

— Ça fait deux mois que j'suis-t-ici, eh ben, les nouvelles, et puis j'en ai vu, eh ben! C'est toujours pareil, faut qu'ça chiale son saoul!

— Tu nous casses les pieds, eh! la môme.

— F... lui la paix.

Et un murmure confus succède à ces interpellations. Je ne sais pas depuis combien de temps je pleure ainsi, la tête contre le mur. Je n'ose la relever.

Une voix. — Y a encore d'la place sur la paillasse.

Il faut tout de même être digne, je m'assieds. Quatre paires d'yeux sont braquées sur moi. Je regarde sans voir, tenant d'une main crispée le petit papier.

Une voix. — Moi j'suis Madeleine, Mado pour les intimes, et ça fait deux mois qu'j'suis-t-ici. J'ai trente-trois ans.

Une autre voix. — Ça va, depuis l'temps qu'tu nous l'dis, on commence à l'savoir. Et puis on dit pas « suis-t-ici », mais « suis-z-ici ». Eclat de rire de Mado.

Mado. — Oh! si tu veux, j'suis pas contrariante moi (ton théâtral). Et puis ça c'est Victoria, cinquante-deux ans.

Victoria. — Moi, j'suis l'Mathusalem, y a pas à s'tromper.

Mado. — Ça, c'est Alice, trente-cinq ans.

Victoria. — C'est not'cerveau Alice (Alice est institutrice).

Mado. — Et ça c'est l'bébé, Elisabeth, vingt-quatre ans, et...

Alice. — Vous avez de la mémoire ?

Moi. — Non.

Elisabeth. — Pourquoi êtes-vous là ?

Moi. — Je ne sais pas.

Victoria. — T'as écouté la radio, hier soir ?

Moi. — Quelle radio ?

Victoria. — Tu t'fous d'nous, la môme, ben, la radio d'Londres, tiens !

Moi. — Non.

Mado. — Ça t'intéresse pas ?

Moi. — Non.

Victoria. — Pourquoi t'es arrêtée ?

Moi. — J'sais pas.

Victoria. — T'es pas maligne... (après réflexion)... Qu'est-ce que t'as fait d'ton amant ?

Moi. — J'en ai pas.

Victoria. — Ben ! t'es complète. Où c'est qu't'as été élevée ?

Moi. — ...

Victoria. — T'as pas d'gosse des fois ?

Moi. — ...

Mado. — J'te dis d'lui f... la paix.

Et les voilà qui reprennent une conversation qui, je le devine, a été interrompue par mon arrivée.

Alors je pense à Maman et une vague de sanglots m'étouffe, et de nouveau je pleure. Mais cette fois-ci je ne suis pas dérangée, alors, tout en pleurant doucement, je déchire des petits bouts de papier que j'avale... Il m'a fallu toute la journée pour me livrer à cette opération.

Mado. — Si t'as quelque chose à planquer, faut pas t'gêner. Ici, on est entre amies.

Moi. — Oh ! non, je n'ai rien.

VICTORIA

Victoria a un mètre cinquante de tour de taille, elle pèse quatre-vingt-quinze kilos. Ses jambes et ses bras sont des piliers d'un blanc transparent diaphane. Victoria, c'est une cascade de bourrelets qui se succèdent de la tête aux pieds. Toutes les parties du corps sont solidaires les unes des autres. Une face rubiconde domine cet édifice avec de bonnes joues fraîches et roses et deux petits yeux rieurs renfoncés dans la graisse, le tout auréolé de boucles brunes et folles.

Victoria porte de petits souliers à hauts talons et une robe d'un rouge écarlate. Cette robe est en voile bordée d'un volant dans le bas, très ajustée ; Victoria prétend avoir « une taille ». Il y a aussi un jupon en artificiel, tirant sur l'orange et qui donne à l'ensemble une nuance lumineuse. Le contraste du rouge sur la peau blême a certes été savamment combiné par la tenancière du café de Villeurbanne.

Victoria est toujours satisfaite et son volume emplit la moitié de la cellule.

Elle aime à rappeler ses souvenirs.

— A Saint-Joseph, on était quand même mieux... Ah! ça mes p'tites...

Saint-Joseph est la prison des droits communs de Lyon, et Victoria aime à jouer le rôle d'une mère poule.

Mais malgré toute sa puissance, Victoria a un point faible.

— L'aimez-vous votre petite Myrka ?

Alors ses petits yeux se remplissent de larmes, son visage s'éclaire en proie à un subit intérêt : Oh! ma petite Myrka, ma petite fille. Dire qu'elle peut pas vivre sans moi. Et qui la nourrit maintenant ? C'est qu'elle est si difficile ma Myrka. Et qui la protégera contre les mauvais chiens ? Oh! ma Myrka, ma pauvre petite Myrka... et voici ce gros corps secoué de sanglots. Nous sommes attendries.

— Allez, pleurez pas, on vous la rendra vot'Myrka.

— C'est qu'elle m'aime plus que mon mari, ma Myrka, et puis elle n'me trompe point. Si j'suis pas là é s'lais'ra mourir. C'est y une pitié que d'voir d'pareilles choses... Ma Myrka, elle était pas grande, et puis toute blanche.

— Ça va, ça va, on la connaît vot'Myrka, c'est comme si elle était à nous.

Alors, émue par une si sincère compassion, Victoria tamponne ses yeux tout rouges, sa volumineuse poitrine retombe dans un dernier hoquet, elle gémit encore :

— Ma petite Myrka. Elle ravale ses larmes et pose ses deux petites mains sur son énorme ventre.

Un autre souvenir que Victoria aime à nous conter, c'est :

— Le soir quand la journée est finie et que j'fais l'total d'la caisse et qu'ça m'tinte ferme dans la main, alors j'caresse ma Myrka qu'est toujours à mes pieds, j'me caresse le ventre et j'me dis :

— Tout c'que j'ai gagné là, mon p'tit ventre c'est pour toi. Ça rime et ça m'remplit l'cœur de légèreté.

— Vous n'pensez donc qu'à manger, Victoria ? lui demandons-nous alors, et elle, avec conviction :

— Mes petites, y a guère que ça en c'monde. Manger, dormir, ça c'est la condition pour ben s'porter. Tout l'reste ce n'est qu'des imaginations. Et pour renforcer cette affirmation, sa lourde tête retombe en avant, bientôt un ronflement sonore s'échappe de ses lèvres rouges entrouvertes. Mes p'tites, y a qu'ça d'vrai.

MADELEINE, DITE MADO

Mado est mince mais musclée, sa tête est trop volumineuse pour sa taille qui n'est pas grande. Elle est coiffée comme une petite fille qui va à l'école et porte une robe grise très simple comme en portent les orphelines. Son teint est bilieux et ses yeux graves et très noirs.

Mado nous a raconté sa vie :

— J'étais toute gosse quand mes parents sont morts et j'ai travaillé de bonne heure. Et puis, mes enfants, ici j'me repose comme jamais dans ma vie. Ma tante qu'était blanchisseuse, elle avait pas les yeux dans sa poche. C'était une occasion, elle était chiche et je lui servais d'tout. C'est moi qu'allumais l'feu, qui f'sais l'ménage, qui portais l'linge aux clients. C'était ben l'meilleur d'la journée, mais dame, si j'étais trois minutes en r'tard su l'horaire, ben, ça cognait ferme. Ah ! ça les taloches et les coups d'bâton, elle était pas avare, pour ça non, ça pleuvait plus qu'on en voulait. A treize ans, hein, j'me levais à six heures, même cinq heures, et j'me pieutais à minuit. Ah ! ça j'boulonnais ferme. J'ai essayé de m'sauver un jour et j'me suis fait violer. Oh ! pis c'est guère intéressant pour vous... J'allais parfois chez les sœurs, dame, elles étaient pas mauvaises, le peu que j'sais, c'est elles qui m'l'ont appris. Et puis, un jour, ma tante m'a dit comme ça :

— J'vais m'débarrasser d'toi, mauvaise graine, et j'vas t'marier à c'gars-là.

J'serais partie avec n'importe qui, car ma tante elle était pas bonne, une vraie saloperie, tiens ! Alors, j'me suis mariée avec le gars qui n'était pas mauvais. Y m'battait pas et disait d'pas m'fatiguer. J'rigolais, mais c'était pas d'la rigolade. Parfois y m'rapportait un « souvenir ». Puis un jour, j'me suis trouvée enceinte. Alors y a eu du tintouin avec la belle-maman et pis la tante. Oh ! c'est trop long à dire, alors on a attendu que l'gosse y soit là et on a pris l'train pour Mâcon. L'gars y a trouvé du boulot : y est pas maladroit et y craint pas l'ouvrage. Et pis l'gosse a grandi. Oh ! y avait pas à s'plaindre.

A ce passage du récit, inévitablement ses yeux se remplissent de larmes. Alors, après un court arrêt, elle reprend :

— J'suis aguerrie à la souffrance et quand j'pense à ça, faut que j'pleure. Il a neuf ans mon gosse et j'sais rien d'lui. Mon homme, j'crois qu'ils l'ont fusillé. C'est qu'on n'était pas pour c'te vermine-là, nous, on est des patriotes. Et mon gosse, y s'ra p't'être orphelin, mais tout c'que j'puis dire c'est qu'il aura pas à rougir de ses parents. Parce que, et sa voix devient rude, ça fait deux mois que j'suis-t-ici, et qu's'ils veulent me garder deux ans, ben y m'sortiront pas un mot. Hein !... Mais j'aime mieux pas y penser à mon gosse, j'peux rien et ça m'fait mal. Et puis j'veux croire qu'on s'retrouvera encore tous les trois. Hein, j'sais bien qu'c'est impossible puisqu'ils l'ont fusillé, mais j'veux y croire, je veux y croire. Et un violent sanglot la secoue tout entière.

— Il faut se calmer, Mado. Mais elle se crispe.

— Non de non, f... moi la paix, vous comprenez donc pas qu'ça fait deux mois qu'j'suis-t-ici et qu'j'en ai marre. C'est moi qui vous tient l'moral, hein ! c'est moi et ça fait deux mois que j'suis-t-ici et vous ça fait pas huit jours, eh ben ! y a des moments où faut qu'ça sorte. F... moi la paix et pis après ça ira mieux. Ça dure pas longtemps, mais faut qu'ça sorte. Vous verrez comment qu'c'est quand vous s'rez-t-ici deux mois !

ALICE

Alice écoute tout ceci d'un air calme ; assise sur la paillasse, elle croise ses jambes et son regard se perd dans l'espace.

— A quoi c'est que tu penses, Alice ?
— On dit : à quoi penses-tu ?
— T'es trop savante pour nous, à quoi tu penses ?
— Penses-tu, rectifie patiemment Alice, je pense qu'ils ne doivent rien savoir de précis sur cette boîte aux lettres.
— Pour sûr, toi tu s'ras relâchée.
— Oh ! ça ne veut rien dire, mais ça m'ennuie pour les gosses, c'est que l'année scolaire n'est pas finie et la Directrice trouvera-t-elle une remplaçante ?

Et Alice, calme, se replonge dans ses pensées. Une idée subite la frappe, elle se lève, souple et rapide, enlève sa chemise, la déchire.

— T'es pas folle, des fois ?
— Je n'aime pas rester sans rien faire. Et Alice dispose un carré, prend une épingle et tire des fils. Toutes l'observent avec intérêt.
— Non mais, tu vas-t-y nous mettre au courant ?

Alors, Alice énonce :

— Je vais tirer des fils et faire des jours, je veux en faire un mouchoir et, quand il sera fini, je serai libérée.
— Pour ça, affirme Victoria, tu s'ras sûrement libérée vu qu't'as ni fil ni aiguille, c'est pas avec de l'air que tu l'feras ton mouchoir.

Alors Mado, encourageante :

— Sois pas défaitiste, elle a bien raison, Alice, et quant au fil et à l'aiguille, tu sais c'est pas pour rien que ça fait deux mois que j'suis-t-ici, va ! Tire-les toujours tes fils et moi j'te trouverai l'matériel.

Mado a en effet trouvé le matériel et Alice avait presque terminé son mouchoir quand, un matin, on vint lui dire : Schnell, Schnell, tout pagage... Et Alice fut libérée.

ELISABETH

Elle est toujours assise à côté d'Alice. Grande, musclée, à la fois mince et solide, le teint mat, une bouche encore enfantine. Lorsqu'elle rit, ses dents sont très blanches et sa figure s'éclaire, mais elle ne rit pas souvent, Elisabeth. Elle ne pleure pas non plus, car ça ne se fait pas de pleurer, mais ses beaux yeux marron brillent souvent et son menton tremble.

Alors elle murmure : Ah! les vaches, et ça lui donne du courage.

Son œil est toujours collé au judas :

— Mais tu peux pas le voir.

— On ne sait jamais... et, finalement épuisée de n'avoir rien vu, elle va se rasseoir souple et lasse près d'Alice. Elisabeth parle peu et lorsque la lourde porte s'ouvre pour laisser passer la soupe ou le pain, Elisabeth se précipite les yeux levés vers les balustrades qui surplombent le couloir. Un jour, j'ai compris. Emportée soudain par une vague inconsciente, elle souffle : « Jean-Pierre, Jean-Pierre ». Mais l'Allemande n'est pas sourde et les coups pleuvent sur notre camarade, la porte claque. Elisabeth, transfigurée de bonheur :

— Ah! mes amis, quelle décoction, mais je l'ai vu, mon Jean-Pierre, et lui aussi il m'a vue, et il m'a souri...

Mais une ombre voile le visage radieux. Depuis l'autre jour où je l'ai aperçu, il a maigri... et ses yeux étaient cernés... Mais Mado intervient :

— Tu l'as vu, c'est déjà énorme, moi l'mien, j'le verrai plus, alors fais pas tant d'histoires, y est pas mort et toi non plus, alors y a toujours de l'espoir.

Alors j'apprends qu'Elisabeth est la fiancée de Jean-Pierre, ils ont été arrêtés la veille de leur mariage, pour une imprudence. Lui faisait une grande résistance et Elisabeth l'aidait. A l'interrogatoire, on l'a martyrisé et on a dit à Elisabeth : « Ton fiancé, il est mort et fusillé », et trois jours après, Jean-Pierre balayait la balustrade. Alors Elisabeth comprit que les Allemands mentent parfois et elle n'a jamais parlé. Mais le cas de Jean-Pierre est grave. S'ils le tuent, je ne survivrai pas. Nous la rabrouons. « Fais pas de la pose, on refait sa vie à ton âge. » Mais au fond de nous-mêmes, nous savons toutes que c'est vrai. Si Jean-Pierre était fusillé...

Maintenant je sais que Jean-Pierre est mort, mais je ne sais où est Elisabeth.

TÉLÉPHONE

Ma principale préoccupation est de découvrir où est Maman.

— C'est pas difficile, dit Mado, on va téléphoner.

Et elle s'empare de la cuiller de bois qui nous sert à manger et : « toc, toc-toc » contre le mur. Le même signal répond de l'autre côté. Alors Alice va se placer près de la porte pour guetter et Mado commence à taper un, deux, trois, quatre, dix, douze, treize, quatorze, quinze coups. Un arrêt. De nouveau un, deux, trois, cinq, dix, quinze, vingt, vingt et un coups et toc-toc. Arrêt. De l'autre côté arrive toc-toc. Alors Mado reprend un, deux, trois, quatre, cinq coups. Arrêt et un, deux, trois, cinq, dix, quinze, dix-huit, dix-neuf coups. Arrêt et un, deux, trois, cinq, dix, quinze, vingt coups et toc-toc. L'écho renvoie toc-toc, et Mado poursuit, un coup, arrêt, un, deux, trois, quatre, cinq, dix, treize, quatorze coups, arrêt, quatorze coups, arrêt, cinq coups et toc-toc-toc, l'autre côté répond aussitôt toc-toc-toc.

Alors Mado pose la cuiller :

— Il n'y a pu qu'à attendre.

Soudain, de toutes parts, il me semble entendre des coups.

— Ils transmettent le message, explique Mado, de cellule en cellule on se passe : « Où est Anne ? » et toute la prison est là, debout, vibrante derrière un mur de pierre. C'est un seul cœur qui bat à travers ces cuillers de bois qui martellent le mur à la recherche d'une Anne invisible, mais qui est une camarade, une sœur.

— Où est Anne... où est Anne... ?

Les coups réguliers s'éloignent comme des ondes sonores qui s'évanouissent dans l'épaisseur des murs. Anne est loin. J'attends angoissée et soudain, comme le vent qui s'enfle dans les forêts de pins, ainsi qu'une vague qui grossit, les coups reviennent, de très loin. Ils se rapprochent de cellule en cellule et soudain notre mur lui-même résonne. Toc-toc-toc, Alice est toujours à la porte, Mado prend sa cuiller et Elisabeth une épingle à cheveux. Toc-toc-toc. Alors, un coup : A, dit Mado, et Elisabeth sur le mur incruste A, quatorze coups : N, quatorze coups : N, cinq coups : E, toc-toc, tape Mado.

— ANNE, lit Elisabeth, et le message se poursuit.

Cinq coups : E, toc-toc, quinze, cinq, vingt coups : T, toc-toc. EST. Trois coups : C, cinq coups : E, douze coups : L, douze coups : L, vingt et un coups : U, douze coups : L, cinq coups : E, toc-toc. CELLULE. Deux coups, toc-toc, deux coups, toc-toc. Vingt-deux. Toc-toc-toc.

Mado tape treize coups, arrêt. Toc-toc-toc... et toc-toc-toc répond. Silence...

— J'ai dit merci, dit Mado, faut quand même être poli, ça coûte pas plus cher, hein! et se tournant vers moi :

— Faut pu t'faire de bile, ni chialer comme ça, ta mère est au 22, c'est d'l'autre côté du couloir. Tu peux pas la voir mais tu sais qu'elle est là.

Le fait d'avoir atteint Maman, de sentir qu'à travers tous ces murs épais, elle est là, quelque part, comme moi, seule dans la pierre et qu'elle a entendu mon cœur vibrer au travers de tous ces autres cœurs qui pleurent, déchaîne une nouvelle vague de sanglots.

Alors, Mado reprend sa cuiller :

— J'vas lui faire dire à ta mère que tu vas bien et es ici.

Alors, de nouveau le mur résonne : « Béatrix va bien, elle est cellule 15. Baisers ». Ce message est long à transmettre. C'est une distraction. Au bout d'un très long moment, la réponse arrive : « Anne embrasse Béatrix, elle va bien ». C'est un réconfort qui brise, mais c'est doux de se sentir lié par ce lien invisible : la télégraphie sans fil.

D'ailleurs, la plus grande partie de nos journées se passe à téléphoner. Nous savons ainsi toutes les nouvelles, les potins de la prison et communiquons nos impressions. C'est élémentaire, chaque soir et chaque matin, de souhaiter par téléphone aux deux cellules voisines : « Bonsoir, dormez bien » et « Bonjour, bonne chance ».

C'est la résistance d'un seul être, d'une seule volonté, ce n'est plus qu'une énergie tendue vers un seul but : tenir et vaincre. Un cœur qui bat. Le téléphone c'est l'expression vivante de l'union de tous ces êtres qui pleurent et qui ont foi dans la victoire de leur juste cause.

L'HORLOGE

Ne croyez pas que la prison soit le lieu sinistre que l'on vous décrit, le cercueil où l'on ignore tout du monde extérieur, où l'on ne sait ni les jours, ni les heures. Certes, il y a un fond de vérité, mais nous, nous avons un Big-Ben. A chaque instant du jour et de la nuit, nous demandons S.V.P., et aussitôt l'heure nous est transmise, à quelques minutes près.

En face de notre cellule, de l'autre côté de la cour, il y a une grande baraque de bois : Juden Sektion (Section des juifs). L'un d'eux s'est débrouillé, personne ne connaît le processus, mais il a une montre. Or l'habitant de la cellule extrême gauche du rez-de-chaussée connaît le morse et possède un truc que nous ignorons pour, à travers la cour et la sentinelle, atteindre le juif.

Le mot heure est représenté par huit coups (h est la huitième lettre), un quart : toc, une demie : toc-toc, trois-quarts : toc-toc-toc. Ces conventions, tout le monde les connaît. Alors, dès que l'envie vous en prend, vous demandez : S.V.P.H. Cette question de mur en mur arrive à la dernière cellule, qui prévient le juif. Il répond, et quelques minutes après, vous savez qu'il sera bientôt trois heures.

Mais, ainsi que l'Angélus, le Big-Ben annonce régulièrement midi et six heures. Ce n'est pas par un excès de piété, mais c'est l'heure de la soupe. Alors il prend sa gamelle et tape soit douze coups, soit six coups.

Un jour, la soupe vint et l'horloge ne sonna pas. A six heures non plus. La prison s'agite, tout semble si long et les murs résonnent. Enfin, de gauche, nous apprenons : « la montre ne marche plus ». Ce fut un désespoir. Mais les juifs sont malins et le lendemain la montre remarchait et l'espoir naquit à nouveau avec les douze coups de gamelle.

Une autre fois celui qui savait le morse fut transféré de prison, alors cela créa des complications. On avait bien l'heure de la soupe, mais dans l'intervalle, il fallait avoir beaucoup de patience ou se résigner.

Mais un matin, à trois heures, on vint crier beaucoup de noms dans la section des juifs. Nous savons tous ce que cela veut dire et nous n'avons plus entendu les coups de gamelle.

LA TINETTE

Les savants américains se réunissent en congrès afin de sortir le modèle parfait de maison où il y a un maximum dans un minimum.

Nous avons pitié d'eux. Que souhaiter de mieux sur une superficie de deux mètres vingt sur un mètre soixante-dix où nous avons : chambre à coucher pour onze personnes, salle à manger, salon, ouvroir, cuisine, salle des pas perdus, salle d'attente, parc privé de chasse (à la punaise), et W.-C. Peut-on rêver mieux ? Tout sous la main, sans placards ni meuble à quatre pieds, c'est-à-dire ménage restreint, entretien facile. Mais évidemment le W.-C. est de trop. Nous conseillons vivement, et par expérience, aux spécialistes américains ou autres d'isoler cette pièce du corps de bâtiment.

La « tinette » est en effet un sujet constant et épuisant de discussions.

D'abord, il y a le « coin de la tinette », qui, géographiquement, est un lieu de première importance. D'abord une mise au point : la tinette c'est un seau avec ou sans chlore (le plus souvent sans), qui est avec ou sans couvercle (le plus souvent sans), dans un petit renfoncement du mur où... je vous laisse terminer.

Vous comprenez toute la force olfactive que peut dégager le coin de la tinette et le rôle qu'il joue dans la cellule. Et puis il y a la vidage de la tinette. Et puis le « quand va-t-on à la tinette ? ». Mais cette dernière question est le plus souvent résolue par la nature elle-même ; mais là comme dans tout, il faut un peu de discipline et certaines heures commodes et rationnelles sont prévues. En dehors de ces heures, de très rares exceptions sont permises.

Pourtant dans la journée l'ordre est maintenu grâce à l'énergie de Mado. Qu'une de nous s'approche subrepticement de la tinette :

— Qu'est-ce que tu f... là ? crie Mado.

Alors une voix gémissante répond :

— Je peux plus tenir.

Alors Mado-Salomon demande :

— Qui veut encore ?

et suivant la majorité des oui ou des non, elle permet ou défend l'accès de la tinette.

Mais le soir la question de : « Qui dort près de la tinette ? » devient cuisante. Alors chacune use de ruse ou de violence. Mado, pour y remédier, a trouvé une solution géniale :

— Le coin de la porte est plein de courants d'air, on risque une pneumonie, celui de la fenêtre au fond à droite est infesté de punaises, celui du fond à gauche est sous la tablette de pierre et on y manque d'air. Alors, « Mesdames, choisissez »...

En respirant par la bouche on finit par trouver que le coin de la tinette est de beaucoup le plus agréable. Il comporte d'ailleurs de sérieux avantages que Mado a su faire valoir : placé en face de la fenêtre, lorsqu'on est couché on voit le ciel étoilé et puis, considération plus terre à terre, en cas d'urgence on est aux premières loges et on évite de réveiller les autres et par là même les insultes qui, en pareil cas, pleuvent comme la grêle.

Alors maintenant ça va, et comme toutes ont très bon cœur, il serait injuste que la même profite du grand avantage de la tinette, un roulement a été établi, à tour de rôle chacune couchera près de la tinette. Et tout le monde est content.

LA ROBE DE VICTORIA

Vous connaissez la robe de Victoria, elle n'en a qu'une d'ailleurs, celle qu'elle portait le jour tragique où... et cette robe est rouge, en voile, avec un volant, et Victoria est comme un gros ballon de graisse.

Hier, Victoria a déclaré :

— Ma robe est sale. Nous nous en étions déjà aperçues, mais toute vérité n'est pas toujours bonne à dire. Victoria est si contente d'elle! Mais enfin puisqu'elle-même s'en rend compte.

— Oui, Victoria, vot'robe elle est pas sale, c'est une cochonnerie.

— Comment, rugit Victoria, offensée, ma robe rouge du dimanche, non mais sans blague, tu t'es pas r'gardée!

Alors nous attaquons en masse, d'un ton humble mais ferme :

— Victoria, il faut laver votre robe.

— Laver? hurle Victoria, mais vous y connaissez rien vous autres, ça se lave pas. Alors pleines d'intérêt bienveillant, nous tâtons du doigt du connaisseur la robe de Victoria.

— Si, si, Victoria, laissez-nous faire, on vous la lavera votre robe, et jamais elle aura été si jolie!

— Non et non, déclare farouchement Victoria, c'est ma robe et ça vous regarde pas, n... de n...

Lorsque Victoria élève la note en majeur, c'est inutile d'insister, et nous parlons d'autre chose.

Le lendemain Victoria reste en jupon et plie sa robe sous sa tête.

— C'est-y d'la conserve que tu veux faire ? ironise Mado.

— J'fais c'qui m'plaît, déclare Victoria.

— Oui, moi ça m'plaît pas qu'tu sois en jupon dans la journée. Moi j'suis pour l'décorum.

— Et qu'est-ce qui te fait tiquer dans le décorum ?

— J'suis pas pour les tenues débraillées.

— Débraillée toi-même, et la discussion s'envenime. Il est vrai que Victoria est troublante en jupon... alors nous intervenons :

— Allons, Victoria, un bon mouvement, on va vous la laver vot'robe, vous pouvez être tranquille.

— Ah ! mais, j'suis t'y en prison pour être emmerdée et qu'des morveuses comme vous peuvent pas m'foutre la paix. Ah ! N... de n... Décidément Victoria est de mauvais poil. Et nous parlons d'autre chose.

A force de traîner sous la tête de Victoria, la jolie robe en voile rouge est devenue très patinée et il s'en dégage un je ne sais quoi d'abstrait et de pénétrant.

Alors Mado revient à la charge :

— Victoria, y a ben longtemps qu't'as pas été interrogée, si on venait à t'appeler, comment qu'c'est qu't'irais à Bellecour ? en jupon ? tu t'ferais p't'être bien violer...

Cet argument frappe visiblement Victoria qui devient pensive :

— Ça Mado, t'as oublié d'être sotte. T'as p't'être raison qu'c'est plus comme il faut d'avoir une robe sus l'dos...

— Mais oui Victoria, soupire le chœur des vierges ! Donnez qu'on vous la lave vot'robe. Vous pourrez la mettre demain !

Enfin Victoria cède. Après nous avoir fait mille recommandations, elle nous confie sa plus jolie robe de dimanche.

— Ah ! mes petites, c'est mon cœur que j'vous donne ! Un quart d'heure après on va au lavabo-toilette et Elisabeth frotte avec énergie la jolie robe qui devient très propre et très rouge. « Schnell » gueule l'Allemande, et, après l'avoir tordue une dernière fois, Elisabeth triomphalement rapporte la robe.

— Et l'tour est joué... Il y a longtemps qu'il aurait fallu le faire.

Victoria soupire, émue :

— Montre-la voir ma robe.

Nous la lui tendons, elle la déplie, pousse un gémissement, s'effondre :

— Ah ! ça mes petites... ah ! ça..., elle est visiblement très frappée.

— Qu'y a-t-il, Victoria ? Alors d'un geste las et désespéré elle nous tend la robe, une toute petite robe pour une petite fille rachitique de neuf ans. Une petite robe toute rétrécie, si petite, je n'exagère pas, qu'elle couvre à peine le ventre de Victoria. Alors devant ce spectacle, un fou rire s'empare de nous, mais un de ces fous rires que l'on ne peut arrêter. Pliées en deux, nous hurlons de rire, nous en pleurons. Alors soudain devant nous, nous voyons des yeux de Victoria couler deux grosses larmes :

— Ma plus jolie robe, je l'aimais tant ! Ce désespoir est tellement sincère que nous en sommes attendries, alors nous embrassons la pauvre Victoria et tâchons de la consoler.

— Pour commencer, il faut tirer la robe.

Nous la saisissons aux quatre bouts et oh ! hisse ! et chacune tire. Elle gagne quelques centimètres. Chaque centimètre est une victoire et Victoria assiste à cette opération. Chaque étirage lui arrache une fibre de son cœur accompagné d'un gémissement sourd.

— Soyez plus raisonnable que ça Victoria, à cinquante-deux ans, voyons Victoria, pour une robe ! Mais Victoria est inconsolable.

Alors la robe sèche et l'atmosphère est lourde dans la cellule 15.

— Victoria, la robe est sèche, il faut la mettre.

— Mais mes p'tites, c'est pas possible.

— Mais si, mais si, c'est le seul moyen.

Victoria est dans un tel état de dépression qu'elle se laisse vite convaincre, et nous voici toutes quatre autour d'elle, poussant, suant, soufflant... Enfin, après des efforts terribles, Victoria est dans sa robe.

— C'que ça serre. Oh ! ma plus jolie robe !

— Tâchez de respirer.

... Et crac ! Tout le dos se fend. Alors un fou rire s'empare de nous à nouveau. Mais Victoria se fâche :

— Ah ! ça, mes petites n... de n... ça va mal.

Alors Alice se souvient qu'elle a du fil rouge et une aiguille :

— Attendez Victoria, je vous racommode ça tout de suite sur vous.

Victoria a une certaine confiance dans l'institutrice et se laisse faire docilement.

Et nous voilà cousant le dos de Victoria alors qu'une de nous est postée près de la porte car il est interdit de posséder des objets de couture.

Au bout de quelques heures, la robe est reprisée, mais Victoria ne peut plus en sortir sous peine de graves accidents.

Victoria est restée dans sa robe jusqu'au jour de son départ. Lorsque j'ai revu Victoria à Ravensbrück, quelques mois plus tard, elle ne portait plus sa jolie robe rouge et elle pesait quarante kilos. Je lui ai dit :

— Victoria, et la jolie robe rouge ? et votre petit ventre ?

Alors, avec une spontanéité touchante, elle s'est jetée dans mes bras :

— Ah ! ça mes p'tites, j'ai mis du temps à vous pardonner c'coup-là, c'est qu'c'était ma plus jolie robe. Mais les salauds, ils l'ont eu mon ventre, mais j'te dis, ma p'tite, ils auront pas ma peau...

— Et vot'petite Myrka ? Ses yeux se mouillèrent.

Victoria n'a pas revu Myrka, et ils ont eu sa peau aussi... les salauds !

LE CORSET

Ceux qui portent des corsets ignorent l'insondable source de richesses qu'ils possèdent ! Lorsqu'une cellule possède un corset, tout va bien ! Quand elle en possède deux c'est du luxe, trois c'est du délire. Hélas ! à notre époque, les femmes ne portent plus de bas et n'aiment pas être gênées. Alors, les corsets, c'était bon pour les grand-mères !

Lorsqu'une nouvelle arrive dans une cellule, on lui demande :

— T'as un corset ?

Par bonheur, étant élevée dans des principes, j'avais sur moi un corset le jour de mon arrestation, et un vrai de vrai, avec baleines, cordons, non pas un de ces petits bouts d'étoffe nouvelle France. Il me gênait d'ailleurs beaucoup (vous saurez tout !) mais, par la suite, j'ai été largement récompensée des souffrances endurées.

Notre cellule, lorsque je suis arrivée, était pauvre. Une vague mine de crayon était planquée dans un trou de la pierre (c'était interdit de posséder quelque chose), un évangile se morfondait dans un autre trou, tout en haut, au-dessus de la porte ; on y accédait par courte échelle. Nous rompions notre pain et écrasions les punaises avec notre pouce : une vraie misère !

Mon corset opéra une révolution dans ces mœurs primitives. Nous sortîmes les deux baleines qui restaient (les autres étant responsables de meurtrissures sous les côtes avaient été retirées), elles étaient solides et flexibles à souhait.

— La plus propre, déclare Mado, sera le couteau, l'autre sera le fusil ! Le couteau fut introduit dans la paillasse, le fusil caché dans un trou près de la tinette. Il nous est d'ailleurs souvent arrivé de couper le pain avec le fusil !

Ensuite, nous prîmes les cordons de mon corset, des cordons roses très solides et très longs. Bout à bout, ils traversaient la cellule, ce fut la corde à sécher le linge. Un bout fut attaché aux barreaux de la fenêtre, l'autre à un clou à côté de l'évangile. On aurait dit un camp de bohémiens. Mais quel confort ! De ce jour, la vie fut transformée pour nous. On pouvait étaler la margarine sur son pain autrement qu'avec son petit doigt, on se coupait des tranches comme dans l'civil !

Grâce au fusil, notre guerre devint acharnée contre les punaises. Celles qui s'aventuraient le long du mur étaient condamnées :

— Vite, vite, aboule l'fusil, criait de temps en temps une voix énergique, et toc ! un craquement sec et une traînée de sang. « Une de moins ! », et on remettait le fusil en place.

Le soir et le matin, notre offensive était organisée et les victimes étaient plus nombreuses ; le matin en particulier lorsque nous soulevions un coin de la paillasse, ça grouillait. Il y en avait cinquante, cent et plus. Alors on tuait, on tuait. Parfois même le fusil était insuffisant, alors le couteau arrivait à la rescousse et au bout d'une demi-heure il n'y avait plus que des traînées de sang et une odeur... Alors on essuyait le couteau et on rangeait le fusil. C'était quand même plus propre que le pouce ! Vivent les corsets !

DOUCHE

La Croix-Rouge est généreuse, elle a offert tant de kilos de charbon pour les prisonniers de Montluc. Ainsi ils auront une douche chaude. Alors une fois par semaine, au lieu de n'avoir que trois ou quatre cellules qui déversent leur contenu dans les lavabos, la gardienne libère sept ou huit cellules à la fois.

Nous nous rangeons deux par deux sur une longue file qui atteint l'extrémité du couloir.

— Marche... et nous avançons. Je n'ai jamais compris où étaient les douches. On descend deux marches, on en remonte cinq, on tourne à droite, à gauche, on traverse une cour, on longe un mur et enfin on aboutit dans une espèce de salle. Il y a un banc et des petits boxes avec un appareil de douche. En tout six ou sept, et nous sommes quarante!

— Fite, fite, mestames. Il n'y a pas à hésiter, en un clin d'œil voici quarante femmes nues qui se précipitent sous l'appareil de douche d'où une eau glacée commence à gicler. Alors ce sont des petits cris aigus :

— C'est froid, c'est froid!

Mais, sensible à ces récriminations, l'eau devient tiède, puis chaude, puis bouillante. Nous avons cinq minutes de temps et étant entre sept ou neuf sous chaque douche, il faut batailler pour obtenir une éclaboussure, car il y a toujours des égoïstes qui ne quittent pas la position centrale. Alors j'te pousse et j't'insulte :

— Mais enfin, madame, on est tous égaux, c'est pas parce que vot'mari est ingénieur! mais la dite dame se frotte avec tant d'énergie que toute parole peu aimable ne l'atteint pas. Elle sourit aimablement : voulez-vous que je vous frotte votre dos?

— C'est pas mon dos que j'veux frotter, j'veux m'arroser, j'ai autant droit qu'vous. Mais la dame n'entend plus et prodigue à d'autres de bons conseils sans quitter d'un pouce la position centrale.

Du box d'à côté, fusent des rires bruyants :

— Ah! Mado, t'es drôlement faite t'as pas de poitrine!

— Eh! ma vieille, le Bon Dieu y fait ben les choses, toi t'en as pour deux!

— Montre voir c'grain de beauté... Je vous fais grâce des réflexions.

Du box de gauche s'élèvent des soupirs :

— C'est-y une misère ça, à mon âge, moi qui ai jamais vu une chose pareille.

— T'es pas une momie quand même. Tu peux ben te mouiller, ça t'conservera, t'en fais pas.

— C'est-y une misère que ça, à soixante-cinq ans, si mes enfants y m'voyaient, c'est-y une misère.

— Allez grand-mère, pleurez pas, ça sert à rien, et les soupirs se poursuivent étouffés par les rires, les disputes et l'eau qui gicle de tous côtés.

Mais le temps passe vite et il faut se dépêcher : se laver, laver ses cheveux et laver son linge, le tout sans savon, sans brosse. La force de l'eau diminue, le jet s'affaiblit, ce n'est plus qu'un filet d'eau tiède, quelques gouttes d'eau tiède, quelques gouttes d'eau froide, et plus rien. Alors les cris pointus reprennent de la vigueur :

— Mon pantalon que j'ai pas lavé, et mes pieds, et ma tête...

Les débrouillardes, les anciennes ont apporté un mouchoir et se sèchent avec. Quelques-unes pleines de bienveillance le prêtent à leur voisine et, de voisine en voisine, le mouchoir de Madame Jeanne ne m'a pas séchée...

Alors il faut se rhabiller, la chemise colle à la peau et un petit filet humide descend le long des jambes.

— Fite, fite, Mestames, crie l'Allemande.

— Marche... Alors il faut repartir, parfois à moitié vêtue. Il m'est arrivé une fois de laver ma blouse et, n'ayant pas de rechange, une femme m'a prêté un foulard.

Le matin de la douche, la cellule est très animée. Que de sujets de conversation ! Chacune a une aventure qu'elle conte avec moult détails, et certaines observations anatomiques sont décrites avec un soin tout particulier. Je ne peux accuser mes cocellulaires de manquer d'esprit critique et d'observation.

LE MOUCHOIR BRODÉ

Les journées sont un peu longues. Tous nos trésors intimes réunis ne suffisent pas à remplir le nombre d'heures qui ne nous font pas grâce d'une minute. Un nuage un peu lourd s'est abattu sur notre cellule. Mado pense et son teint devient de plus en plus jaune et ses traits sont tirés. Elisabeth maigrit : elle n'a pas vu Jean-Pierre depuis plusieurs jours. Victoria ronfle et ne fait que soupirer.

L'inaction est certes ce qu'il y a de plus déprimant. Alors il faut trouver une occupation :

— Jouez-vous aux cartes ?

— Tu pourrais pas parler d'autre chose, grogne Victoria. Je regarde Mado, mais hélas ! elle répond :

— Mais comment ?

— Le carton... En effet, Mado traîne avec elle de cellule en cellule (car elle a changé plusieurs fois) le carton de la sœur. C'est une longue histoire. Au cours d'une de ses pérégrinations à travers la prison, Mado s'est trouvée en cohabitation avec une religieuse, « la sœur », qui en souvenir des quelques bonnes paroles lui a laissé l'Evangile qui est planqué dans le trou au-dessus de la porte et le carton qui renferme tous les biens de Mado. Ce sont des biens acquis, car Mado n'a jamais rien reçu des siens, et ce sont de bonnes camarades qui lui ont laissé des souvenirs : l'Evangile et le carton sont les biens les plus précieux de Mado.

Elle bondit :

— Non, mais, tu n'y penses pas, le carton de la sœur pour des cartes !

— Oh ! je hausse les épaules, la sœur serait sûrement ravie de voir que vous l'employez pour distraire vos camarades. Le silence me répond et je comprends que les heures vont reprendre lourdes et grises.

— Après tout, si vous préférez devenir neurasthéniques, chacun son droit. Et j'ôte ma chemise.

— T'as pas l'esprit inventif. Je ne réponds pas aux ironies. Le droit fil craque.

— Où est l'aiguille ?

Des regards indifférents m'observent.

— Tiens. Et Mado, du fond de son carton, m'extrait une aiguille et du fil marron. Alors debout, en face de la fenêtre, je commence à tirer mes fils. Mais je n'ai jamais su coudre et je vois mal, et ma chemise est si usée.

— Ton nez passera au travers.

— Si t'attends à être libérée quand y sera fini, tu s'ras p'têt ben une momie bonne pour l'musée. Je souris avec indulgence.

— Cela n'a pas porté malheur à Alice.

— Ça pour sûr, et chacune retombe dans sa rêverie.

Mes fils sont tirés sur quatre rangs, de quoi m'occuper. Je ne sais plus depuis combien de jours je peine sur ce canevas presque invisible. Ce travail me fatigue, je dors mieux et sans aucun doute le temps paraît moins long. Mais toc ! Je ne sais pas faire des jours. Je réclame de l'aide.

— Dans mon enfance, à l'école, soupire Victoria ; les autres, ce n'est même pas cela, et mon mouchoir semble gravement compromis. Mais toutes les lumières réunies, nous retrouvons le « point ». Alors, le mouchoir devient notre mouchoir, chacune à son tour y travaille, le mouchoir est gris noir et le fil marron. Il sera historique. Nous lui avons trouvé une place, près de l'Evangile, et peu à peu notre cellule s'anime. Il y a des discussions, des comparaisons, des compétitions :

— Mes points sont invisibles.

— Oui, j'te crois, on n'les voit pas et y tiennent pas.

— T'as pas r'gardé les tiens.

Les quatre rangs de jours sont terminés et on est toujours là, soupire Mado avec lassitude.

— Oui, mais le mouchoir n'est pas fini, on va le broder.

— J'sais pas broder.

— T'as dit pareil pour les jours. Et nous brodons le mouchoir, toujours avec du coton marron à repriser les bas. Au milieu : « Arrêtée le mercredi 21 juin, à 7 heures », en belles lettres rondes, car après tout c'est mon mouchoir et, sur les côtés, entre les jours, des scènes de la vie de prison : la gamelle, la tinette, la paillasse, la baignoire (torture), les chiens. une S.S. avec un bâton, la corde qui tient le linge, les barreaux, la cuillère de bois.

Et notre mouchoir est terminé. Alors dans les petits carrés, je brode les initiales de mes cocellulaires.

J'en ai brodé vingt-deux, deux cases sont restées blanches. Alors je suis partie à mon tour. En Allemagne on m'a pris notre mouchoir. Lorsque j'ai revu Victoria :

— Et not'mouchoir ?

— Ça aussi, ils l'ont eu. C'est dommage !

LES CARTES

Nous avons repris goût à la vie. Le mouchoir nous a donné du tonus, les yeux brillent, les langues se délient. Je reviens à la charge :

— C'est bien distrayant les cartes.

— Oh ! ça pour sûr, rien n'vaut une belote, affirme Victoria.

— Je ne connais pas.

— Oh ! toi, t'as été drôlement élevée. Alors Mado se lève.

— Dis donc Mado ?

— Quoi ?

— Des fois, si tu..., mais personne n'ose prononcer le mot. Mais Mado a bon cœur :

— Oh ! On n'prendra que l'couvercle. L'idée est bonne. Aussitôt dit, aussitôt fait.

— Il en faut trente-deux.

Pour une telle circonstance, le couteau et le fusil sortent de leurs trous respectifs, crac, crac. Voici trente-deux petits rectangles d'une inégalité parfaite qui sont étalés devant nos yeux éblouis.

— Quand même, j'pensais pas qu'mon couvercle y était si grand, s'extasie Mado.

— Ben, c'est pas pour rien qu'il y a eu la multiplication des pains, n... de n..., ronchonne Victoria.

— On les r'connaîtra vite.

— Dame, faut être honnête.

— Si t'étais honnête, tu s'rais pas en tôle !

— Eh ! va donc, gibier de prison.

— Ta g..., espèce de terroriste. Les yeux de Mado lancent des éclairs. Nous nous efforçons de la calmer.

— Ces cartes, objet de vos courroux, étaient destinées à être un élément de divertissement et non...

— J'm'en f... des cartes, après tout, c'est mon couvercle. Victoria a reposé ses petites mains sur son énorme ventre, c'est bon signe.

— Allez, Mado...

— Dire qu'ça fait deux mois que j'suis-t-en prison ! mais déjà nous parlons des cartes.

— On va les dessiner.

— Avec quoi ? Evidemment.

— On va les coudre.

— On brode l'mouchoir, puis on brode les cartes. Vous êtes bien parties mes petites!

— Nous on a d'la suite dans les idées. Mais il reste peu de fil.

Nous n'avons que du fil brun.

— Chacune fera une couleur.

Je choisis le cœur.

— Elle est romantique la môme, dommage qu'sa mère l'a si mal élevée.

Ce matin nous avons accompli notre œuvre : le jeu de cartes. Il faut attendre que la soupe soit distribuée et l'appel aux interrogatoires terminé. Après, on n'est plus « emmerdé ».

— Nous sommes juste quatre.

— On t'apprendra, va, encourage Mado.

Alors accroupies par terre dans des poses naturelles, au cas où l'chleu lorgnerait par le judas, nous commençons une belote.

— Tu inscris, Mado?

— Oui. Elle retire son épingle à cheveux (celle déjà qui notait les messages téléphoniques).

Le temps passe très vite. Il y a quatre jours déjà que nous nous perfectionnons en belote, quand, en sortant les tinettes, une voisine nous passe du fil blanc. Alors les cartes noires on les laisse en brun et les cartes rouges en blanc. Question d'habitude.

— Si on perfectionnait nos cartes?

Pour les figures nous écrivons encore roi, etc.

— On s'croirait au café! et les yeux de Victoria brillent de joie.

— Y vous manque pu qu'vot' petite Myrka!

— Oh! Mais nous arrêtons le flot de lamentations :

— Qui donne?

Et le temps passe vite.

Alors une voisine (il y a quand même des voisines aimables) nous a passé un crayon. Richesse.

— On va faire des belles cartes.

Alors nous décousons les fils et dessinons les valeurs des cartes et de jolies figures.

— C'est un jeu de massacre! et cela vous fait rire, mais...

— On s'croirait des civils.

Alors la soif de la perfection s'étant emparée de nous, le lendemain aux tinettes, je demande à droite et à gauche :

— Avez-vous un crayon rouge ? Il nous faut un crayon rouge !

Ce matin nous avons reçu un crayon rouge, glissé dans un morceau de pain.

— Ça alors, on est des gens chics !

— Comme au café, songe mélancoliquement Victoria.

Et notre belote a été magnifique.

Lorsque Mado est partie, et bien d'autres, j'ai toujours gardé les cartes là-haut, dans le trou, près de l'Evangile qui n'y est plus.

Et le jour où, à mon tour, il m'a fallu quitter la cellule, les nouvelles qui étaient là m'ont mis les cartes dans les mains.

— Ce sont vos cartes, il faut les emporter, avec nos bons moments ; mais je les ai laissées à celle qui était la plus ancienne après moi.

— Non, ce sont les cartes de la cellule ; je vous les laisse, avec toute mon affection. Vous me les rendrez un jour...

J'ai retrouvé Lucienne dix-huit mois après, et elle avait toujours les cartes de la cellule 15, les cartes rouges et noires, pleines de petits trous d'aiguille.

TOUT BAGAGE

Ce n'est qu'un au revoir, mes sœurs,
Ce n'est qu'un au revoir
Oui, nous nous reverrons, mes sœurs,
Ce n'est qu'un au revoir.
Faut-il nous quitter sans espoir,
Sans espoir de retour !
Faut-il nous quitter sans espoir,
De nous revoir un jour ?
Ce n'est qu'un au revoir, mes sœurs,
Ce n'est qu'un au revoir,
Oui, nous nous reverrons, un jour,
Ce n'est qu'un au revoir.

Ce matin, il y a du bruit dans la prison. Depuis déjà les

premières lueurs du jour, nous sommes réveillées par des bruits de pas, de clés, de discussions. Mado a l'oreille très exercée :

— Y s'prépare quelque chose. Et debout contre la porte de chêne, l'œil fixé au judas, de tout son corps tendu, elle écoute. Elle semble préoccupée.

— Quelle date qu'on est ?

— Faut consulter l'calendrier. Nous avons en effet marqué les jours au mur avec l'épingle à cheveux.

— Si jamais on perdait l'sens des jours, avait déclaré Victoria.

Cette réflexion, si pleine de philosophie, nous a valu le calendrier.

— C'est le 2 juillet. Cette constatation assombrit Mado.

— Oui, c'est ben ça, le 2 juillet. Il y en a eu le 16 juin. Oui, c'est ben ça, clame Mado.

— Ben quoi ? s'impatiente Victoria.

— Dire que ça fait deux mois que j'suis-t-ici, soupire Mado.

Lorsqu'elle commence ainsi, nous savons qu'il est inutile d'insister.

Une atmosphère de malaise plane sur notre cellule. Pourtant, la journée paraît normale. Le quotidien « Aufstehen » (debout) résonne douloureusement à nos oreilles et puis le « Kaffee, Mestames », et puis la séance du lavabo et le balayage sommaire de notre turne. Tout est normal et pourtant Mado, comme un animal qui pressent le cataclysme, semble inquiète et taciturne. Et le malaise pèse sur nos cœurs, sans raison.

De nouveau, dans le couloir, des pas et bruits de bottes.

— Y s'passe quelque chose, y descendent. Mado possède un tel entraînement de ce mode d'observation que la prison n'a plus de secret pour elle. Elle sait tout ce que tout veut dire, et elle voit même ce qui se passe au troisième étage et au fond du couloir.

Les pas se rapprochent.

— Y a des officiers, y tiennent des fiches jaunes. C'est ben c'que j'pensais.

Alors, au mur résonne un faible toc-toc-toc, et nous notons : « Attention transport ». Nous transmettons, et de cellule en cellule, l'inquiétante nouvelle se propage. Nous ne savons rien des transports si ce n'est que c'est l'inconnu, et l'homme est ainsi fait qu'il redoute le plus ce qu'il ne connaît pas.

Maintenant le cœur de la prison s'est mis à battre ; on se pose cent fois l'éternelle question à laquelle nul ne peut répondre.

— Partirai-je ? où ?

Mado ne détache pas son œil du judas ; Elisabeth retient avec peine quelques larmes :

— Si J.P. part, je veux partir aussi, n'importe où.

Victoria pense à sa petite Myrka et, moi-même, je sens mon cœur serré en songeant que Maman peut partir sans moi.

— Ça y est, y arrivent, clame Mado d'une voix contenue.

Nous sommes toutes debout, sauf Victoria qui feint le désintéressement. Les cellules s'ouvrent les unes après les autres, des noms sont appelés d'une voix brève suivie de la mention : « Tout bagage », et la vague d'angoisse monte en nous à mesure que le bruit de pas se rapproche. Mado s'est brusquement écartée du judas, un bruit de clé, la porte s'ouvre. Il y a deux soldats avec une liste et la gardienne. « Qui ? », le sol se dérobe, je m'appuie contre le mur :

— P... Madeleine, H... Victoria, tout bagage, dans cinq minutes, et la porte reclaque.

Nous ne pouvons proférer une seule parole. Et J.P. ? et Maman ?

— Où allons-nous ?

— Dire qu'ça faisait deux mois qu'j'suis-t-ici, et alors, soudain, nous sentons qu'une réelle affection nous unissait. Un peu de notre chair nous est arrachée. Mais il y a encore cinq minutes, il faut faire vite.

Mado emballe son carton :

— L'Evangile, j'le prends, j'vous laisse l'crayon.

— Emporte le rouge, ça peut t'rendre service, et t'as du fil ?

— Non, mais vous non plus.

— T'en fais pas pour nous Mado, nous restons en France, et nous saurons nous débrouiller.

— Où c'est qu'on va ?

Victoria n'a que sa robe rouge raccommodée dans le dos. Elle paraît si pitoyable dans sa majesté de graisse. J'avais reçu une valise de vêtements, il y avait un fichu auquel je tenais.

— Victoria, cela vous ferait-il plaisir ? Ses petits yeux brillent.

— Tenez Victoria, prenez-le, vous me le rapporterez après la guerre. Alors ses deux petits bras grassouillets entourent mon cou et, solennelle, Victoria déclare :

— Y m'quittera pas.

— T'as du savon ?

— Non. Alors il faut couper le nôtre en deux et : t'as d'quoi t'essuyer ?

— Non, et Victoria considère avec envie un petit carré en éponge à fleur qui m'appartient. A l'origine, quand j'étais enfant, c'était la serviette de mes poupées, et je ne sais comment je l'ai toujours retrouvée dans mes affaires. Ce sont de ces choses auxquelles on n'attache aucune valeur et qui, au travers de notre vie, se trouvent sous notre main, jusqu'au jour où, très étonnée, on découvre « mais, ça fait vingt ans que j'ai cet objet », et aussitôt il devient un souvenir et c'est la « chose » à laquelle on tient. Ainsi en était-il de mon petit carré en éponge. C'était mon enfance et tout ce que cette notion peut impliquer de pensées et rêveries.

— A qui qu'c'est ? demande Victoria.

— A moi.

— Tu me l'donnerais pas ? Toutes les fibres de mon corps disent non, pas ça.

Dans un instant, nos amies vont partir.

— Victoria, prenez ce petit carré, et ça, j'insiste, vous me le rapporterez.

— Oui, oui, dit-elle distraitement. Pour elle, cela ne représente qu'un chiffon.

— Je l'soignerai ton fichu.

— Bien Victoria, et le petit carré aussi.

Et nous échangeons les dernières recommandations :

— Si tu t'évades, tu sais qui tu dois prévenir ? Chacune a appris par cœur les adresses de chacune, car on ne sait jamais.

Mado me regarde :

— J'vous confie la cellule, dire qu'c'est les deux plus jeunes qui restent, nous... Mais déjà les premières cellules commencent à s'ouvrir.

— On s'dit au revoir avant qu'y reviennent les brutes, y seraient trop contents de voir qu'on à l'cœur lourd, et nous nous jetons dans les bras les unes des autres. Un sanglot étouffe nos poitrines :

— Que Dieu vous garde !

— Oh ! Dieu, soupire Victoria. Mais les pas se rapprochent. Mado pleure.

— Dire qu'ça fait deux mois... et la porte s'ouvre.

— Vite, vite. Alors Mado empoigne son carton, serre les dents, nous embrasse. Je voudrais ne pas la lâcher ; elle me souffle à l'oreille :

— Y nous r'gardent, du cran ma p'tite fille. Jamais Mado n'a été si tendre.

La voilà déjà sur le pas de la porte, d'un bras le carton solidement maintenu, de l'autre, elle nous fait encore signe :

— Adieu mes petites. Victoria est déjà sortie, sa lourde poitrine secouée de sanglots.

Alors, au moment où la lourde porte va se refermer sur nous, nous entrevoyons la figure jaune de Mado, les yeux brillants, sa main levée :

— Courage, mes petites, on les aura, et vive la France.

La porte de chêne est retombée. Elisabeth est assise impassible, et moi, la tête appuyée contre le mur, je sanglote. Vraiment, je les aimais.

Alors, comme Mado, je colle mon œil contre le judas et je vois, deux à deux, toutes les femmes désignées pour le départ qui attendent le signal.

Les voilà qui s'ébranlent vers la sortie. Il y en a de trop, je ne vois rien. Mais Mado, de l'autre côté, qui passait a vu et je reconnais sa voix :

— Adieu, courage, ta mère ne part pas. Comme elle pense à tout, Mado. Elisabeth se précipite :

— Et J.P. ?

— J'sais pas pour les hommes, et le convoi passe. Le corridor est vide.

Elles doivent être groupées dans l'autre cour.

Alors, comme une vague, monte soudain de partout et de nulle part, le chant :

Ce n'est qu'un au revoir, mes sœurs,
Ce n'est qu'un au revoir,
Oui nous nous reverrons un jour,
Ce n'est qu'un au revoir.

Et aussitôt après, *la Marseillaise*.

Elisabeth s'est levée, c'est toujours ainsi quand il y a un transport.

D'une même voix, toutes lancent un cri de fraternité et d'espoir. Et celles qui restent soutiennent les sœurs qui partent.

Les voix se sont éteintes, le silence emplit lourdement notre cellule.

— Dormons, conseille Elisabeth, nos nerfs sont à bout.

— Oui, elles sont loin, nos camarades.

NOUVELLES CAMARADES

Nous ne sommes pas restées longtemps seules, Elisabeth et moi, dans notre cellule. Tout au plus quelques heures.

Nous sommes à nouveau cinq. Il y a Francine, Andrée et Madame Vrille.

Maintenant que Mado n'est plus là, c'est Elisabeth qui partage le pain et règle les visites à la tinette.

Francine est la femme d'un cabaretier de la rue du Plat ; elle est vive, grande, svelte, dominée par une chevelure touffue, serrée, noire. Cette luxuriante forêt luisante abrite un visage maigre, jaunâtre, une bouche qui ne resta vermeille que quelques heures, faute de combustible. Les impulsions de son âme exaltée ne sont tempérées que par de brusques changements d'humeur qui font que Francine, à deux heures, rit et trouve l'aventure plaisante et, à deux heures cinq, sombre dans l'abîme sans fond de la désolation, d'où une soudaine étincelle la transporte, à deux heures dix, sur les cimes élevées de l'espérance, en attendant qu'à deux heures quinze, un nuage, d'ailleurs passager, la précipite dans les dédales du désespoir. Ce trait saillant du caractère de Francine rend la cohabitation avec elle difficile. Il faut user à la fois de patience et de fermeté.

Andrée est le courant d'air qui tempère les ardeurs expansives de Francine. Silencieuse, l'âme bercée par une douce nostalgie, elle est assise dans le coin, sous la fenêtre. Elle pense à sa mère, à son frère, ses petits neveux qui doivent la réclamer car, aujourd'hui, c'est dimanche et c'est un rite. Le dimanche, Andrée va à X., à vingt kilomètres de Lyon, et elle croit entendre la voix futée d'une petite fille espiègle qui la tiraille, et Andrée ferme les yeux. Parfois nous oublions son existence. C'est elle qui, de nous, est la moins résignée sous ses dehors de calme. Pauvre Andrée!

Madame Vrille est une fermière de la région de Montélimar. Un beau brin de femme que Madame Vrille! Pour sûr! Et les gars du village y r'mouchaient pas à m'faire danser! Les trois dimensions sont largement représentées. Les traits fort accusés, quelques verrues d'où s'échappent deux poils bruns, une jolie robe bleue en artificiel. Madame Vrille cachait l'maquis, car sa ferme était très retirée, et :

— V'là qu'mon gars qu'a seize ans est venu me prévenir un matin qu'les Allemands venaient. Alors, les autres gars ont pris par le champ de blé qu'est derrière la maison et ils ont gagné le bois. Ils étaient à peine partis que les camions arrivaient chargés de soldats et de mitrailleuses. Pour sûr qu'on a été dénoncés. Il était sept heures du matin. J'ai dit au gars de filer, mais il a pas voulu, rapport que mon homme était à la ville. Y m'disait comme ça :

— Maman j'te laisserai pas, et Madame Vrille essuie une larme. Alors les Allemands lui ont donné cinq minutes pour sortir de la maison. Elle a mis sa robe bleue du dimanche et a pris le fils plus jeune qui a quatre ans dans ses bras. Alors, les soldats ont appelé le grand fils et l'ont placé contre le pommier et l'ont mis en joue :

— Si tu ne nous dis pas où est le maquis, on tire sur ton fils. La mère n'a pas dit où était le marquis, ils n'ont pas tiré sur son fils, mais quelques instants après, la belle ferme, la plus importante de la région, n'était plus qu'une torche enflammée, un effondrement fumant de tout un passé de labeur. La grange, la remise, ils avaient fait sortir le bétail. Et, quand les dernières poutres s'écroulèrent dans un bruit de tonnerre et que le ciel était de cendre et de fumée, alors ils ont emmené la mère et le fils aîné à Montélimar :

— Mais j'voulais pas lâcher mon p'tit qui pleurait dans mes bras. Alors, ils ont fait mine de tirer sur lui et m'ont forcée de le laisser aux soins des voisines. Alors la mère, à qui on avait anéanti le foyer et arraché le jeune enfant des bras, fut conduite à la prison de Montélimar et, de là, transférée au Fort-Montluc. Le grand fils l'avait soutenue et avait toujours murmuré à sa mère des paroles d'espoir et de réconfort. Mais la mère avait beaucoup pleuré, ses yeux étaient secs et sa tête vide ; elle regardait loin devant elle et au-delà des murs et de la porte de chêne, elle pleurait, la tête contre une pierre calcinée :

— Oh ! mon p'titout, mon p'titout !

— Vous le reverrez votre p'titout, Madame Vrille !

— Vous pensez ? Et une petite flamme s'allumait dans ses yeux très noirs.

— Mon p'titout, mon p'titout !

Le grand fils de seize ans a été libéré ; et il a dû aller rechercher son jeune frère. Peut-être que les deux orphelins reconstruisent un beau domaine, en attendant le retour de la mère. J'ai su après que le père avait été un des otages fusillés à Montélimar.

L'ARRIVÉE DE MARGUERITE

L'heure de la soupe est depuis longtemps passée. Alors, ce bruit de pas, ce ne peut être que de nouvelles arrivées.

Ce n'est jamais une perspective réjouissante que d'accueillir, dans un espace aussi réduit, deux nouvelles jambes, deux bras, un corps que l'on espère malingre, deux poumons et une voix de plus qui nous agacera.

Pourtant, ce soir, nos fluides combinés ne sont pas assez forts pour repousser le danger, et la porte grince et reclaque pour laisser passer une créature grande et maigre.

Elisabeth, polie, se lève :

— Madame, soyez la bienvenue. Nous lui faisons une place sur la paillasse.

— Madame, je vous en prie, asseyez-vous, et Elisabeth veut la débarrasser de son chapeau et de son manteau. Mais la « Madame » ne veut à aucun prix s'en séparer. Elle nous examine d'un regard à la fois méprisant et stupéfait. Elle a des boucles blondes qui flottent sur ses épaules, un nez pointu, deux yeux sombres qui lancent des éclairs, le fard est un peu passé et une traînée rouge vise agressivement l'œil droit. Madame est richement vêtue, des bas de soie, une blouse rouge, une jupe écossaise, des boucles d'oreilles en or massif et un nœud à quatre boucles dans les cheveux, les ongles un peu noirs. Mais, après tant d'émotions, c'est pardonnable : une femme si raffinée. Madame ! Elle se tient la tête :

— Qu'ai-je fait, qu'ai-je fait ? où suis-je ?

— En prison, Madame, précise charitablement Elisabeth.

Mais, les mains levées en signe de désespoir, elle clame :

— Qu'ai-je fait, qu'ai-je fait ? si mon fils le savait !

— Où est-il votre fils ? demandons-nous avec compassion, peut-être vous l'a-t-on arraché du sein ? où est-il ? au berceau ? ou fait-il partie de la gigantesque armée des innocents qui souffrent ? Nous sommes prêtes à nous attendrir.

— Oh ! mon fils, mon Albert, il est à Collonges, dans la milice.

Je ne me souviens pas de la réaction des autres, mais pour ma part, je me suis appuyée contre le mur et j'ai ri, j'ai tant ri que les autres, contaminées, ont commencé aussi à rire et Madame gesticulait et lançait de menaçantes : « vous êtes des mal élevées » qui ne faisaient que nous exciter davantage.

Cependant, vint un moment où Madame fut sérieusement menacée d'un transport au cerveau. Alors, nous eûmes pitié d'elle.

— Ah ! c'est vraiment drôle, l'amant dans la résistance, le mari collaborateur, le fils milicien et la maman en prison ! Mais Madame ne trouvait pas ça drôle du tout :

— Vous êtes des sans-cœur, vous ne comprenez pas ce qui m'est arrivé.

— Oh ! mais si, très bien, assure Elisabeth avec un visage hilare ; mais Madame se reprend la tête.

— Qu'ai-je fait ? qu'ai-je fait ?

— Mais vous n'avez rien fait, clame Elisabeth.

— Mais si, mais si, c'est justement, et c'est à cause de moi qu'il est arrêté.

— Mais ça se corse. Qui ?

— Mais, lui, voyons.

Alors Andrée sort de sa torpeur :

— Si vous avez dénoncé quelqu'un, vous n'êtes qu'une salope, et toc ! Madame bondit :

— Une salope, moi, non mais ; nous la calmons de notre mieux. Andrée est parfois trop affirmative. Alors Madame raconte :

— Ils sont venus m'arrêter et ils m'ont demandé : où est Pierre ? Pierre, c'est mon ami, il est médecin. Oh qu'ai-je fait ?

— Une cochonnerie, dit paisiblement Elisabeth, mais

racontez quand même. Et Madame poursuit, visiblement agitée :

— Justement, nous avions rendez-nous à cinq heures au Grand Café, place Bellecour ; alors pour détourner leur attention, j'ai dit qu'il serait à cinq heures moins le quart au Tonneau (café à vingt mètres du Grand Café). Oh ! qu'ai-je fait ?

— La suite, s'impatiente Andrée.

— Alors, oh ! mon Dieu, c'est un malheureux hasard, n'est-ce pas que je n'y suis pour rien ? Il sortait juste du Grand Café et, quand il m'a vue, il est venu à moi. J'ai essayé de lui faire signe, mais il n'a pas compris et était si confiant, et, oh ! qu'ai-je fait ? qu'ai-je fait ? Nous sommes exaspérées.

— Et puis ?

— Oh ! c'est affreux, ils l'ont pris, que doit-il penser de moi ?

— Certes, les apparences sont contre vous, insiste perfidement Andrée.

— Mais ce ne sont que des apparences. Oh ! je voudrais mourir. Ils l'ont enchaîné, et il devait prendre l'avion ce soir pour Londres !

Une fois de plus, je constate que les femmes, décidément, font le malheur des hommes. Mais Madame sursaute :

— C'est faux, sans Pierre, je ne serais pas en prison, moi, une honnête femme.

— Une p... oui, corrige Andrée. Elisabeth s'indigne :

— Comment vous le dénoncez, et... c'est écœurant ! mais Madame hoquette des « qu'ai-je fait ? » qui nous inquiètent quant à l'état de son cerveau.

— Allons, il faut vous calmer et ne pas revenir en arrière. Comment vous appelez-vous ?

— Marguerite.

La soirée est si avancée que nous nous couchons dans une demi-obscurité. Le silence aussitôt nous enveloppe, rompu par une litanie de : qu'ai-je fait ?

— On est bien tombé, me souffle Elisabeth.

— Ah ça ! si elle doit nous casser les pieds longtemps comme ça, on va tous finir à Charenton, déclare Andrée.

— Taisez-vous, Marguerite, vous n'êtes pas seule ici et nous désirons dormir.

— Oui, mais je vous assure que je ne l'ai pas dénoncé.

— Encore un mot et nous vous lançons par la fenêtre ; mais cette plaisanterie, pourtant classique en prison, ne la déride pas, et cette nuit-là nous nous sommes toutes assoupies au son d'une douce berceuse : qu'ai-je fait ? qu'ai-je fait ?

Nous sommes réveillées le matin par un cri d'effroi de Madame Vrille :

— Oh ! Qu'est-ce que c'est qu'ça ? des cheveux ?

En effet, nous voyons à ses pieds une touffe de boucles blondes, c'est vraiment impressionnant.

— A qui la perruque ?

— Ah ! mes cheveux, s'exclame Marguerite d'un ton pincé.

Je ne peux m'empêcher de lui fredonner le refrain : « J'ai perdu ma tête et ma perruque... », et nous avons bien ri, et de la touffe de cheveux et de l'effroi de Madame Vrille.

Marguerite est restée un mois dans notre cellule, elle nous a parfois fait rire, mais plus souvent révoltées et agacées par son égoïsme inconscient et son manque absolu de cœur et de sensibilité.

Et quand, un jour, nous avons appris qu'il y aurait un transport, je n'ai pu m'empêcher de confier aux autres :

— Pourvu qu'elle parte ! Et cela a été mon tour ! Marguerite est restée, elle a été libérée par la suite. Il vaut mieux ne pas souhaiter aux autres ce qu'on ne voudrait pas qu'il nous arrive.

L'ABBÉ BOURSIER

Voici les caves de la Gestapo, place Bellecour, les murs passés à la chaux, nous sommes tous assis face au mur avec « défense de parler ni de se retourner ». Devant la porte derrière nous, un ou deux gardiens, tout en bavardant entre eux, le fusil sur l'épaule, guettent la moindre infraction au règlement sévère établi par le Grand Reich. C'est la salle d'attente de l'interrogatoire. La pièce est assez grande, nous sommes une dizaine.

A côté de moi, un prêtre, déjà âgé, les tempes grisonnantes. Quand il me regarde, ce sont deux grands yeux bruns très enfoncés et enfouis sous d'épaisses touffes de sourcils noirs. Ces yeux brillent si fort qu'il semble qu'une petite flamme les anime, et le regard vous pénètre comme un dard. Je devine, selon les échos qui me sont parvenus, que c'est l'Abbé B., Curé de Sainte-Thérèse de Villeurbanne. Il a été arrêté avec son jeune vicaire (qui est assis un peu en avant de nous), pour détention d'armes dans son église. On ne sait pas exactement, mais on dit que l'Abbé est « un chic type ».

— Mon Père, j'ai peur. A lui, je peux avouer cette faiblesse ; il a une arme puissante pour me défendre contre des ennemis.

— Mon Père, dites une prière pour moi, j'ai peur de l'interrogatoire. Je lui souffle ces mots sans même le regarder ; j'ai honte de moi-même. Mais l'interrogatoire est une perspective si angoissante, et Maman est si loin, là-bas dans la forteresse.

Le Curé tourne lentement la tête de mon côté et mon regard rencontre le sien, c'est une vague lumineuse de tendresse. Il me semble que mon âme est envahie de fraîcheur.

— Vous êtes bien jeune, quel âge avez-vous, mon enfant ? Une mère ne s'adresserait pas à son enfant avec plus de tendresse.

— Vingt ans, mais ma mère est arrêtée aussi, et j'ai si peur de dire une bêtise inconsciemment. Il se détourne mais sa voix basse et contenue murmure :

— Mon enfant, il ne faut rien dire, rien, rien. Si vous dites un mot, vous êtes perdue, ils voudront en savoir toujours davantage. Silence. Ils vous passeront à la baignoire, moi-même qui suis un vieil homme, j'y suis passé douze fois et je suis très bien, et plus décidé que jamais. Nous, ils ne peuvent nous avoir. Nous sommes plus forts qu'eux. Ils ont la brutalité pour eux, mais nous, nous luttons pour une cause juste et belle. Nous sommes des Français patriotes. Nous savons souffrir. Quoi qu'il arrive, ne dites rien.

— Silence, gueule le soldat derrière nous.

Je pense à ce que vient de me dire le Curé.

— Ils ne vous tueront pas, dites-le vous bien, ils vous mèneront aux confins de la vie, mais emploieront ensuite tous les moyens pour vous en ramener. Vous souffrirez, mais vous ne mourrez pas, et le prêtre soupire : parfois j'aurais préféré mourir. Mais n'ayez aucune crainte, mon enfant, Dieu est avec vous et en vous. Rien de ce qui vous arrivera ne se fera sans sa volonté. C'est un Père d'une infinie bonté, mais qui frappe parfois pour guérir. Ayez une confiance sans limite.

On commence à appeler des noms. Des femmes, des hommes qui se lèvent ; leur moment est venu.

— Il faut prier pour eux, me souffle l'Abbé. Je n'étais pas arrivée à mon quatrième grain du chapelet qu'une main se tend vers moi, rapide :

— Prenez vite, ils ne regardent pas. C'est un bout de pain et un morceau de sucre. Je proteste :

— Mais mon Père, vous en avez plus besoin que moi, vous êtes là depuis plus longtemps. Mais de nouveau son regard affectueux m'enveloppe :

— Vous êtes jeune, mon enfant. Et nous continuons à prier pour ceux qui sont montés.

Le temps paraît long. Des pas, des gémissements arrivent du couloir, se rapprochent, s'amplifient ; je me retourne et mon cœur se serre : cette loque humaine, mouillée et pantelante, est-ce cette jolie femme qui était là, à gauche ? Les yeux morts, sans lumière, ces rides sur le front, ces yeux cerclés de cernes noirs, cette peau terreuse, est-ce cette jolie femme, si jeune tout à l'heure ? L'autre avait trente ans, celle-ci en a soixante, et pourtant c'est la même robe, une robe verte. Elle s'est affaissée sur la chaise, la même chaise que celle de l'autre. Comme tout cela est irréel !

Juste derrière moi, une respiration saccadée, je me retourne. Celle-ci aussi a les cheveux qui pendent lamentablement, mais au fond de ses yeux brille une flamme puissante. Ah ! oui, c'est la petite juive qui m'avait dit qu'on l'avait passée huit fois à la baignoire, et avait ajouté farouchement : mais ils ne sauront jamais rien. La juive serre les dents, pince ses lèvres. Son corps est une loque qui la soutient à peine, mais dans ses yeux brille une flamme puissante.

— Je n'ai rien dit, ils peuvent me tuer, ils ne sauront jamais rien.

Et puis voilà les hommes qui reviennent. Ce grand blond qui crânait tout à l'heure, flageole sur ses jambes, il tombe en gémissant, il y a du sang ; il a été battu. Alors le soldat appelle :

— Gontaut-Biron. C'est mon tour.

— Je prierai tout le temps pour vous, mon enfant, du courage, n'oubliez pas ce que vous êtes. J'ai vraiment très peur.

Il était midi lorsque je suis redescendue à la cave. Mon

interrogatoire s'est bien passé. Ils ont été corrects. Je suis accueillie par le regard anxieux du Prêtre :

— Alors ? vous n'avez rien dit ?

— Ils ne m'ont pas torturée, mais je n'ai rien dit de mauvais.

— Dieu soit loué !

— Et vous mon Père ? Je remarque alors que ses épaules sont un peu plus voûtées qu'avant et que ses yeux paraissent fatigués ; son regard est plein de tristesse.

— Ils m'ont repassé à la baignoire et oh ! ce n'est rien, je suis un vieil homme endurci, mais ils ont beaucoup battu mon jeune vicaire, un chic garçon, il n'a rien dit.

— Debout, commande le soldat.

Les hommes sont enchaînés deux à deux, sauf les deux prêtres, je suis la seule femme. On nous jette pêle-mêle dans le camion qui doit nous ramener à Montluc. Le hasard me fait atterrir sur les genoux mêmes de l'Abbé, et comme le camion va vite et qu'il y a des virages, le Curé me serre très fort pour m'empêcher de tomber. Alors je profite encore de ces derniers instants pour puiser du courage et de la force à cette source si pure.

Lorsque je suis descendue du camion, j'aurais affronté avec le sourire toutes les légions déchaînées de démons germaniques ou autres. J'avais conscience d'une force puissante en moi, inexplorée, inexploitée, mais réelle.

— Je prierai pour vous mon enfant et pour votre Maman. Et on l'a emmené dans la section des hommes.

Tous les jours, pendant quelques mois, l'Abbé B. est emmené à la place Bellecour. Parfois on le torture, souvent on le ramène le soir sans même lui avoir parlé. Un jour, nous avons su que le Curé a été libéré. On l'a vu quitter la Gestapo, sa musette au dos. Il n'était pas arrivé sous le porche de son église que la police l'a arrêté de nouveau et, le soir, après quelques heures de liberté illusoire, il a repris sa place dans la cellule. Après les tortures physiques, les tourments moraux. Maintenant j'ai appris qu'au moment de la Libération, le Curé de Sainte-Thérèse de Villeurbanne a été de ceux qui, arrosés de pétrole, à Bron, ont été brûlés vifs. On a retrouvé son chapelet et ses pieds calcinés, mais tous ceux qui l'ont connu n'effaceront jamais de leur cœur l'empreinte profonde que son regard lumineux et paisible y a imprimée.

L'INSPECTION DU GÉNÉRAL

Elisabeth nous a quittées il y a peu de jours. Ce n'était pas un transport mais un transfert individuel, et nous pensons toutes qu'elle est partie travailler en Allemagne. C'est à moi donc, en qualité de plus ancienne, qu'incombe la charge plus pénible qu'honorifique de partager le pain et de régler les visites à la tinette.

Une agitation peu ordinaire règne ce matin dans la prison. L'Aufstehen (debout) a retenti plus tôt que de coutume ; ce ne sont que bruits de pas, de voix, frottements énergiques de balais, torrents d'eau dans les couloirs. On nous demande si nous avons des poux ou souffrons des punaises. L'infirmier a passé pour savoir s'il y a des malades. Au moment du balayage de la cellule, il nous a été permis de franchir le seuil et d'attendre dans le couloir que la cellule soit propre ; on nous a changé nos paillasses et j'ai obtenu sans l'ombre d'une difficulté une aiguille et de la ficelle pour racommoder la paillasse du fond qui était en loque.

A tout instant la porte s'ouvre, une gardienne, l'œil vague, parcourt d'un regard rapide la cellule, referme, s'éloigne nerveusement, une autre revient, ressort. Elles peuvent pas nous f... la paix aujourd'hui, qu'on fasse une belote ! Mais c'est plus prudent de s'abstenir. Il se passe quelque chose, c'est clair ! Alors Andrée qui sait admirablement bien les rapports de cause à effet, déclare :

— Ça, c'est une inspection.

— Une inspection ! Mais oui sûrement, nous sommes soulagées, car on ne sait jamais, en prison.

Cette découverte se confirme de plus en plus car Francine qui est de veille au judas déclare que les gardiennes ont changé d'robe. C'est vraiment très excitant. Du mur résonne toc-toc-toc. « Inspection du Général » annoncent les voisines. Mais oui, nous le savons aussi. Mais quel général ? Comment sera-t-il ? aimable ? causant ? apitoyé ? peut-être arrogant, cassant, brutal.

— Qui lui dira qu'on est là comme des bêtes !

— Mais il le sait très bien, voyons, puisque c'est exprès ; mais Francine fait reposer tous ses espoirs sur l'âme éventuellement compréhensive du général éventuel.

Ce général, quel qu'il soit, il faut lui faire bon effet ; notre condition misérable n'est pas une raison suffisante pour lui apparaître sales et débraillées ; en conséquence, je commence à ranger la cellule. Voilà, plus rien ne traîne. Les paillasses sont placées les unes sur les autres, recouvertes de la couverture, et, après nous être recoiffées et avoir mis des souliers, nous voici assises en position pour le général.

Bruit de pas, les portes qui s'ouvrent. Non, ce n'est qu'un signe précurseur.

— Mesdames, quand général, vous debout. La gardienne est tirée à quatre épingles, elle jette un regard circulaire sur notre cellule et semble très satisfaite.

— Bon, ronchonne-t-elle, en esquissant un vague sourire, et la porte reclaque.

— Les salauds. L'œil de Marguerite s'allume. Elle qui, il y a un instant, était prête à faire mille courbettes au général, devient comme une lionne.

— Se lever pour le général, moi, Madame K., moi la mère d'un milicien, moi la femme d'un industriel, moi... ; nous sommes toutes d'accord que la situation est pénible.

Je déclare que nous n'avons qu'à rester assises, après tout, nous n'avons pas compris ce que la gardienne a dit, et on verra bien. Mais Marguerite a décidé de crier :

— Comme des lions en cage, comme un zoo, quelle humiliation ! Je vois dans les yeux de Francine que ces déclarations trouvent un écho, alors je demande le silence.

— Nous éprouvons toutes la même chose et ça ne change rien de le dire, mais il faut rester dignes, montrer ce que sont les Françaises ; notre cellule est propre et malgré nos moyens si réduits, nous le sommes aussi. Andrée et Madame Vrille sont d'accord, mais comme dans une botte de paille, le feu a pris dans l'âme de Francine.

— Oh ! les salauds, hurle-t-elle, en se précipitant contre la lourde porte et l'accablant d'une avalanche de gros mots.

— Silence, Francine, calmez-vous. Mais c'est trop tard, elle frappe contre la porte et de ses ongles griffe l'endroit de la serrure. Il me semble qu'elle a perdu sa raison. Jamais crise n'a été si forte. Je jette un regard sur les autres. Alors Andrée murmure :

— Vous êtes la plus ancienne de la cellule, c'est à vous de faire quelque chose.

— Si j'étais assez forte, quelques gifles la ramèneraient

peut-être à un état plus normal, mais c'est un moyen in extremis. Maintenant Francine rit aux éclats. Nous lui parlons raison pure, puis raison tout court, puis nous passons à des considérations flatteuses, puis moins flatteuses, à la fin plus fatteuses du tout :

— Vous n'êtes qu'une hystérique. Mais Francine n'écoute pas. Elle nous accable à son tour de :

— Vous n'êtes que des morveuses, etc. Je ne répète pas, mais mon vocabulaire s'enrichit !

Francine est fatiguée d'avoir crié, alors, ne sachant plus quoi inventer, elle se met à arracher de la paille d'une paillasse et à salir notre cellule que nous avons eu tant de peine à nettoyer ; alors je sors de mes gonds. Nous sommes toutes indignées et, devant notre colère, Francine enfin se calme.

— Quelle heure est-il ? Déjà six heures ! Jamais le temps n'a passé aussi vite. Andrée affirme que le général ne viendra pas. C'est vrai, le général, on l'avait oublié, et dire que c'est à lui que nous devons toute cette séance. Francine n'est pas rancunière et elle rit de bon cœur :

— C'est quand même un brave homme, ce général, sans lui on se serait em... aujourd'hui !

— Des événements comme ça, il nous en faudrait tous les jours et on oublierait qu'on est en prison.

— Ben, Francine, elle l'a pas oublié aujourd'hui, raille Andrée, et elle s'est chargée de nous le rappeler aussi.

— Ça suffit, ne vous chamaillez donc plus, le général a changé les idées, Francine aussi.

— Et au fond, on s'est bien amusées aujourd'hui, conclut Francine en s'endormant.

LES GARDIENNES

Nous avons trois gardiennes. Lorsque je suis arrivée il y en avait six. Mais trois d'entre elles sont reparties, les plus gentilles, naturellement, et les autres se relaient du matin au soir.

La gardienne chef, c'est Frau Euser (Madame Euser), c'est elle qui nous avait accueillies le jour de notre arrivée. Un mur d'acier, grande, d'ailleurs belle femme, largement fournie, rapport à la poitrine, des cheveux roux, un visage fermé, dur, imperméable, des yeux méchants, sévères, la main leste et ferme. Demandez à Elisabeth, le jour de la décoction au sujet de J.-P. Elle nous hait et nous méprise.

— Celle-là, c'est une vraie de vraie, a défini Mado, un jour. Frau Euser, c'est le règlement ambulant, c'est la Grande Allemagne, dans toutes ses qualités et dans toute sa bêtise. Mais il faut reconnaître que Frau Euser est juste. Elle n'est pas cruelle pour le seul plaisir de l'être, ses exigences sont fort raisonnables ; discipline, propreté, humilité, et ces conditions étant observées, elle n'use que de son regard méprisant. Sinon, le mépris se concrétise sous forme de gifles qu'elle distribue avec modération mais énergie. Frau Euser n'est pas sensible à la pitié, ni aux chocolats, ni aux cigarettes, ni à l'argent. Son âme délicate ne vibre qu'au commandement du chef, et ses joies résident dans l'accomplissement du devoir quel qu'il soit : « Deutschland über alles ». Frau Euser n'a pas résilié sa personnalité, mais elle l'a orientée au service de la Belle Patrie, forgée depuis l'enfance dans le « links, eins, zwei, drei... links, eins, zwei, drei... » des marches. Trempé sa volonté dans la discipline des camps de jeunesse et appris à condamner aux flammes éternelles tout ce qui n'était pas « Heil Hitler ». Elle est l'œuvre du Führer, le fruit de cet arbre diabolique où la sève jaillit des enfers, un fruit sec, dur, amer, mais c'est quand même un fruit. Moi, je préfère une fraise de chez nous.

Wilhelmine forme un contraste frappant avec le fruit dont je viens de citer les qualités humanitaires ! Wilhelmine est petite, blonde, avec des boucles, une figure un peu fuyante, un teint blanc, quelques taches de rousseur, qui n'embellissent pas, grassouillette et les jambes un peu courtes. Elle sait rire car elle est très jeune ; elle sait aussi gueuler et ne modère que très difficilement ses transports de colère.

— Celle-là, on peut la prendre ! Pour ma part, je ne l'ai jamais prise. Elle a un air sévère et inexorable, mais surtout quand l'Euser est là. Il lui est pourtant arrivé de donner un « camélia » de plus ou d'accompagner la distribution de soupe d'un ronronnement bienveillant, ou même de fermer les yeux, mais c'est très rare et la jeune « Mina », comme nous l'avons surnommée, aime à se sentir l'instrument de la Justice Absolue. Diriger au doigt et à l'œil cette petite armée de femmes de toutes les conditions la grise délicieusement et lui donne ce sentiment si doux de son importance. Ce qui fait que parfois Mina frappe ou jappe sans raison apparente. Simplement, pour rappeler au Pauvre Monde qu'elle est là, et derrière elle, la Force, la Justice, la Vérité. L'Allemagne « la Doulce », jusqu'à quel point y croit-elle ?

Un autre roquet qui jappe sans faire trop de mal, c'est « Agathe ». Agathe a atteint l'âge mûr avec ses modérations. Pour celui qui lira peut-être ces lignes et qui n'est qu'un bleu, il sera peut-être surpris que ce terme de modération prenne une telle amplitude dans les jugements que nous portons sur nos geôlières, mais il faut qu'il prenne en considération que nos rapports avec les susdites geôlières ne tiennent qu'au développement plus ou moins intense de cette particularité du tempérament. Il existe un rapport très étroit entre le degré de modération d'une gardienne et les bosses que vous avez sur votre crâne, alors, il faut comprendre que, si la femme est modérée, nous lui pardonnons de grand cœur ses autres défauts. Ainsi va-t-il de l'Agathe. Elle crie, elle g... même souvent mais franchit difficilement le pas qui va de la parole à l'acte.

Elle est donc petite, cheveux gris noués dans le dos, ce qui lui vaut le sobriquet de la Couette, environ cinquante ans, le visage chiffonné, un peu ridé, de gros yeux de poisson affolé. Très active, mais quand l'Euser est là, le Tigre roux comme nous l'appelons, elle devient comme un nuage d'orage et ses yeux roulent, menaçants. Lorsqu'elle est seule dans l'exercice de ses fonctions, son regard se radoucit et on a l'impression parfois qu'elle a pitié de ces êtres encagés sans raison, si ce n'est politique. Et la politique, je crois que la Couette aimerait mieux être dans sa maison avec sa grande fille, près d'un bon feu. Mais c'est la guerre et le Führer a besoin de tous ses enfants. C'est un père, un père qui frappe parfois durement pour le plus grand bien de l'humanité, de son pays et de l'être frappé. Aussi, après la joue gauche, faut-il tendre la joue droite. Mina, Euser, défendent le père. Agathe sait qu'il y a encore beaucoup de balles en Allemagne et que souvent elles servent pour des compatriotes, et Agathe voudrait revoir sa fille !

— Toutes des salopes, résume Mado.

— Pour ça oui. Et lorsque dans le couloir, une de ces dames se promène en hurlant avec férocité :

— Silence, Mestames, fermez la pouche, du fond de la cellule jaillit un cri du cœur sourd et bref :

— Ta gueule, vieille guenon, on se soulage comme on peut. Mado, un jour, au cours d'un exposé sur la psychologie de nos gardiennes, épilogue :

— L'Euser, une hyène...

— Mina, une vipère...

— La Couette, un roquet... Toutes des salopes !

SANS BAGAGE

Il est encore très tôt ; à travers les barreaux, le ciel est sombre, à peine teinté, et il ne fait pas très chaud. Soudain, dans le silence de la prison, une porte a claqué, des pas résonnent au loin sur les dalles des corridors. Ils se rapprochent, s'arrêtent, montent les escaliers, les voilà qui s'engagent sur le palier du premier étage qui surplombe notre corridor.

Nous écoutons. Ils ouvrent une cellule. Mon oreille est scellée au judas, je n'entends qu'un murmure, la porte se referme, ils en ouvrent une autre, le même murmure reprend :

— Que disent-ils ?

— Ils sont encore trop loin.

Mais, de cellule en cellule, ils se rapprochent et maintenant ils ouvrent celles qui nous dominent :

— Ils appellent des noms.

— Un transport ?

— Peut-être. Ils ont ajouté la mention « sans bagage ».

Nous savons toutes ce que cela veut dire. Nous sommes tout à fait réveillées et celles parmi nous qui ont un « homme » là-haut ont étrangement pâli et se tiennent le cœur de leurs deux mains crispées.

— Toc-toc-toc, le téléphone marche.

On nous communique :

— Demandez si Jeannot le mari de Françoise part. Dans la cellule 17, voisine de la nôtre, il y a dans le trou réservé à la tinette une cavité qui remonte assez haut et par laquelle on peut parler avec les hommes dont la cellule est au-dessus. Pour cela, il faut sortir la tinette, se mettre à sa place dans la position horizontale et crier. Le voisin du dessus fait de même et l'on entend très bien. Lorsqu'il est en possession du message, à son tour il le transmet par téléphone, et ainsi toute la prison est alertée. Parfois cela dure longtemps.

Ce matin la réponse revient vite, Jeannot ne doit pas être loin :

— Jeannot part, il est plein de courage et embrasse Françoise.

Alors le cœur de la prison se remet à battre. Derrière chacune de ces portes de fer insensibles et austères, des êtres angoissés attendent !

Les hommes appelés sortent des cellules ; pas un bruit, si ce n'est celui de leurs pas qui s'éloignent en cadence. Ils descendent l'escalier, les voilà près de notre section :

— Adieu, Jeanne.

— Courage Marie, pense à la petite.

— Adieu, adieu. Ils sont partis sans bagage, les hommes d'en haut.

Demain, on apprendra qu'un nouveau crime a été commis. Demain, des victimes seront retrouvées dans les bois, dans les champs, au bord d'une route. Demain, ou plutôt tout à l'heure, car il fait encore nuit, et le camion met son moteur en marche.

Ils sont partis sans bagage, les hommes.

LES SOIRÉES

Les réactions de chacune sont différentes. Pour ma part, lorsque la journée touche à sa fin, une sorte de paix claire envahit mon âme. Il fait plus frais, on va pouvoir s'étendre et dormir. Le sommeil, seul dérivatif qui vous emporte loin du précipice au fond duquel vous êtes jeté. Les rêves qui vous font revivre un passé que l'on oublie avoir vécu, un rêve où l'on entend de la musique, des notes douces et claires, un rêve où l'on revoit la maison, les amis, où une caresse effleure le front, un rêve où l'on récite des vers en cadence sur l'amour, la nature, un rêve où le lit est large et propre, un rêve où le repas soigné et raffiné rappelle des récits d'autrefois... et puis un cri brutal retentit dans les oreilles : Aufstehen, debout. Où est le murmure du vent, la chanson de l'amour, la chaude ambiance de la maison ? C'était un rêve, et maintenant le cauchemar commence, l'angoisse de l'interrogatoire, du transport, des mauvaises nouvelles, la tinette, les punaises, la belote, cette femme syphilitique, telle autre qui crache du sang.

« Bruit des pas et bruit des armes. »

« Sentinelles jours et nuits. »

A trois heures, les derniers contingents de l'interrogatoire sont appelés, à six ou sept heures, les victimes reviennent. Si à huit heures on ne vous a pas mis une nouvelle dans la cellule, vous pouvez respirer avec soulagement :

— Devant soi douze heures sans mauvaises surprises, avec la perspective du rêve doux et l'espoir que « demain je serai libérée ». Demain... Espoir journellement déçu, déception qui n'atténue en rien l'intensité de ce sentiment. Ainsi qu'une lettre chère est parfois attendue, ainsi durant les soixante jours que j'ai passés à Montluc, chaque jour, l'un à la suite de l'autre, j'ai espéré avec la même force et la même foi.

Le soir, les gardiennes vont dîner et bavardent, ensuite c'est le repos du soir. Le téléphone marche et alors s'élèvent, d'autres cellules, des chants qui s'infiltrent dans tous les recoins de la prison, même là où un être abandonné gît au secret sur sa paillasse sale.

Selon ces chants, on devine les habitants des cellules. Au 11, il y a une jeune guide et tout le répertoire scout s'écoule au travers des barreaux et souvent les refrains sont repris par les hommes :

Une femme, oui, oui, oui,
Une femme, non, non, non,
Une femme sur les genoux.

et les commentaires vont leur train.

— Pauvres hommes... Pauvres femmes aussi ; et les prostituées chantent d'une voix rauque des mélopées mélancoliques et bouleversantes par leur cynisme : toute leur vie s'exprime sur ces mélodies monocordes et misérables.

Alors la fille du notaire qui a « fait du chant », s'il vous plaît !, se gargarise avec quelques vocalises destinées à placer la voix sur le diapason suffisamment élevé afin d'être entendue de tous, et après un court silence jaillit vers le ciel une interrogation d'opéra : « Où es-tu ? » à laquelle répond humblement mais fortement un « Près de toi, mon amour » qui se développe en cris puissants et pénétrants, comme une forte odeur de naphtaline dont on ne peut se libérer. Ce chant où mille thèmes jaillissent à la fois d'un même cœur vous enveloppe et l'on entend à peine les pas de la sentinelle qui crissent sur le gravier de la cour. L'Allemand est musicien et l'aria terminée on entend un :

— Schön Matame, qui, aussitôt nous vaut une deuxième mélodie de Carmen !

— Elle a du coffre, la garce ! avait déclaré Victoria, n... de n...

Alors, chaque soir, la cellule 15 varie ses plaisirs.

Hier, nous avons chanté à notre tour :

Unissons nos voix avant de nous quitter,
Je pars pour un très long voyage,
La vie est si douce et le monde est si beau !
Je pars pour un très long voyage...
Je vais par le monde emportant ma foi,
Et mes chansons pour bagage,
Je chante l'amour et je chante la joie !
Je pars pour un très long voyage...

et N. qui n'aime pas rester sur une note mélancolique lance d'une voix fausse :

— Ah ! c'qu'on s'em... ici, et un fou rire s'empare de nous. Francine chante une valse musette, Andrée une chanson de Botrel et nous ne sommes ramenées à la réalité que par un tonitruant :

— Fermez la pouche. Une fusée de rires répond. Mais la sentinelle aime mieux les vocalises chromatiques de la fille du notaire et ne nous accorde pas un moment de plus. Il g... et nous comprenons que, au premier mot, il va tirer.

— M... répond N., mais il vaut mieux nous coucher.

— On fait le lit ?

— Tout le monde près de la porte.

Nous préparons à deux la chambre à coucher. Les trois paillasses sont étendues et la couverture par-dessus ; on indique les places En qualité de plus ancienne, j'ai droit à celle qui est en dessous de l'étagère et je voisine avec Madame

Vrille. Chacune met sous sa tête, en guise d'oreiller, ses souliers et sa robe. Il fait noir et, dans l'obscurité qui envahit notre cellule, on se lance des mots d'esprit, parfois des histoires dépourvues d'esprit, mais riches en cynisme et en impudence :

— T'as compris ?

— Non.

— T'es bien bête, j'vas t'expliquer.

— ...

— T'as compris maintenant ?

— Non.

— Tu veux un dessin ?

— ...

— J'vas commencer par le début, et alors s'engage un récit destiné à mon instruction.

— Pour ce soir, ça suffit, demain j'vas continuer, mais quand même, ta mère t'a drôlement élevée.

— ...

Tout le monde se lance gaiement « bonsoir » et la sentinelle qui passait jette des cailloux, signe avant-coureur d'une rafale de mitrailleuse.

— Ça fait du bien de rire, on dort tellement mieux, si mon mari me voyait, j'ris jamais autant chez moi. Ah ! les soucis !

NOUS SOMMES SIX : MARTHE

Depuis hier soir, nous sommes six dans la cellule. Il y a Marguerite, Madame Vrille, Francine et moi, qui formons le contingent de base (Andrée a été libérée). Il y a Marthe et Georgette arrivées le même jour. Georgette a son mari en haut et elle est de Nancy. Marthe est une F.T.P. qui nous est arrivée les yeux bouffis, le visage enflé, les cheveux mouillés. A elle nous n'avons pas souhaité la bienvenue, mais aussitôt une place lui a été faite sur la paillasse. Elle ne pouvait pas s'étendre et nous a montré un dos lacéré de raies rouges et sanglantes. Les seins eux-mêmes n'avaient pas été épargnés. J'enlevai ma chemise, avec laquelle nous fîmes des compresses fraîches avec l'eau à punaises, car nous avons un petit seau avec de l'eau où nous noyons les punaises la nuit. Marthe est si courageuse que pas un gémissement n'a franchi ses lèvres.

— C'était régulier, ils ont trouvé un revolver sur moi et tout... Ils vont me fusiller.

— Vous n'avez rien pu planquer?

— Non, mon chef était avec moi. Dans l'organisation, il a plus de responsabilités que moi, et pour le décharger j'ai pris la sacoche, sans même savoir ce qu'elle contenait.

— Dénoncée?

— Oui, par un des nôtres. J'ai dit qu'il était mon amant, mais ce maudit revolver et les cartouches! Ils vont me fusiller.

Cette idée hantait Marthe. Et souvent, la nuit, lorsqu'un bruit insolite troublait notre repos, elle se redressait angoissée :

— C'est pour moi.

Pauvre Marthe! Une si excellente camarade, toujours de bonne humeur. Une femme dont on est fier de dire qu'elle est française. Mado, Marthe. Jusqu'à présent mes deux seules amies de prison. Cette hantise de Marthe à l'égard de la mort, nous en avons fait un thème de taquinerie, un peu de mauvais goût, j'en conviens. C'est l'heure de la soupe :

— Marthe, attention, dis ton acte de contrition, mais Marthe le prend du bon côté.

— La dernière soupe, Marthe, la soupe du condamné.

Le soir tombe :

— Marthe, c'est le soir ou le matin, attention il est huit heures, tu passeras pas la nuit.

On crie « Aufstehen ».

— C'est pas pour ce matin encore, t'as une journée de rab. Marthe rit de bon cœur, mais l'angoisse ne la quitte pas.

— Ils ne peuvent pas ne pas me fusiller après avoir trouvé une arme sur moi.

— Va donc, ils ne fusillent pas les femmes.

— Mon cas est très grave, et Marthe nous a conté un soir, alors que nous étions dans l'intimité, sa vie d'agent de liaison. Quand parfois elle faisait des marches nuit et jour, hiver comme été, dans la neige, sous le soleil de plomb. Elle avait usé ses souliers. Marthe n'avait pas de fortune, elle ne travaillait pas pour l'argent, Marthe. On la payait deux mille francs par mois. Il lui arrivait à la fin du mois de ne manger que du pain sec et c'est très cher de s'acheter des souliers! Marthe est une idéologue et nous avons parfois d'âpres discussions sur le « pour et le contre » du parti. Marthe nage dans l'utopie, mais sa foi et son désintéressement sont si grands qu'elle est avant tout française et femme ; et si tous les membres du parti étaient comme elle, on serait fier de voir une jeunesse française aussi forte et généreuse.

— Tu es un peu encroûtée et je suis pas d'accord avec toi, mais t'es une brave fille et si t'as un ennui, tu peux venir me trouver. Et je sais que je possède en Marthe une vraie amie. Il m'arrive souvent de m'asseoir près d'elle, de poser ma tête sur ses genoux, elle a une vue très perçante et me cherche des poux. D'autres cellules en ont, alors il faut se surveiller.

Un jour que j'ai voulu boire une goutte d'eau de la petite bouteille qui nous est répartie pour la journée, Marthe me prend la main :

— Ne bois pas.

— Pourquoi ?

— Il faut en laisser aux autres.

— J'ai si soif, je ne peux plus.

— Ne sois pas égoïste. Mes yeux se remplissent de larmes car ce mot est dur, surtout venant de Marthe. Je repose la bouteille, malade de soif. Le soir, avant de nous endormir, Marthe s'approche de moi :

— Tu sais, pour l'eau.

— Oui.

— Une autre a bu avant toi et je sais qu'elle est malade, toi tu es jeune, tu es la plus jeune, il faut être prudent, je n'ai pas voulu que tu boives après elle, je te demande pardon mais il n'y avait pas d'autre moyen de t'empêcher.

Depuis, Marthe veille sur moi avec une tendresse touchante. Elle a décidé que :

— Béatrix étant la plus ancienne dans la cellule, elle boira la première, les autres boiront après elle. Il en sera de même pour la tinette. Je suis confuse, mais Marthe l'exige.

— Ta mère le voudrait ainsi.

Le chef de Marthe qu'elle a fait passer pour son amant a été fusillé.

Par téléphone, et parce qu'en prison on sait tout, nous avons appris qu'il faisait partie du contingent trouvé assassiné au village de S.

Le 15 juillet, Marthe et Georgette nous ont quittées. Ce fut encore plus triste que le départ de Mado.

J'ai revu Marthe et Georgette à Ravensbrück quelques mois plus tard, elles partaient le même soir pour Hambourg. Nous nous sommes jetées dans les bras l'une de l'autre. Marthe pleurait, c'était la première fois, moi aussi.

Marthe n'est jamais revenue et Georgette non plus.

NOUS SOMMES SEPT : LYSICA

Il y a aussi Lysica. Elle est entrée dans la cellule un mouchoir pressé contre ses lèvres, l'œil hagard.

— Soyez la bienvenue ! C'est moi qui suis maintenant la maîtresse de maison.

— C'est ça la prison ? Elle semble stupéfaite.

— Oh ! mais ne craignez rien. On est très bien. Et je l'encourage d'un large sourire à prendre place. Son menton tremble. Elle va pleurer.

— Oh ! je connais ça, dis-je d'un air entendu. C'est Mado qui parle. Ça fait bientôt deux mois que j'suis-t-ici.

— Suis-z-ici, rectifie Marthe.

— Non, dans la cellule, on dit : suis-t-ici. Aucune ne connaît Mado.

— Ne pleurez donc pas.

— Laissez-la, c'est toujours ainsi, il faut qu'ça sorte. Ça fait bientôt deux mois, et Lysica pliée en deux sanglote.

Elle a une robe noire un peu serrée pour son large buste, un col de dentelle blanche, un teint mat, des boucles noires, les joues trop roses, de grands yeux noirs très brillants, un nez qui fait rêver. Elle s'appelle « Lysica ».

— Française ?

— Origine roumaine, juive. Ce nez, ce nez ! Nous ne sommes pas antisémites, mais décidément Lysica pleure trop.

— Maintenant, il faut vous calmer.

— C'est ma petite fille, ma petite poupée. Elle a trois ans, et Lysica recommence de plus belle.

Elle est au sana d'Hauteville, tuberculeuse, elle crache le sang. Comme elle est juive, elle a peur pour sa petite fille et l'a cachée à la campagne chez une amie. Malgré les objections du docteur, elle a tenu à venir passer vingt-quatre heures à Lyon pour voir son amant : Otto du Grand Hôtel, et ce jour-là lui-même a été arrêté et Lysica par la même occasion.

Toute la nuit Lysica pleure.

— Il faut vous conserver pour votre petite fille, pour vos poumons, c'est mauvais de pleurer ainsi. Prenez la chose du bon côté, vous serez sûrement relâchée.

— Non, je suis juive.

Ce matin, pourtant, Lysica a réagi.

— T'as raison, la vie est belle.

— Vous savez, Lysica, on ne s'ennuie pas en prison. Nous avons toutes bon caractère, sauf Marguerite. Protestations, fous rires.

— On vous l'avait bien dit ! On rit beaucoup ici.

— Même quand l'gras d'la soupe nage dans l'café !

— On s'en fait pas, même Marthe, et pourtant elle va être fusillée !

— Oh ! s'exclame Lysica horrifiée.

— On doit tous mourir, dit Marthe avec philosophie, un trou noir, pan, et Marthe kapout ! Fou rire.

— Non mais. Lysica n'en revient pas.

— Il y a quelque chose qui me manque.

— Ici on peut tout se procurer.

— Comment ?

— T'en fais pas, qu'est-ce qui te manque ?

— Ben, son amant, pardi.

— Ah ça ! ma belle, on peut pas t'le procurer, à moins que... Mais Marthe arrête le flot inquiétant qui se déchaîne. Avec Francine, il faut toujours se méfier.

— Qu'est-ce qui t'manque ?

— Ah ! si j'avais mes cartes, j'vous dirais, et sa voix se brise dans un regret mélancolique, ah ! si j'avais mes cartes.

— Vite, Marthe, la courte échelle.

— Qu'est-ce que tu fais ?

— J'vais chez le marchand déplanquer la marchandise.

Marthe a compris.

— Tiens. Elles seront pas si belles que celles du sana.

Lysica n'en revient pas et est folle de joie. Elle a oublié Otto et ses malheurs. Il ne faut jamais perdre une occasion de s'instruire :

— Lysica, vous ne voulez pas m'apprendre ?

— T'as qu'à regarder. Ma docilité a surmonté le mutisme de Lysica, je suis devenue son disciple. Elle me donne mille et un trucs : pour le client confiant, pour le client méfiant, etc.

— Tiens, tire-les-moi. Ma main tremble, saurai-je ?

— Non, non, il faut exploiter chacune de mes réactions. Recommence. Enfin, un jour, elle a dit à Marguerite :

— La petite va vous les tirer, moi, j'en ai marre, elle les tire aussi bien que moi. Attention à la grenouille !

Lysica nous a prédit tant de choses ! Les unes sont arrivées, les autres non. Elle n'est pas prophète, mais elle est si gaie et si drôle qu'on ne peut s'empêcher de l'aimer.

Je sais qu'elle est revenue d'Auschwitz où elle a été emmenée comme juive le même jour où nous sommes parties pour Ravensbrück.

Elle l'avait toujours dit :

— Le dix de cœur : réunion...

Je crois que pour ne pas faire mentir les cartes, il nous faut supposer qu'Otto lui aussi est revenu.

NOUS SOMMES DIX

Marthe et Georgette sont parties, et nous sommes dix ! Une grosse vague de Slaves : trois Polonaises, Hélène qui a vingt-cinq ans, Madame Marie qui en a soixante et la juive qui est une peste intégrale, jamais contente. Alors on lui donne ce qu'il y a de mieux et, moyennant ce prix, nous obtenons la paix de ce côté-là !

Lorsque dix femmes cohabitent sur une superficie de un mètre cinquante sur deux mètres vingt, il faut faire des prodiges pour ne pas être enseveli sous une nuée de poignées de cheveux ! Il y a aussi une juive Algérienne très sale.

— Madame, demain il faut vous laver. Le lendemain, Madame Vrille me signale :

— Je l'ai surveillée, elle ne s'est pas déshabillée au lavabo. Elle n'a pas lavé ses pieds.

— Madame, il faut vous laver les pieds, et... cela joue un rôle très important, vous comprenez. Une tinette suffit, deux ce serait trop, si tout le monde était comme vous, il y en aurait dix, alors vous vous rendez compte !

Le lendemain, elle ne s'était pas encore rendu compte.

— Madame, ma voix est lourde de reproche, c'est sérieux, il faut vous laver les pieds.

Le lendemain, il y a eu un transport et l'Algérienne est partie... sans s'être lavé les pieds.

MADAME ROSSINANTE

La place n'est pas restée longtemps inoccupée.

La porte s'ouvre. Petite, maigre au long nez, avec un tailleur trop ajusté, un chapeau à voilette et plume, un Sacré-Cœur à la boutonnière, entre Madame Rossinante, très chatouilleuse à l'égard de la question des usages ; elle se présente aussitôt, mais ce geste de pure civilité accompli, elle reste près de la porte, n'osant faire un mouvement, effarée comme un pauvre petit oiseau tombé du nid sur une autre planète.

— Soyez la bienvenue, et mon sourire est des plus engageants. Mais, collée contre le mur, elle n'ose faire un mouvement.

— N'ayez pas peur, Madame Rossinante, nous sommes toutes des amies ici. Dans la cellule 15, vous ne devez rien craindre, et je lui offre une petite place sur la paillasse. Elle sourit :

— Vous êtes bien aimable, Mademoiselle, vous êtes bonne. Il y a longtemps qu'on ne m'a appelée Mademoiselle et ce vocable presque oublié me fait rire.

— Je m'appelle Béatrix et je vais vous présenter votre cellule : Marguerite, Francine, Madame Vrille, Hélène, Madame Marie, Lysica, Erywka (la juive), Sarah (la juive algérienne). Retirez votre chapeau, Madame Rossinante, vous aurez trop chaud. Mais d'un geste paniqué, elle saisit l'objet précieux et menace :

— On! non. Oh! non, n'y touchez pas, il s'abîmerait, mon plus beau chapeau.

— Il date de quand? demande Marguerite, ironique.

Madame Rossinante se plonge dans un travail mental apparemment fatigant :

— Voyons, ma jeune fille a vingt ans, c'était pour sa communion et elle a fait sa retraite chez les sœurs, et moi je suis allée à Saint-Etienne, oui, c'est bien ça, je l'avais acheté pour la communion mais j'avais le neveu d'un de mes oncles qui s'est marié à Saint-Etienne, c'était même à l'église de... voyons... Oh! avec toutes ces émotions, ma mémoire me trahit, voyons... Enfin, c'était une grande église de Saint-Etienne et un beau mariage. Oh! la mariée était belle!

— Oui, je m'en doute, Madame Rossinante, et vous

racontez cela si bien qu'on croirait y être. Mais ôtez ce chapeau. Ici nous avons beaucoup de respect pour la propriété d'autrui et nous comprenons l'attachement que vous portez à votre chapeau, à notre chapeau, nous y tenons déjà comme s'il était à nous. D'un œil sévère, je parcours notre cellule car de toutes parts fusent des rires et ce n'est pas gentil de taquiner une nouvelle. Madame Rossinante ne sait que faire.

— Mais si on m'appelle.

— Où ?

— Pour me libérer.

— Ça, ma chère dame, il faut vous ôter ça de la tête, ici c'est à sens unique, c'est le grand inconvénient. Je dis pas qu'on va pas vous libérer, mais je vous assure que vous aurez le temps de mettre et de remettre votre chapeau à loisir, allez, et, encourageante, je soulève le chapeau. Une fois l'objet précieux entre mes mains, Madame Rossinante ne le perd pas de vue.

— Oh ! il faut pas le tenir par les bords, ça le déformerait.

— Ma parole, s'exclame Madame Vrille, elle le perd pas facilement.

— Quoi ?

— Ben, le nord ! Dire que moi, quand ils m'ont emmenée, j'pensais plus à mon p'titout qu'au chapeau que j'mettrai.

— Chacun ses intérêts, Madame Vrille.

— Où qu'on va l'mettre ? Je réfléchis.

— Pour le moment, on va le pendre à un des clous de la serrure qui dépasse. Demain je vous en rapporte un vrai.

Le lendemain, après avoir vidé les tinettes dans la cour :

— Devinez ce que je vous rapporte ?...

— ...

— Tenez, un clou, j'l'ai trouvé par terre.

— Pour mon chapeau ?

— Oui, et deux portemanteaux. Et je sors de dessous mes jupes une ficelle et deux morceaux de bois. J'ai trouvé ça au lavabo dans un coin. On attache la ficelle au milieu du bois et « priorité aux jolis tailleurs ».

— C'est la vie de château.

Une fois débarrassée du souci du chapeau, Madame Rossinante s'est rappelé que sa situation actuelle n'était pas normale. Elle réalise et son menton se met à trembler.

Oh! ma jeune fille, qu'est-ce qu'elle va devenir? Alors nous apprenons que Madame Rossinante est membre très actif de la Ligue Catholique des Femmes Françaises, qu'elle a élevé sa jeune fille chez les sœurs, qu'elle a économisé toute sa vie, que depuis quinze ans, quand elle a perdu son mari, chaque demi-seconde de la journée est sacrifiée pour le devoir et pour la sanctification de son âme.

— Dire que je dépensais rien, je voulais faire une belle dot à la petite. On mangeait mal, on n'était pas chauffé, on se refusait le moindre plaisir. Et ils m'ont tout volé! On vivait dans deux pièces à l'entresol. On n'était pas heureux.

— Vous étiez dans le maquis? Cette question soulève un nouveau fou rire. Madame Rossinante se redresse offusquée :

— Oh! non, ce sont pas des gens intéressants ça, de la canaille oui, p't'être même pire que les boches. Ils ont été corrects, les boches. Ce sont des riens du tout, le maquis.

Alors, d'un geste large, je montre les camarades :

— Madame Rossinante, j'ai l'honneur de vous informer que vous êtes au sein d'un élément essentiellement terroriste. Madame Rossinante roule de grands yeux.

— Vous avez l'air brave pourtant.

— Ah! oui, mais ne vous fiez pas aux apparences, gronde Madame Vrille.

— Allez, Madame Rossinante, vous aussi êtes une brave femme au fond et on vous fera pas de mal, mais que faites-vous ici?

— J'étais amie avec une demoiselle et sa maman qui habitaient à l'étage au-dessus, la demoiselle avait des rhumatismes et je lui rapportais son lait avec le mien ; ça lui rendait service parce que sa maman était impotente, elle avait quatre-vingts ans, et sa fille, voyons, je l'ai connue le jour où ma petite a eu son angine, oh! oui, elle doit avoir cinquante-cinq ans, à peu près.

— Et alors?

— Oh! oui, alors cette demoiselle et sa maman étaient israélites. Mais elles étaient bien braves! se défend-elle, n'est-ce pas, on peut bien être israélite et brave. Pour ça, elles étaient très dignes et très réservées, même que ma jeune fille les aimait beaucoup et je la laissais les fréquenter. Elles avaient un piano car...

— Et alors?

— Ah! oui, alors il y a un de leurs cousins, qu'elles avaient pas vu depuis qu'il était petit garçon, et il est venu passer quelques jours. Et ils l'ont arrêté, paraît qu'il faisait de la résistance.

— Mais vous?

— Oh! moi, c'est tout autre chose. Comme les demoiselles étaient israélites, je ne sais plus, mais je suis montée leur porter un peu de bouillon et ils m'ont arrêtée, ils ont tout volé chez moi, près de trois millions et des pièces d'or de ma mère que je gardais, et tout l'argent que j'avais économisé pour ma jeune fille.

— Vous auriez mieux fait de tout dépenser.

— Oh! si j'avais su! j'aurais eu au moins du plaisir!

Cela lui servira-t-il de leçon?

Madame Rossinante s'adapte à sa nouvelle condition, elle sourit timidement et ne perd pas son chapeau de vue un seul instant. Madame Rossinante nous a servi de terrain d'entraînement durant de longues soirées.

— Oh! le chapeau!

— Quoi?

— Une punaise s'est oubliée dessus! Madame Rossinante a bondi, mais elle est trop petite et l'objet assailli trop haut.

— Mon chapeau, mon chapeau. Alors fou rire et nous lui déclarons :

— C'est pas vrai, c'est pas vrai.

Maintenant Madame Rossinante est tout à fait acclimatée. Elle a rajeuni de trente ans, elle rit autant que nous et elle se souvient même de plaisanteries un peu gauloises que son père racontait aux banquets.

Madame Rossinante a été libérée. Je suis convaincue qu'elle regrettera les bons moments passés en prison.

ALERTES

La sirène mugit. Dans la cellule, les réactions sont diverses et multiples.

— Chic! crient les très patriotes, ça f'ra quelques boches de moins.

— Chic! crient les indépendantes, on va enfin avoir la paix.

— On fait une belote ?

— Oh ! soupirent les affamées, la soupe aura du retard.

— Oh ! tremblent les froussardes, si on était tuées !

— Chic ! clament les utopistes, si les murs tombaient, on pourrait s'cavaler.

La sirène mugit, sa plainte s'enfle et s'apaise pour reprendre angoissée et ainsi que la houle mugissante vibre de part en part pour aller mourir là-bas, très loin, dans un silence oppressant.

Dans la prison beaucoup de bruit, les gardiens et les gardiennes évacuent rapidement les lieux. Les portes claquent et les lourdes clefs tournent dans les serrures, les pas s'éloignent et seul celui de la sentinelle martèle le pavé de la cour.

On entend dans le lointain un vrombissement assourdi qui se rapproche : les avions !

Il fait nuit, et tête-bêche, sur le côté, nous remplissons de nos corps étendus l'infime espace qui nous est réparti. Je suis couchée près de Madame Marie et même les punaises n'entravent pas mon sommeil. Je rêve d'une grande lumière, d'un train qui passe sur moi, j'ouvre les yeux. Je constate qu'une grande agitation règne dans la cellule. Il fait noir, le tonnerre gronde et dans le ciel un roulement lourd pèse sur nos têtes.

— Que se passe-t-il ?

Un éclair illumine la cellule. Il a été si rapide que je n'ai pu qu'apercevoir des têtes hirsutes. Une lumière éblouissante glisse silencieusement le long des murs et sur les faces blafardes se détachent des yeux très noirs et grands ouverts. La lumière a fui et le tonnerre gonde toujours. Un nouvel éclair sillonne le ciel. Vision du jugement dernier. J'avoue que j'ai très peur. Je serre nerveusement le bras de Madame Marie. Suis-je bien réveillée ?

— Vite, mes souliers.

— Passe-moi ça.

— Quoi ?

— T'as pris ma chemise.

— Tu m'emm...

— Mon chapeau, mon chapeau, gémit une voix.

— Que se passe-t-il ?

— Un bombardement.

— Et la sirène!

— Tu pionçais.

— Mais les éclairs?

— Il y a l'orage en même temps.

— Mon chapeau, mon chapeau.

— Veux-tu m'rendre ma chemise.

— Si tu m'passes pas mes souliers, j'te flanque mon pied dans le c...

— Tu vois pas clair, ha! ha!

— Attends voir un éclair ou une fusée, et t'y coupes pas.

— Du calme, pourquoi toute cette agitation?

— Et si le mur tombe et qu'on s'cavale, faut pas qu'on ait l'air d'échapper de l'asile.

— On a sa dignité.

— Mon chapeau, mon chapeau, pleure une voix discrète mais suppliante.

— Mais pourquoi? Je tâche de parler raison :

— Ecoutez, de deux choses l'une, ou la bombe tombe à côté, alors on reste en tôle, ou elle nous tombe dessus, alors, adieu chapeau, souliers, chemise.

— Et si le mur tombe?

— Une chance sur mille.

— Une chance entre mille aussi que je sois pincée par les boches et, pourtant, il ne faut jamais négliger la chance.

— Peut-être, après tout. Mais je reste pieds nus, en chemise.

— Mon chapeau, mon chapeau.

— Tenez vot' chapeau.

Alors un nouveau rayon lumineux parcourt la cellule, un réflecteur et je vois dans le rayon un petit corps tout maigre, tout tremblant, une culotte à volants, une chemise américaine et, sur la tête, un chapeau à voilette et à plumes, les yeux écarquillés, le visage pâle. Je ne peux retenir un fou rire.

— Qu'est-ce que t'as?

— Au prochain éclair, vous regarderez vers la porte.

Mais il n'y a plus eu d'éclairs, les avions se sont éloignés et le roulement du tonnerre est mort dans le lointain.

— C'est pas pour c'te fois encore, et l'on se déshabille.

— Mon chapeau, mon chapeau.

— Toi qu'est une perche, raccroche-lui son chapeau.

Nous nous recouchons et le matin, lorsque l'Aufstehen

retentit, je ne sais plus si j'ai rêvé. Mais la vision dans le rayon de lune, ça ce n'est pas un rêve.

MA FÊTE ET CELLE DE MAMAN

Nous sommes le 24 juillet. Dans deux jours c'est la fête de Maman : sainte Anne.

Je me souviens, l'année dernière, un plateau chargé de fleurs, des télégrammes, cadeaux. L'année dernière ! Autant dire la nuit des temps, et, après-demain, il faut à tout prix fêter ça. La Providence est là pour quelque chose et, pour la première fois depuis une dizaine de jours, la porte s'ouvre pour livrer passage à une grosse boîte de carton : ce sont des petits gâteaux de la Croix-Rouge. Je tends ma jupe pour recevoir la manne bienfaisante ; la porte claque.

— On partage.

— Neuf parts ! Les parts, c'est toujours très compliqué et la tâche est ingrate. Il y en a toujours qui ont plus ou qui ont moins et lorsque enfin, au millimètre près, les dix-huit rations sont mesurées, il y a encore un dernier gâteau qu'il faut partager en dix, et un dixième bout en dix, et une dixième miette en dix. Enfin, ça nous occupe.

Voilà un cadeau tout trouvé pour Maman.

— T'as pas faim ? et dix-huit yeux avides scrutent ma main.

— C'est après-demain la fête de Maman.

— Ma petite f'rait pareil, pleurniche émue Madame Rossinante. Alors une main se tend vers moi :

— Tiens, c'est de la farine « Germalp », ça fera du bien à ta mère.

— D'où qu't'as pris ça ? s'informe Marguerite d'un air sournois.

— T'occupe pas d'mes affaires. Je n'ose accepter, ce cadeau est royal en prison.

— Fais pas d'histoires, tu lui diras à ta mère qu'c'est une camarade qui pense à elle.

C'est l'heure d'aller vider les tinettes. Je demande à être remplacée pour cette besogne car je dois faire des démarches. Demain c'est la fête de Maman.

Lorsque l'Allemande distribue soupe et pain, elle est

accompagnée d'une « calfactrice » qui porte le chargement ; c'est toujours une détenue qui est chargée de ces fonctions. Cela lui donne le grand avantage de savoir ce qui se passe dans chaque cellule et parfois même d'échanger un mot. Nous avons deux calfactrices. Je ne les connais pas, mais Suzanne paraît la plus aimable. En secouant ma couverture, je m'approche d'elle :

— Demain c'est la fête de Maman, etc. Suzanne me regarde, songeuse :

— C'est pas facile, tu sais.

— Je le sais bien, mais que faire ?

— C'est dangereux.

— Eh ! bien, tant pis, dites-lui simplement « bonne fête » de ma part.

Les rangs se sont reformés pour rentrer. La cellule de Maman donne sur la cour, alors, lorsque je passe sous ses barreaux, je tousse ou je siffle. Elle sait que c'est moi et parfois me répond.

Nous voici déjà rangées dans le long couloir de la Frauen Sektion, quand une main se glisse sous ma couverture et une voix me souffle rapidement à l'oreille :

— Donne vite ton paquet, j'ferai mon possible.

La porte claque.

— T'as réussi ? demande Lysica.

— Peut-être.

Aujourd'hui c'est le vingt-six juillet, c'est la fête de Maman. Il y a un an, il y a...

C'est l'heure de vider la tinette. Mais ce matin, c'est la calfactrice Suzanne qui secoue sa couverture près de moi :

— J'ai donné les gâteaux à ta mère et lui ai dit qu'tu pensais à elle pour sa fête, mais le petit sac de farine, j'm'suis fait prendre.

— Elle vous a battue ?

— Non, je lui ai expliqué qu'c'était la fête de ta mère, mais elle a rien voulu entendre.

La porte de la cellule claque.

— Alors ? me demande-t-on.

— Elle s'est fait prendre pour la farine, le reste ça va. Je suis inquiète, y aura-t-il des répercussions ? pour moi ? pour Maman ? Que va-t-il se passer ?

Soudain des pas approchent, la clé tourne dans la serrure.

Mina, l'œil sévère, scrute la cellule, lorsque son regard circulaire tombe sur moi.

— Du bist Gontaut ? (tu es Gontaut ?)

— Ja (oui).

— Komm (viens). L'ordre est bref et précis. C'est sûrement cette histoire de farine. Que va-t-il se passer ? Oh ! comme je voudrais être à la maison. J'ai peur.

Nous voici au bout du couloir. Alors d'un geste brusque, Mina me fait entrer au lavabo, là où nous nous lavons. Je n'ai pas le temps de réaliser : Maman ! et nous voici dans les bras l'une de l'autre.

— Schnell, schnell, murmure Mina qui ne nous quitte pas.

— Mon enfant chéri, tu as les yeux cernés.

— Et vous avez maigri.

— Dors-tu ?

— Mangez-vous ? Il faut manger pour tenir le coup. Nous ne pouvons nous arracher l'une de l'autre.

— Schnell, schnell, talonne Mina.

Je voudrais ne pas pleurer, que Maman voie que je vais bien, que mon moral est bon, que je sais réagir, que Maman ne s'inquiète pas pour moi, mais ma poitrine est secouée de sanglots. Maman me caresse les cheveux.

— Ma petite fille, ma petite fille, j'ai confiance, tout ira bien, il faut prier.

— Schnell, schnell, Mina est mécontente. Il faut se séparer. Maman remercie Mina en allemand pour cette preuve d'humanité et soudain, se souvenant d'un petit paquet qu'elle tient dans sa main : Mina permet-elle ? Celle-ci acquiesce de la tête :

— Tiens ma petite fille, c'est tout ce que j'ai pu trouver pour ta fête : c'est le vingt-neuf juillet, et Maman me remet deux serviettes hygiéniques et trois pêches dont une est presque pourrie :

— Schnell, schnell, encore un dernier baiser.

— Courage, courage... et Mina me reconduit à ma cellule. Au moment de l'ouvrir, elle se tourne vers moi, un doigt menaçant. Je comprends que je ne dois dire à personne ce qui vient de se passer, sinon... Elle insiste même.

— A personne. Je promets et me revoilà parmi mes camarades.

Il me semblerait avoir vécu un rêve si je n'avais dans ma main le cadeau de Maman.

— Je ne comprends pas, ça doit être un paquet qui est arrivé pour moi, elle ne m'a remis que ça.

— Oh ! les canailles, gronde Lysica.

— C'est p'têt'ta mère qui t'l'envoie.

— Peut-être. Quoiqu'il en soit, en l'honneur de la fête de Maman, on mange des fruits : trois pêches qui coulent à partager en dix ! Essayez. Nous y sommes arrivées. Moi j'ai sucé le noyau.

L'autre cadeau fut également partagé : deux petites feuilles par personne et ce qui reste sera pour la communauté.

— Quelle nouba ! La journée a passé vite.

LES POUX

Nous avons des poux. D'où ? Comment ? Mais c'est un fait. La tête d'Hélène grattait, on a regardé, il y avait deux poux.

— Pour sûr, c'est l'Algérienne qui nous a laissé ce cadeau !

— Que faire ? Je demande :

— Qui est-ce qui s'y connaît en poux ?

— Mon p'titout en avait pris à l'école et c'est moi qui l'soignais.

— Qui encore ?

Madame Rossinante connaît l'anatomie du pou et sait discerner un pou de corps d'un pou de tête, une lente d'une pellicule et une lente morte d'une lente vivante. Madame Marie aussi.

— Bon, alors tous les jours il faudra inspecter très à fond les têtes ; ça nous occupera et il faut enrayer cette plaie-là, assez des punaises.

Toutes sont d'accord et nous voilà séparées en deux camps : les unes assises comme des bonzes chinois, l'œil enflammé, les doigts nerveux, les autres couchées par terre, la tête posée dans le creux des genoux du bonze.

— Un concours, qui en trouvera le plus ? J'ai confié ma tête à Madame Marie, par pure mesure de précaution. Je ne peux avoir de poux ! Soudain, un craquement sec dans mes cheveux :

— Oh ! un gros, et Madame Marie me le met sous le nez. Regarde ! je suis anéantie, ma tête est en feu, je sens des légions de petites bêtes qui courent entre mes racines et...

— Oh ! c'est affreux, on est déjà si malheureux, et encore ça, encore cette épreuve. Les autres me consolent. A trois, elles se penchent sur mes cheveux, cherchent. Mais non, il n'y en avait qu'un !

— Et les autres ?

— Très peu, tous les jours on te regardera et on te les tuera, t'en fais pas.

Leur gentillesse me touche et me console.

— Et vous autres ?

— On en a trouvé deux ou trois en tout, ce n'est rien.

J'ai demandé à Mina de la « marie-rose ». Elle m'a donné un flacon éventé.

Alors nous avons chaque jour une séance de « chasse individuelle au toto ». Trois jours après, dans la cellule 15, il n'y avait plus ni poux, ni lentes, et le jour de la douche nous nous sommes toutes lavé les cheveux.

Ah ! parlez-moi de la cellule 15 !

LA VALISE

La cellule 15 est une cellule modèle. Nous nous considérons comme les aristocrates ! Vous pensez ! un crayon, un couteau, un fusil, une corde à sécher le linge, deux portemanteaux, une aiguille, du fil marron et une serviette hygiénique dite « camélia » en Germanie.

Il y a peu de jours, j'ai reçu une valise de la maison, des vêtements, très utiles, mais la valise surtout qui nous sert de siège. A force de nous recevoir, sa face supérieure est devenue concave. Les poids lourds ont interdiction de s'y déposer. Pour eux, il y a le petit seau dans lequel on noie les punaises ! Notre tinette possède un couvercle : « grand luxe ». Cela fait un siège de plus. Trois dans les « fauteuils », cinq sur le « divan » (paillasse) et deux qui resteront debout.

— Et puis, on est distingué comme ça !

— C'est pas comme à côté, y ont tous l'air de bêtes.

— Et nous, on a l'air de quoi ?

— On est comme des civils. Chacune est très fière de sa cellule.

Lorsque je suis partie, j'ai emporté la valise :

— Tu déménages avec tes meubles, dis ? Tu fais pas les

choses à moitié ? Pauvre fauteuil ! Arrivé à Ravensbrück, il fut épluché, fouillé, vidé, arraché, et mon cœur se serra lorsque je vis notre valise gisant, ouverte et vide, sur le monceau dégoûtant du « butin » qui nous fut pris...

PRIVÉES DE MANGER

Aujourd'hui, nous sommes privées de manger, demain aussi, peut-être même après-demain. Voici, en face de notre cellule, on a enfermé une Allemande SS, ancienne surveillante de Montluc : il fut découvert qu'elle aidait et protégeait les détenues et, à son tour, elle vint habiter une de ces cellules qu'elle avait gardées.

— Comment qu'c'est qu'elle est ? Et, l'œil collé au judas, nous surveillons les manœuvres. Elle est fort bien traitée, seule dans la cellule, sa paillasse est propre, il nous semble même voir des draps. On lui apporte de bons plats et le journal. Et, tour à tour, Mina, Couette, Euser, vont bavarder avec leur compagne déchue.

Tout cela est d'un intérêt capital pour nous. Chaque réaction, chaque détail sur la vie de cette nouvelle et curieuse détenue nous servent de matériau, de tuyaux plutôt, que nous interprétons et transmettons par téléphone à tous les camarades.

En permanence, une de nous veille par le petit trou sur la porte d'en face. Mais voilà que ce matin, les pas habituels approchent et, catastrophe ! ce n'est pas la cellule d'en face qui s'ouvre mais la nôtre et Mina, l'œil mauvais, se met à cracher des insultes. Dans ce flot de paroles, nous ne retenons que :

— Kein essen, dû Schweinerei, rien à manger pour toi sale cochon. Ceci s'adresse à moi dont c'était justement le tour de veille, et la porte claque. Je suis consternée. Pour une, toute la cellule est punie. Mais elles s'empressent de me consoler.

— T'en fais pas puisqu'on le fait toutes. C'est mal tombé sur toi, voilà tout.

— Ah ! la garce.

— Et c'est pour trois jours.

— J'te dis de pas t'en faire.

Il est onze heures et le bruit sympathique des gamelles se fait entendre à l'entrée du couloir : la soupe, le pain. Les cellules s'ouvrent les unes après les autres :

— Elle aura peut-être oublié ? Mais le bruit des gamelles dépasse notre cellule et continue sa tournée. J'ai envie de pleurer.

— Ça m'fait penser quand j'étais p'tite, commence Lysica.

— On se sent plus légère, c'est merveilleux !

— J'te crois, et si ça continue on pourra s'cavaler.

— ?

— Ben oui, on passera à travers les barreaux et on s'ra si léger qu'on s'envolera tout droit chez nous. Toutes applaudissent.

— Si on chantait ?

— Bonne idée, faut pas leur montrer qu'ça nous embête leur système.

— Et voilà : « Les gars de la marine » et « Ma Normandie » et il fait déjà nuit...

— J'ai plus faim.

— Faut dormir.

Le lendemain et le surlendemain, Nathalie, de la cellule 13, qui connaît notre situation, m'a refilé deux morceaux de pain dans sa couverture :

— Et vous autres ?

— Chacune a donné un peu.

Grâce à la cellule 13, les trois jours n'ont pas été trop pénibles ; jamais nous n'avons autant ri et chanté. Si Mina a cru nous punir ! Elle a oublié que les Françaises savent prendre les choses du bon côté, même la faim !

PROMENADE

Que se passe-t-il ? Les clés tournent dans les serrures et le bruit se rapproche de plus en plus. Même plus le temps de téléphoner pour savoir l'heure, mais il doit être environ quatre heures. Alors ? ce n'est pas l'interrogatoire, ni un transport, à moins que...

— C'est une distribution de p'tits gâteaux, s'écrient les optimistes.

— Ou p'têt' le médecin qui vient voir si on est bien.

— Depuis bientôt deux mois que j'suis-t-ici, je ne sais pas quelle tête il a le toubib.

— C'est p'têt' le général.

— J'vous dis qu'c'est des biscuits ou des pêches. C'est notre tour.

— Schnell, promenade.

— Ah! ah! murmurent les très intuitives, ça sent la fin de la guerre. Je ne vois pas très bien le rapport : depuis mon arrivée, c'est la deuxième fois qu'une telle anomalie se produit. Nous sommes folles de joie :

— Où qu'c'est qu'on va aller?

— A Fourvières.

— P'têt' à Bron, asile d'aliénés.

— Mon chapeau, mon chapeau. Chacune se recoiffe, se secoue, se fait belle. Vous pensez, on sort en promenade! c'est pas tous les jours.

— Pour ça non.

Nous voici toutes rangées dans le couloir. Lorsque je passe devant la cellule où est Maman, je ne peux m'empêcher de lui crier :

— Coucou, Maman, je vais bien, je dors, je mange. Il y a tant de bruit dans la prison et la gardienne, telle un chien berger, court si agitée de droite à gauche qu'elle ne me remarque pas. Alors j'aperçois un petit doigt tout blanc qui remue dans le judas. C'est le doigt de Maman! Derrière il y a une main, un bras, un corps, des yeux. Je voudrais tant qu'ils ne soient pas rouges! Et la pensée que Maman pleure peut-être dans sa cellule, loin de moi, me fait une peine affreuse.

Nous voici dans la petite cour de gauche, les unes derrière les autres. Il faut marcher sans parler, les bras le long du corps, la tête haute et la promenade consiste à faire le tour de la petite cour alors que sur le pas de la porte d'un bâtiment, plusieurs soldats nous regardent en riant. Ils font pleuvoir sur nous une pluie de sarcasmes et de railleries. C'est Mina qui nous garde et, avec les soldats, elle rit et fait la coquette. Et nous, les prisonnières, nous tournons toujours en rond, les unes derrière les autres. A mes voisines qui ronchonnaient et se tenaient mollement je dis :

— Ne leur montrez pas que leurs moqueries vous atteignent. La tête haute!

L'air est frais et c'est bon de sentir le soleil et une brise légère qui effleure la peau et remue les cheveux. Je respire à pleins poumons et ne peux m'empêcher de faire des mouvements de bras qui me détendent. Mes voisines sont affolées mais la gifle ne vient pas !

Le groupe de soldats s'est grossi ; ils viennent tous nous regarder et nous railler, ils en montrent même du doigt et quand une jeune fille passe près d'eux, les grossièretés ne sont pas ménagées, et nous, les prisonnières, nous tournons toujours en rond. Toutes ont la peau du visage jaune et les yeux cernés. Il y a des jeunes, des vieilles, une même a des béquilles, la plupart ont dépassé la quarantaine, et toutes doivent marcher en rond. Celles qui sont là depuis longtemps ont mal aux jambes, c'est mon cas, elles sont de coton ! Les nouvelles ont une démarche souple et légère, les anciennes, un pas lourd et pesant.

La première de la file a repris le chemin du couloir. Nous suivons toutes. Avant d'entrer, je vois une petite touffe d'herbe poussiéreuse. Je l'arrache vite : ça nous fera des vitamines.

Et nous voici revenues dans notre cellule. Pour ma part, je dois aussitôt m'asseoir, la tête tourne et je me sens si fatiguée, les jambes me font mal. Les autres sont ravies, sauf Madame Rossinante qui, en suspendant son joli chapeau à plumes et à voilette, soupire très déçue :

— Ce n'était qu'ça la promenade !

LES PÊCHES

La prison nous fait vraiment apprécier la vie. Un rien vous met l'âme en liesse. Par exemple : vous avez faim, soif et chaud, et soudain votre porte s'ouvre et l'on vous jette sur la paillasse un cageot de pêches ! Eh bien, non, ce n'est pas un rêve, ni un conte de fées. C'est arrivé, une seule fois, mais c'est arrivé !

C'est l'Euser qui a ouvert la porte, elle tenait un cageot de pêches pourries et, comme à des chiens, elle nous a lancé son chargement poisseux sur notre couverture, sur notre « divan ».

— On va partager ?

— Partager quoi ? C'est un jus noir et collant, des noyaux, des lambeaux de peau.

C'est à moi de partager. Courageusement, je plonge mes mains dans cette bouillie gluante : une poignée à chacune, et puis trois noyaux par personne, et puis du rab.

Je n'insiste pas sur l'état de nos mains, de notre figure et du divan. Mais :

— C'était bien bon !

— J'te crois.

— Ça c'est signe de la fin de la guerre.

— Vite, l'eau des punaises, on frotte, on lave, on essuie. Ce sera un peu mouillé et collant ce soir pour dormir, mais c'était bien bon !

LES ORANGES

Décidément, que se passe-t-il ? Nous venons d'avoir une distribution d'oranges, deux pour dix ! Le partage est plus facile que pour les pêches. Une orange pour cinq. Oui, mais la peau ? Les unes veulent la manger, les autres la jeter. Je mets tout le monde d'accord. J'ai une idée.

— Je garde la peau, vous verrez !

C'est l'heure de se coucher et la traditionnelle « queue à la tinette » :

— Ah ! s'écrie gaiement Lysica, qui est-ce qui a une obole à déposer ? moi je commence à déposer la mienne. Il n'y a pas de chlore depuis quelques jours et chacune s'attrape le nez.

Alors, triomphalement, je sors mes pelures d'oranges, vite, j'en fais vingt parts, et :

— Tenez, mettez ça dans vos narines.

— Mais c'est merveilleux, crie Lysica, la tinette sent l'orange !

Nous avons usé ainsi nos pelures jusqu'à la corde et c'était presque un plaisir quand une de nous se servait de la tinette. Notre cellule sentait l'orange.

Je n'ose avouer que lorsque nos peaux devinrent trop minces et inutilisables, nous les avons mangées, pour ne pas perdre les vitamines...

LUCIENNE

Madame Rossinante et Madame Marie ont été libérées, mais la place n'est pas restée vide longtemps : le même soir, Françoise et Lucienne les ont remplacées.

Françoise a vingt-trois ans, très sûre d'elle, elle a fait prendre son chef par étourderie : arrêtée comme agent de liaison, les boches lui ont demandé :

— Où est-il ? Et elle a répondu :

— Chez lui, voici l'adresse, à cinq heures du matin. Et elle pensait qu'il n'y serait pas. Quelle n'a pas été sa stupéfaction lorsqu'elle a su qu'on l'avait effectivement trouvé en pyjama dans son lit ! Elle maîtrise très bien ses remords et nous raconte des histoires car elle en connaît beaucoup.

Lucienne, par contre, est entrée les lèvres serrées, le regard dur et les cheveux mouillés. Elle n'a rien dit mais elle nous montre son dos, sa poitrine, et toutes poussent un cri d'horreur. Je repense à Marthe. Nous étendons Lucienne sur la paillasse, mais elle souffre tant ! et le moindre contact avec sa chair tuméfiée est intolérable. Cependant, elle ne dit rien, ses yeux brillent, elle a la fièvre, mais aucune plainte ne franchit ses lèvres, au contraire, elle sourit à tous ces visages jaunes et pâles penchés sur elle.

— Ce n'est rien, soupire-t-elle, l'essentiel est qu'ils ne sachent rien, et ils ne sauront rien, et son regard étincelle si fort que nous savons toutes que c'est vrai.

Lucienne va mieux. Son dos et sa poitrine ont pris une teinte vert-noir qui est horrible à voir, mais les plaies se cicatrisent et Lucienne reprend son équilibre. Elle parle peu d'elle, à quoi bon. Son cas pourtant doit être grave car elle est inquiète. Elle nous parle de Colette qui travaillait avec elle, et de Jacques, et Michel, et la petite blonde si courageuse. Que sont-ils tous devenus ? Elle n'a pas parlé, c'est sûr, mais enfin. Où sont-ils, les autres ? Sont-ils prévenus qu'elle, Lucienne, est arrêtée ? Ils savent qu'elle ne parlera pas, mais seront-ils assez prudents ? Pierre est si jeune ! c'est un fils unique. Pourvu que Pierre, si audacieux, ne soit pas arrêté. Et Lucienne s'inquiète. Elle s'attend à être condamnée à mort, son cas est très grave. Mais c'est égal, elle a une confiance inébranlable : la libération est proche ! Les nouvelles ? quelques-unes peut-être inexactes, mais ça va très bien et, d'ici peu de jours, vous verrez !

Lucienne est toujours souriante, toujours gaie, toujours de bonne humeur. Elle a le sang chaud et son patriotisme entraînerait des légions tièdes. Et souvent elle me gronde pour mon manque d'enthousiasme :

— Mais, Lucienne, vous savez bien que Varsovie ne peut pas être prise.

— Pourquoi pas ?

— Mais, voyons, réfléchissez. Mais Lucienne a toujours le dernier mot. Sa foi, son feu intérieur l'emportent sur nos raisonnements :

— La foi soulève les montagnes. Lucienne n'est que vibrations et nuances. Elle a un cœur d'or, et si courageuse. Mado, Marthe, Lucienne, et je remercie la Providence de m'envoyer des soutiens de cette sorte, alors que je me sens si seule et que le précipice où je sombre parfois me paraît sans fond.

Lucienne dort dans le coin de la tinette, et moi à côté d'elle et le soir, lorsque les unes ronflent déjà et les autres s'assoupissent, nous commençons à parler à voix basse. En face de nous, la fenêtre avec les gros barreaux à travers lesquels le ciel bleu-nuit, criblé d'étoiles, un ciel du mois d'août. On aperçoit à peine la voie lactée, et la grande ourse remplit notre horizon. Et alors nous parlons de la joie de vivre, de l'amour, de l'espérance, de Dieu. Lucienne me communique sa fougue et nos âmes s'exaltent, nous nous surpassons nous-mêmes dans notre idéal et nos âmes s'envolent loin de ces murs gris et sales, loin de ces barreaux noirs et épais, loin de toutes ces femmes qui ronflent. Pour la première fois de ma vie, je sens ce qu'est la vraie liberté, celle de l'âme, celle de l'âme qui quitte le corps prisonnier et impuissant, lourd et immuable, pour s'élancer à l'assaut des cimes très hautes. Je ressens des joies ignorées et, lorsque enfin il nous faut redescendre sur terre, il me semble que je ramène avec moi un peu de soleil, de paix et de joie.

Elles sont belles ces nuits que je passe près de Lucienne, elles me soutiendront tout le long de mon épreuve et souvent, lorsque cette dernière m'a paru lourde, si lourde que j'avais peur de l'affronter, j'entendais la voix chaude et vibrante de Lucienne qui me chantait la joie et l'amour de la beauté.

FARFADET

Nous sommes dix dans un espace destiné à un soldat aux arrêts !

— Ah ! les vaches. On les y mettra trente là-dedans, se console Lysica. Piètre consolation, en attendant, il fait chaud, on a soif et il y a très peu d'air.

Les pas lourds des gardiennes résonnent dans le couloir. La porte s'ouvre :

— Une nouvelle !

— Ah ! ça, mais où la mettrons-nous ? Nous sommes dix, pas possible ; et, avec force gestes, je tâche d'expliquer à Mina la situation.

— Du französische Schweinerei, toi cochonnerie française, et d'un geste brutal elle pousse en avant la nouvelle, et la porte reclaque.

En voilà une à qui nous ne souhaitons pas la bienvenue. Ah ! ça non. Mais soudain, un coup de théâtre : Lucienne en pleurant se jette dans ses bras :

— Colette, ma petite Colette, et un flot de questions affluent à ses lèvres :

— Et le chef ? et Michel ? et Pierre ? Et Colette répond :

— Pierre est arrêté, le chef est planqué. Et Lucienne nous explique :

— Nous travaillions ensemble, et c'est pour elle que j'étais si inquiète. Quelle coïncidence dans la même cellule ! Aussitôt, Colette est des nôtres.

— Appelez-moi Farfadet, c'est mon nom de guerre.

Ce soir Farfadet couchera à côté de Lucienne. C'est normal, elles doivent en avoir des choses à se dire, quand les autres dormiront.

Nous sommes onze et c'est impossible d'être toutes couchées. Une doit rester debout. Je suis la plus jeune, la plus ancienne dans la cellule.

— Je resterai debout.

— On se relaiera.

— Quand tu seras fatiguée, faut m'réveiller.

Avant de nous endormir, nous récitons une dizaine de chapelet. Chaque soir, maintenant, nous le faisons. Au début, celles qui ne croient en rien ont beaucoup ri et se sont bien moquées de celles qui priaient le Maître du monde mais, maintenant, elles ont compris que seule une intervention spirituelle pourra les sauver, et nous disons toutes ensemble des neuvaines et le chapelet. Notre prière terminée :

— Me permettez-vous de dire la mienne ? Je suis d'une

secte évangéliste. Et Farfadet se met à genoux et commence à prier. Je l'observe, frappée par les paroles qu'elle prononce et le ton contenu de sa voix :

— Seigneur, de même que vous avez délivré Daniel dans la fosse aux lions, de même ayez pitié, etc... Elle est transfigurée. Elle n'était pas jolie, maintenant elle est belle. Elle semble parler à Dieu sans intermédiaire et avant de terminer sa prière, elle a un mot pour nous, ses camarades de prison. Je voudrais bien discuter avec elle, mais la nuit tombe et la sentinelle passe et repasse sous la fenêtre.

De notre cellule s'élève une symphonie de ronflements, de soupirs, de sifflements, de gémissements, même Lucienne et Farfadet se sont endormies. Je me suis assise sur le seau à punaises dans le coin près de la porte et je ne peux pas bouger. Un rayon de lune passe au travers des barreaux. Cela doit être une belle nuit. Je ne sais combien de temps j'ai passé ainsi à songer et rêver à des choses douces et douloureuses, quand soudain le mugissement de la sirène me glace d'effroi. Alerte !

La cellule est aussitôt sur pied, mais Lucienne et Farfadet parviennent à dominer l'affolement général. Madame Vrille se lève :

— Va t'asseoir, t'es restée assez debout, et puis t'auras moins peur avec les autres que dans ce coin assise.

— Mais non, je n'ai pas peur.

— Va, fais pas la brave, on l'sait toutes que t'as peur, c'est pas d'ta faute.

Alors on se pousse, se repousse, se retasse et Lucienne me fait une petite place entre elle et Farfadet. Je m'y glisse, Lucienne m'entoure de ses bras et Farfadet se met à me parler. C'était une fausse alerte, il n'y a pas d'avions.

— Beaucoup de peur pour rien, plaisante Farfadet.

— Colette, explique-lui que la vie est magnifique et qu'elle sera libérée.

— Elle en doute ?

— Elle n'est pas convaincue, et Lucienne me serre la main. J'avoue que, par moments, j'ai peur, j'ai peur pour Maman, j'ai peur de ne pas la revoir. Mais Farfadet indignée s'est assise. Je devine, dans l'ombre, son œil étincelant posé sur moi.

— Retire ces paroles, tu ne sais ce que tu dis. C'est la plus grande offense que tu puisses faire à Dieu que de douter de Lui. Tu n'en as pas le droit. Tu ne dois jamais douter, en aucun cas, même le plus désespéré. Elle est très fâchée vraiment, et se détournant de moi elle se recouche.

Sa foi est si forte que je me sens embrasée à mon tour, la confiance renaît en mon cœur. C'est vrai, Dieu ! Il y a Dieu qui est Tout-Puissant. Comment ai-je pu en douter ?

— Farfadet ?

— Quoi ?

— J'ai compris, je crois que j'aurai toujours confiance. Alors Farfadet se retourne vers moi et je sens un regard qui m'enveloppe, elle me caresse les cheveux :

— Il faut dormir maintenant, petite fille, il fait presque jour. Je prierai pour toi.

LES NOUVELLES

Les nouvelles, c'est l'art d'interpréter. Je dis art, car il n'est pas donné à tout le monde de transmettre les nouvelles. Il faut pour cela un esprit curieux, une âme vibrante, une imagination productrice et une inébranlable assurance, moyennant quoi l'on possède l'art des nouvelles, des « on m'a dit », « j'ai vu », « donc ». Et voilà, le bruit lancé, il s'enfle, s'anime, prend forme de tuyau, s'amincit tout en se renforçant, la « nouvelle » devient formidable ! Les raisonnables la nient, les tièdes en doutent, les crédules en sont tout choses ! La nouvelle est toujours fondée sur un fait précis, sur une affirmation, ce qui lui donne un caractère indéniable de vérité et pourtant, et pourtant, je vais vous dire que jamais une nouvelle n'a été complètement fausse. Il a fallu parfois quinze jours pour qu'elle se réalise, même plus, mais elles se sont pour la plupart réalisées.

Le 23 juin, le téléphone annonçait :

— Ils ont débarqué dans le midi, à Marseille, ils remontent le Rhône. Les armées du Nord descendent. Paris est encerclé. C'est une telle qui est rentrée de l'interrogatoire qui a dit ça.

Françoise ne sait pas un mot d'allemand, mais elle a pu glisser un œil curieux sur un journal allemand (toujours à l'interrogatoire) et elle est sûre que les Russes approchent de Varsovie.

Le 28, les armées du Nord ont contourné Paris et descendent sur Tours.

Le 30, Tours est prise, les armées vont sur Châteauroux, il ne se livre presque aucune bataille. Voici des faits précis, exacts ! C'est Pierrot qui l'a dit en morse à Suzanne pendant qu'elle passait le pain (Suzanne ne sait pas le morse).

Ce matin, au lieu d'ouvrir sept cellules pour le lavabo, Euser en a ouvert seulement cinq. Aussitôt, le téléphone marche :

— Ça va mal pour eux, ils ont peur de nous.

Le pain était un peu moisi :

— Ils n'ont plus de provisions.

Euser a une cravate neuve :

— Y sont sur le départ.

Et les pessimistes, l'œil noir :

— Y nous feront sauter avant, les salauds.

— Ou y mettront l'feu.

Et les optimistes :

— Tu veux rire, des murs de pierre !

— Y auront plus le temps de rien faire.

— Y nous ouvriront les portes.

— Les hommes viendront nous chercher, et les commentaires vont leur train. Les imaginations travaillent et le lendemain, Euser ouvre sept cellules, le pain n'est pas moisi et sa cravate est la même que tous les jours...

— Tu vois bien, disent les incrédules, t'as encore été trop vite.

— T'en fais pas, espèce de défaitiste, y sont foutus, c'est r'culer pour mieux sauter et aussitôt on découvre que le café n'était pas si noir, la soupe moins épaisse et la couette d'Agathe mal faite... Donc ! Et les journées passent, démentant à elles seules, par leur longueur monotone, les affirmations des camarades idéalistes.

— Pourtant un jour sera la veille de notre liberté, ce sera comme aujourd'hui, nous ne le saurons pas puisque ce sera la veille. Alors, pourquoi pas aujourd'hui ?

— Pourquoi pas ?

Nous sommes le 7 août, le téléphone sonne ou plutôt tape. Les coups semblent énergiques.

— Toc-toc-toc. Et la nouvelle arrive, énorme, gigantesque, pétrifiante :

— Varsovie est pris — Les boches battent en retraite — Les Russes avancent sur la Poznanie — On parle d'armistice — Transmettez.

Les exaltées de la cellule se jettent dans les bras les unes des autres, s'embrassent en pleurant :

— Oh! mon p'titout, mon p'titout!

— Ma petite fille qui me croit morte!

— Mon chapeau, mon chapeau. Je voudrais les calmer, mais il n'y a rien à faire.

Les esprits sont surexcités. Le lendemain, en vidant les tinettes, une femme a dit à Lysica :

— Les gardiennes font leurs valises, elles doivent partir ce soir avec les bureaux et la Gestapo. La Wermacht doit nous occuper, mais tu penses...

Les journées passent vite! D'un instant à l'autre, nous nous attendons à entendre le mot d'armistice proclamé. Les portes s'ouvriront, le soleil, le ciel, notre liberté et celle de la France! On est nerveux, on n'a plus goût à rien, le cœur bat et les nouvelles vont leur train, semant sur leur passage la crainte et l'espoir.

C'est le 9 août, le téléphone annonce :

— Paris est pris! Et le 10 août, c'est un jeudi, la bonne du curé, qui est dans la cellule 11, a dit que, le 13, la guerre doit être finie :

— C'est m'sieur le Curé qui m'a toujours dit comme ça qu'avait une de ses paroissiennes qu'avait prophétisé ça à son lit de mort, et tout c'qu'elle avait dit jusqu'à présent s'est réalisé, dame! Et comme elle était stigmatisée...

— Evidemment. Et déjà chacune se donne rendez-vous le 13, place Bellecour, pour attaquer la Gestapo, et l'on échange des adresses.

— Tu viendras coucher chez moi, m'explique Lucienne, car t'auras pas l'temps de retourner chez toi. Et avec fièvre, nous attendons le 13.

Le 10 au soir :

— La Gestapo a quitté Lyon. Les armées avancent. La date du 13 se précise de plus en plus.

Le 13! Nous sommes loin, le 13...

Le 11, nous avons quitté Montluc pour l'Allemagne. Paris n'était pas pris, Varsovie encore moins, et on parlait de violents combats. Et nous sommes arrivées en Allemagne, et le mot d'armistice n'a été prononcé que neuf mois après! Mais c'est égal, qu'aurions-nous fait sans nouvelles!

LE DÉPART

Nous sommes le 11 août 1944, plus que deux jours. En allant vider les tinettes, Suzanne la calfactrice m'a dit :

— Il se prépare un transport. Cette nouvelle m'inquiète. Et ainsi que Mado, deux mois plus tôt, surveillait au judas les va-et-vient, de même, le cœur angoissé, je guette les divers tressaillements de la prison, indices du transport annoncé. Jusqu'à présent, tout est calme. En allant au lavabo, je me suis un peu trop approchée de la cellule de Maman, Mina m'a vue, elle bondit sur moi et me pince au bras si fort que j'ai à peine pu retenir un cri. Une pluie d'insultes sur un ton majeur accompagne ce geste violent. Dans ce flot de hurlements sauvages, je démêle que je paierai cher le crime que je viens de commettre : trois jours à la cave sans manger.

— Ta g..., et indifférente je vais au lavabo.

A peine la porte de notre cellule refermée que des voix, des pas et des cliquetis d'armes se font entendre. Par le trou du judas, je vois Euser courant avec des listes à la main, des listes jaunes.

— Transports, mes enfants!

— Quoi? y sont fous. Je ne me suis pas trompée. Le téléphone confirme la nouvelle, et déjà les portes des cellules s'ouvrent les unes après les autres, des noms sont criés. Ils approchent, c'est notre tour, la porte tourne sur elle-même, il y a un soldat; j'ai très peur.

— Vrille Marie, Tupido Lysica, Gontaut-Biron Beatrix, vite, vite, dans cinq minutes, tout bagage. Et la porte claque.

Nous sommes pétrifiées. Une vague de désespoir monte en moi :

— Alors il me faut vous quitter. Ça fait deux mois que j'suis-t-ici. Et malgré tous mes efforts, je ne peux retenir mes larmes. Je me suis jetée dans les bras de Lucienne en sanglotant, et pourtant Mado a été plus courageuse que moi! Mado dont j'ai toujours essayé de suivre l'exemple. Du cran ma p'tite fille. Encore un dernier effort. Je leur souris à toutes.

— Après tout, vous serez plus au large... Et je fais ma valise. Ironie, il y a pourtant une valise, et des affaires.

— N'oublie pas les cartes. Ah! oui, les cartes. Mais je les laisse à Lucienne, elle me les rendra après la guerre.

— Et l'crayon?

— J'vous le laisse.

— Le mouchoir?

— Ça je l'emporte, le mouchoir.

Lucienne s'approche de moi :

— Si ta mère ne part pas, tu peux compter sur nous, on veillera sur elle. Je n'osais en parler.

— Je peux compter sur vous?

— Oui, c'est sûr ça!

— J'lui donnerai bien à manger dans mon bistro.

— Je voudrais bien vous revoir un jour! On a eu de bons moments! Alors Farfadet me met les mains sur l'épaule et son regard perçant plonge dans mes yeux :

— J'ai prié pour toi et je sais, tu entends, je sais que tu reviendras, toi et ta mère. Aie toujours confiance, vous reviendrez toutes les deux. Ma valise est faite.

— T'as une tache sur ta blouse.

— Arrange cette mèche.

— Ça va, et pense à nous.

Des pas dans le couloir. L'heure du départ va sonner. Alors, comme Mado, je leur dis adieu, je les embrasse toutes.

— Courage, courage mes petites. Je suis la plus jeune et soudain je me sens vieillie par ces deux mois de prison qu'elles ne connaissent pas et par les partages et tant de choses qu'elles ignorent.

— C'est très dur pour moi de vous quitter. Vous ne pouvez savoir comme c'est dur!

La porte s'ouvre :

— Schnell, schnell, Madame Vrille, Lysica, sont déjà dans le couloir. Ma valise à la main, je souris à travers les larmes.

— Merci pour tout, mes chères amies. Adieu et vive la France. Je vous confie Maman. La porte a claqué sur mes camarades. A mon tour, j'ai quitté la cellule 15.

Nous sommes rangées dans le couloir. En passant devant ma cellule, comme Mado, je leur crie une dernière fois :

— Adieu et bonne chance. J'entends qu'elles aussi pleurent, et Lucienne me crie :

— Courage, on pensera à toi.

Dans la cour, j'ai retrouvé Maman. Ce fut une grande joie.

— Pourquoi pleures-tu ?
— Je les aimais.
— ...
— Ma pauvre petite fille ! Comme tu as dû souffrir ! Cela a dû être si dur pour toi.
— Oh ! non, mais elles étaient très chic, au fond, je l'aimais bien ma cellule.

Maman hausse les épaules. Comment peut-elle comprendre cela ?

Notre colonne s'ébranle vers la porte de sortie et de toutes nos gorges serrées d'angoisse, jaillit la traditionnelle « Marseillaise », et les soldats menacent de tirer :

— Silence, silence. Des cellules nous parviennent les voix étouffées de nos camarades, les prisonniers et prisonnières du Fort-Montluc qui chantent avec nous *le Chant du Départ* :

Ce n'est qu'un au revoir, mes frères,
Ce n'est qu'un au revoir,
Oui, nous nous reverrons, mes frères,
Ce n'est qu'un au revoir.

Les autocars nous attendent. Ils vont nous mener à la gare de Perrache. Devant nous l'inconnu, le mystère. Chacun est grave mais calme. Il y a environ mille hommes, soixante femmes, deux cents juifs. L'escorte menace du fusil tout écart ; le soleil tape sur nos têtes, le chef du convoi contrôle, recontrôle et surcontrôle les listes (il croit toujours qu'il en manque un).

— On va à Romainville, court la rumeur, au fort de Romainville.

Et, pendant que nous attendons, debout sur le quai, sous le soleil, le départ du train, ma voisine, une petite brune dont la sœur avait été à Romainville, me chante la chanson du fort, sur l'air de « Il pleurait comme une Madeleine » :

Transbahutés en voitures cellulaires
Un beau matin on a quitté le cachot
En s'demandant, crénon que vont-ils faire ?
On avait diablement chaud.

C'est au fort de Romainville

Qu'on attend les événements
A deux pas de la grande ville
Qui s'étend majestueusement
Oh! là là que d'espoirs!
Oh! là là que d'espoirs!

Plaque matricule et empreintes digitales
On a affaire à des gens bien prudents
Qui prennent aussi, précaution capitale,
L'adresse, en cas d'accident.

C'est au fort de Romainville, etc.

Un p'tit séjour dans les casemates
Ça donne à tous un joli teint frais
On n'a plus les couleurs d'la tomate
Mais plutôt ceux du navet.

On croit rêver quand on revoit des femmes
Les arbres, le ciel bleu et l'soleil
Tout chaviré on a du vague à l'âme
C'est le plus doux des réveils.

Tournant en rond comme des bêtes en cage
Sous la surveillance du mirador
On croirait voir des taureaux en pacage
Attendant le matador.
Que ce soient les fruits, les colis Croix-Rouge
Les quakers ou bien l'ravitaillement
Tous nos guetteurs épient comme des Peaux-Rouges
Les voitures et les mouvements.

Parfois aussi c'est au fond des poubelles
Que nous cherchons de quoi faire nos repas
Car si en France la moisson est belle
A Romainville on ne le sent pas.

Et si parfois un convoi se prépare
Nul ne sait où nous sommes emmenés
Que ce soit vers la mort ou vers une gare
Pas un seul n'aura cané.

Si notre espoir en des chansons s'exprime
Et si nous ne craignons pas le trépas
C'est le départ de ceux qui nous oppriment
Qui s'avance à très grands pas.

C'est au fort de Romainville
Qu'on attend les événements
A deux pas de la grande ville
Qui s'étend majestueusement
Oh! là là que d'espoirs!
Oh! là là que d'espoirs!

A midi nous entrons dans le train et à une heure nous quittons Lyon.

DEUXIÈME PARTIE

RAVENSBRÜCK

Loin vers l'infini s'étendent
De grands prés marécageux...

LE VOYAGE

Je ne veux point vous faire un long récit de notre voyage : un simple trait d'union entre la prison et le camp.

Nous voici dans le train, en gare de Perrache. Pour nous, soixante-deux femmes, un wagon de troisième est mis à notre disposition. Dans notre compartiment nous sommes huit : il y a Nathalie (qui m'a une fois passé du pain en prison), il y a Stéphanie, Augusta et Catherine, toutes quatre polonaises. Il y a Jeanne, Nicole, Maman et moi, serrées l'une contre l'autre.

Lysica est avec les juifs et Madame Vrille dans le compartiment d'à côté.

On prend ses aises. Romainville est près de Paris, nous n'arriverons pas avant ce soir. Sur le quai, on nous a pris toutes nos affaires, valises, colis, pour les mettre au fourgon :

— Mais soyez tranquilles, disait l'officier, en arrivant tout vous sera rendu.

Aux deux extrémités du wagon, un soldat fait la garde, les fenêtres sont fermées avec du fil de fer et les rideaux baissés :

— Défense d'ouvrir !

— C'est odieux, ronchonne Nicole.

— Moi, il me faut de l'air quand je voyage, soupire Jeanne.

— Si on ouvrait... Stéphanie guette à la porte, Nathalie et

Nicole, après avoir relevé le rideau, se mettent à défaire les fils de fer. Le train roule le long de la Saône, le soleil est éblouissant :

— Ça y est, et la vitre retombe lourdement.

— Ouf ! ça fait du bien !

Mais il faut être prudent, et nous la relevons un peu et rabattons le rideau. Le chef du train est un brave homme. Il fait si chaud qu'il a pitié de nous et permet d'ouvrir les fenêtres, mais il faut donner sa parole d'honneur de ne point s'évader. Alors, armés de tenailles et de pinces énormes, deux soldats, de compartiment en compartiment, défont les fils de fer.

— Dis donc, Jeanne ? qu'est-ce qu'ils vont dire ici ?

— On s'en f... y a qu'à pousser la fenêtre jusqu'en haut.

Les soldats sont déjà là. Ils relèvent les rideaux, attaquent résolument le fil de fer, déjà défait, le tordent et le retordent et posant la main sur la poignée, quelle n'est pas leur stupéfaction de voir que la fenêtre glisse sans difficulté :

— Bah ! bonne fenêtre, facile ouvrir, là-bas (et d'un geste large ils nous indiquent les autres compartiments), beaucoup travail ! Et, nous distribuant de larges sourires, ils se retirent.

— J'ai eu chaud, soupire Jeanne.

— Et moi donc !

— Mais quels imbéciles, quand même !

LES MESSAGES

— Ça fait drôle d'être assis.

— C'est vrai, ça fait deux mois que je suis par terre. Et le soleil, les arbres verts...

— Je ne les croyais pas si verts !

— Mais c'est le mois d'août. Le mois d'août... Il y a des gens qui sont assis dans leur jardin, à l'ombre d'un arbre. Est-ce possible ? Et le ciel est bleu, sans un nuage, et la Saône coule, majestueuse et rapide. Il y a des bateaux, des chalands, des baigneurs, des enfants qui courent sur la berge. Et nous, nous sommes des prisonnières, nous roulons vers un camp de concentration. Est-ce un cauchemar ou une réalité ?

Nos amis, chez qui nous étions réfugiés les derniers temps, habitent près de T. C'est sur l'autre rive et Maman me montre :

— Tu vois, ces arbres là-bas, c'est le parc. En effet, et, à gauche, c'est le mur et la maison de Monsieur F. à côté. Mon cœur bat à rompre. Ceux que j'ai quittés il y a deux mois sont là derrière ce rideau d'arbres, libres. Et voici la gare de Q., le train s'est arrêté. C'est la gare qui dessert T. :

— Comment les prévenir ? songe Maman.

— Qui ?

— Nous avons de la famille à deux kilomètres d'ici, de l'autre côté de la Saône.

— Un message, tiens, et Jeanne bondit, rapide et légère : vite un crayon, un papier, un mouchoir. Maman écrit :

— Sommes Béatrix et moi en route pour Romainville. Prévenez famille. Allons bien. Priez. Tendresses. Anne-Béatrix. Aussitôt dit, aussitôt fait. C'est Jeanne qui s'en charge. Le train est reparti, et rayonnante elle nous annonce :

— Et le message aussi.

— Le trouvera-t-on ?

— Sûrement, quand un cheminot verra un mouchoir sur la voie il voudra s'en emparer et trouvera le papier avec la mention : « Pour des déportées, veuillez faire parvenir à telle adresse ce billet ». L'idée est bonne. Et tout le long de la route, tel le petit Poucet, nous semons des messages.

N'ayant pas tant de mouchoirs à sacrifier, nous les glissons dans une gare, en faisant des signes expressifs aux cheminots pour qu'ils comprennent que sur la voie ils trouveront quelque chose.

Chacune alerte sa famille et Nicole adresse même un billet à son chef de réseau afin de signaler l'important convoi. Peut-être le maquis pourrait-il faire sauter les voies ou attaquer le train.

Et sur cet espoir, les heures passent, rapides, dans le train.

DIJON

Nous sommes le 12 août, et Paris est encore loin.

Le maquis a fait sauter un pont et nous voici arrêtées depuis de longues heures en rase campagne. Des équipes sont en train de travailler au déblayage. Les commentaires suivent leur cours :

— Formidable, le maquis.

— Y feront ça tout le long du chemin.

— On s'ra libéré avant. Et les discussions s'engagent : feront-ils un coup de main qui nous libérera, ou bien les Allemands, dans leur fuite, nous abandonneront-ils ici en pleine campagne ?

— Il faut être prêts et s'attendre à tout. D'ailleurs, c'est demain le 13 et la guerre doit être finie. Une fièvre intérieure nous dévore. Nous ne sentons ni la soif, ni la faim, ni le chaud. Demain, nous serons peut-être chez nous !

Le pont est provisoirement réparé, notre train se remet en marche, il fait du dix à l'heure environ.

— On pourrait s'évader.

— T'as donné ta parole.

— Oh ! ça, y s'gênent pas pour la donner non plus, et...

— C'est dégoûtant pour les camarades.

— ?

— Parfaitement, si une de nous s'évade, on sera toutes fusillées.

Je ris.

— Je vous ai pas dit que je m'évaderai, je vous dis qu'on pourrait s'évader.

Mais je me rends compte que, dorénavant, nous avons des ennemies dans notre compartiment.

La nuit tombe, et voici Dijon.

La Croix-Rouge est prévenue de notre passage et les infirmières escortées nous distribuent des biscuits, pain d'épice et autres merveilles. Nous en profitons pour glisser encore un message dans la poche de l'une d'elles.

SEULES DANS UN COMPARTIMENT

Maman est malade. Elle a beaucoup maigri et elle tousse. Le médecin juif qui parcourt le train a diagnostiqué une bronchite purulente. Alors, du dernier compartiment à gauche qui est vide, on a fait une infirmerie et Maman peut s'y étendre. L'officier m'a autorisée à y rester avec elle pour la soigner. J'ai moi-même une crise de foie et cela fait du bien de s'étendre sur la banquette et d'être seules. Je suis inquiète, Maman est si délicate des poumons !

— Raconte-moi un peu, et je fais de longs récits à Maman

qui m'écoute attristée. Que c'est bon d'être ensemble, loin des autres femmes !

— Il faut s'imaginer qu'on fait un beau voyage ensemble et qu'on est en wagons-lits. Mais Maman n'a pas très envie de s'imaginer, et la nuit nous enveloppe. Il faut dormir.

MADAME FRATELLINI

Ce matin, nous ne sommes plus seules dans le compartiment. Madame Fratellini a un gros anthrax à la jambe et il faut qu'elle soit étendue.

— Vous permettez qu'ma p'tite fille vienne aussi ?

— Bien entendu. Et nous sommes quatre. Les conversations s'engagent :

— D'où qu'c'est qu'vous êtes ? Pourquoi qu'vous êtes là ?

— Et vous ?

— Oh ! moi, je suis fermière, j' suis de la Savoie italienne. Ma mère est italienne, ma p'tite a bien l'type, hein ? Et puis on s'est établi en Savoie. Ça marchait bien et nous, on craint pas l'ouvrage. Levés tôt, couchés tôt. Le travail, y fallait qu'y s'fasse. Mais c'est qu'le climat est rude chez nous et on n'est pas des mauviettes, quand les Italiennes se mettent à l'ouvrage !

— Ça c'est vrai.

— Et vot'jeune fille ? C'est de moi dont il s'agit ; la mienne a dix-huit ans, mais elle ne craint pas l'labeur. La petite Secondine a des boucles noires, le teint mat et de jolis grands yeux. Elle parle souvent de son frère qui est en Allemagne, et la mère ne peut retenir ses larmes :

— J'serais presque heureuse d'y aller là-bas, p't'être que j'pourrai le voir ! Il a été pris comme S.T.O. Nous on cachait l'maquis. Y ont brûlé not'ferme et tout pillé. On a beau être italiens...

J'ai revu à Ravensbrück, huit mois plus tard, Madame Fratellini et Secondine, elles étaient à l'infirmerie, c'était le jour de notre libération. Toutes deux étaient l'ombre d'elles-mêmes, et Secondine en pleurant m'a dit :

— On r'viendra pas chez nous, nous autres, Maman va mourir (et c'était vrai), et moi, tiendrai-je jusqu'à demain ?

— Il y a des ambulances de la Croix-Rouge.

— Oh ! nous sommes intransportables, et telle une ombre cadavérique, la petite Secondine s'évanouit à mes yeux dans le dortoir infesté de malades. Elle n'avait même plus le désir de rentrer !

IS-SUR-TILLE

Is-sur-Tille. C'est le soir, Maman a bondi :

— Mais nous partons vers l'est...

— Vous croyez ?

— Nous n'allons pas à Romainville, déclare Maman d'un ton ferme et décidé. Des voisines de compartiment sont venues nous rendre visite.

— Mais si, nous allons à Paris, et même nous devons arriver vers trois heures du matin.

— Mais... et Maman explique.

— Vous êtes défaitiste.

— Je suis réaliste.

— Pas du tout. Nous allons à Paris !

— On verra.

Is-sur-Tille. Il fait tout à fait nuit. Le train roule lentement, il s'arrête souvent et reprend sa marche cahotante vers ?

Le jour se lève lentement. Une lueur grise fuse à travers le ciel chargé de nuages. Maman est réveillée.

— Les sapins.

— Vous croyez ?

— Ça, ce n'est pas un paysage de l'Ile-de-France. C'est l'est, la Lorraine.

Les autres femmes se sont réveillées :

— Qu'en savez-vous ? Il y a aussi des sapins près de Paris.

— J'ai une propriété en Lorraine, alors je sais, et Maman hausse les épaules, je suis déjà passée par là.

— Bah ! ça ne veut rien dire.

Mais un poids lourd pèse sur notre cœur !

TROYES

Nous sommes à Troyes. Le convoyeur du train semble affolé, il téléphone, court sur le quai, gueule et paraît furieux.

— Où allons-nous ? Où allons-nous ? Chacune demande cela à sa voisine, comme si elle savait !

Soudain, le train s'ébranle, il repart en sens contraire. La nouvelle se propage de bouche en bouche :

— Nous n'allons plus à Romainville, les Alliés ayant encerclé Paris. Au contraire, on l'évacue.

— Alors, où allons-nous ?

— ???

LES INFIRMIÈRES DU VERCORS

Dans nos plus hautes montagnes
Nous avons pris le maquis
Pour échapper à l'Allemagne
Et ne pas être asservis.

Nous sommes soixante-deux femmes dans le wagon. Que de bruit ! Il y a Madame Chira qui fait des vocalises, à craindre de voir son tympan éclater. Parfois, elle daigne, « pour distraire les camarades », chanter une cantilène en soprano, pleine d'embûches et d'accidents qu'elle surmonte avec difficulté :

— C'est pourquoi il faut une voix souple et exercée, et la voilà qui reprend la gamme en staccato dans tous les tons, allant du do au mi, là-haut, là-haut ! Madame Chira n'est pas dans notre compartiment, on peut ne pas l'entendre.

Du compartiment voisin du nôtre s'envolent des chansons scoutes, des vieux airs français, chantés à plusieurs voix. C'est très joli. Ce sont les infirmières du Vercors : elles sont huit. C'est Cécile, l'infirmière-major. De tout le wagon, ce sont les plus sympathiques, les plus jeunes et les plus gaies. Elles ont été en prison à Grenoble et transférées à Montluc, il y a peu de jours. Elles nous content de merveilleuses histoires sur leur vie du Vercors. Avec trois médecins et chirurgiens, elles ont fondé un hôpital, entièrement parachuté par les Alliés, même la salle d'opération, la table et tous les instruments. C'était un hôpital moderne et magnifiquement aménagé.

Et puis, un jour, il y a eu alerte. Il a fallu fuir l'hôpital. Alors, durant toute une nuit on déménagea ce qu'on put, dans une caverne, là-haut dans la montagne. Les très grands blessés furent recueillis dans une ferme, au pied de la montagne. A l'entrée de la grotte, un grand drapeau Croix-Rouge. Et la nuit, chirurgiens et infirmières, déguisés, descendent prudemment de leur repaire pour opérer et donner des soins aux grands blessés restés dans la ferme, en bas, et aussi pour recueillir les parachutages.

Mais voilà qu'un jour, une patrouille allemande rôdait dans la montagne et débouche devant la grotte. Ils y entrent et découvrent un hôpital ! Des blessés et quelques infirmières, toutes très jeunes.

Alors ils les font sortir tous, même les civières. Ils menacèrent le corps médical et fusillèrent à bout portant les blessés, sauf deux Américains, et emmenèrent médecins et infirmières. Ainsi finit l'hôpital du Vercors.

Toutes ces filles sont gaies, prennent les choses du bon côté, décidées à ne se laisser abattre par rien. Elles chantent, et leur grand répertoire est :

Si tous les garçons du monde
Avaient de beaux sentiments
Iraient voir les filles blondes
Et deviendraient leurs amants.
Les filles blondes
Sont trop allemandes,
Non, non, je n'en veux pas (bis)

Si tous les garçons du monde
Avaient de beaux sentiments
Iraient voir les filles brunes
Et deviendraient leurs amants.
Les filles brunes
Sont trop communes,
Non, non, je n'en veux pas (bis)

Si tous les garçons du monde
Avaient de beaux sentiments
Iraient voir les filles rousses
Et deviendraient leurs amants.
Les filles rousses
Sont trop farouches,
Non, non, je n'en veux pas (bis)

Si tous les garçons du monde
Avaient de beaux sentiments
Iraient voir les prisonnières
Et deviendraient leurs amants.
Les prisonnières,
Ce sont les miennes,
Oui, oui, je me marie (bis)

Cette chanson a été parachutée un jour et ce sont les Canadiens qui la leur ont apprise!

LE SCORPION

Notre escorte se compose de soldats de la Wehrmacht qui nous gardent et de deux officiers.

Celui avec lequel nous avons un rapport immédiat, c'est « l'officier ». Il est grand, mince, avec une jolie figure et de jolies manières. Il parle comme un homme du monde et nous traite avec beaucoup d'égards et de délicatesse. Il aime à venir parler dans notre wagon, il s'y connaît en musique et en peinture. De son argent personnel, il nous achète des cageots de fruits et, de toutes les façons qui lui sont possibles, il cherche à adoucir notre épreuve. Nous lui en sommes reconnaissantes.

Pour ma part, je hais cette race de toutes les fibres de mon corps, mais je constate que l'officier avait bon cœur et que, grâce à lui, notre voyage a été moins pénible qu'il aurait pu l'être.

Par contre, l'officier qui commande en chef le convoi est un petit homme maigre, au teint jaune, avec de petits yeux méchants, le verbe haut et sec et toujours on le voit avec une cravache à la main.

Nous l'avons surnommé : le « scorpion ».

— Celui-là, il faut s'en méfier.

Il parcourt les quais des gares en tous sens, criant, gueulant, crachant des insultes venimeuses, faisant trembler même les siens, donnant des ordres et des contre-ordres avec une facilité déconcertante.

Nous constatons que, dans la Grande Allemagne, il y a aussi de la pagaille.

VITTEL

Nous voici à Vittel. Le train entre lentement dans cette gare que je connais si bien. Notre propriété est à quarante-cinq kilomètres. Grâce à un message lancé à l'arrivée à un cheminot, nous avons pu alerter Madame B., présidente de la Croix-Rouge et que nous connaissons.

Oh ! merveille, au bout de quelques heures de stationnement, les Dames de la Croix-Rouge font leur entrée en gare. Les voici qui tergiversent avec le scorpion, beaucoup de gestes, de cris, mais elles ont la victoire. Aussitôt, une table est installée sur le quai et il nous est permis de descendre du train, wagon par wagon, pour toucher la soupe chaude qui va nous être distribuée, la première depuis notre départ de Montluc. Nous arrivons à glisser deux mots à Madame B. et un message, mais nous sommes très surveillées.

Il est question que nous, soixante-deux femmes, nous restions à Vittel, comme les Anglaises :

— Est-ce possible ?

— Le fait est qu'ils ne savent que faire de nous ! Et voilà deux jours que nous passons en face de Vittel. Notre train a tout l'air d'un campement de bohémiens. Madame B. nous gâte et nous ravitaille, et ses soupes chaudes nous ravigotent. La Croix-Rouge de Vittel, dernier réconfort français avant le long et douloureux exil que nous ignorons encore.

Nous ne sommes pas restées à Vittel. Le soir de cette journée, vers cinq heures, le train s'est ébranlé si doucement et si lentement que nous n'avons pas réalisé.

— C'est peut-être une manœuvre. Mais ce n'était pas une manœuvre, et Vittel est loin, et nous roulons vers l'est.

Dans le train nous avons un médecin, il est juif, mais a reçu l'autorisation de donner des soins à ceux qui en auraient besoin. La Croix-Rouge lui a remis quelques médicaments et il nous soigne tous à coups d'aspirine.

C'est égal, on se sent moins abandonné, et la bronchite de Maman va mieux.

BELFORT

— Quelle est cette gare ? Il fait nuit et notre train stationne depuis déjà un long moment. A grand-peine, je déchiffre « Belfort ». Nos cœurs se serrent. Nous entrons en Alsace et bientôt la frontière.

Belfort, impression douloureuse.

LES NOUVELLES

Dans le train, le rôle des nouvelles est certes plus important qu'en prison. D'ailleurs, nous sommes plus en contact avec le monde extérieur.

En employant mille ruses, nous arrivons à atteindre un cheminot, un chef de gare, une dame de la Croix-Rouge, un gamin qui joue au bord de la voie.

On lui demande :

— Paris ? poum-poum ? train ? pas poum-poum ? Les enfants comprennent parfois mieux ce langage simpliste.

— Paris, et les mains s'écartent en signe de délivrance.

— Paris est libéré, crient les femmes.

— Qui t'a dit ça ? ronchonne une incrédule.

— Mais ce gosse, voyons, c'était clair. Parfois, il nous arrive de pouvoir parler avec un cheminot :

— Ça va ?

— J'vous crois qu'ça va, les petites dames. Où c'est qu'vous allez ?

— Nous sommes déportées.

— Ah ! misère de misère, mais vous en faites pas, vous irez plus loin maintenant, Paris est pris, y foutent le camp, et la conversation passionnante est interrompue par le départ du train ou le boche qui g...

— T'as entendu ?

— Quoi ?

— Ben, c'qu'il a dit le cheminot.

— Quoi qu'il a dit ?

— Ben qu'la guerre s'rait finie et qu'on va nous libérer. Et toutes les femmes crient, chantent, se préparent déjà à l'évasion, au coup de main, à l'inattendu, à l'inespéré, à ce qui doit arriver, mais on ne sait sous quelle forme.

Tout le long de la route, ce n'est qu'un seul et même cri qui jaillit :

— Vous en faites pas, vous arriverez pas en Allemagne. La guerre est presque finie, c'est une question de jours !

LE TRAIN FANTÔME

Le 14 août. Strasbourg.

Quelques déceptions chez les femmes nerveuses et impatientes :

— C'est qu'la frontière, elle est plus loin, si la guerre doit être finie, c'est pas pour dire.

— La frontière ? t'es pas folle des fois, crie une exaltée, qu'est-ce qui t'a dit qu'on allait à la frontière ?

— Ben, j'croyais qu'on allait visiter l'Grand Reich.

— T'es défaitiste.

— J'suis réaliste.

— Tiens, ferme-la.

— Quoi ?

— Ta g...

— Non, mais, c'te morveuse qui... et les insultes volent légères pour celle qui les envoie, lourdes pour celle qui les reçoit ; la riposte suit aussitôt, il en résulte des cris, des disputes, des brouilles. Soixante-deux femmes dans un wagon, une volière en comparaison est silencieuse...

Le train s'ébranle :

— Tu vois, on repart comme on est venu.

— Y sont pas fous, des fois, de nous trimbaler ainsi.

— Y savent pas quoi faire de nous.

— Y ont qu'à nous laisser filer, on saura bien quoi faire nous, hein ?

— J'te crois, nous on s'ra pas embarrassées.

— C'est quand même bon signe qu'on n'a pas pu aller à Romainville.

— T'as pas compris, bouchée qu'tu es, qu'c'est une question de jours.

Et le train roule silencieusement à travers l'Alsace. Nous l'avons surnommé le « train fantôme ». Depuis quatre jours, il est notre domicile et nous nous y sommes installées. Ce n'est plus un train dans lequel on voyage, mais une roulotte de bohémiens où nous nous sommes organisé une nouvelle vie. C'est curieux comme l'être humain s'adapte à toutes les conditions.

Lorsque la nuit arrive, nous nous installons « confortablement » sur les banquettes, dans les filets, dans les couloirs par terre, et les soldats qui nous gardent sont comme des gouvernantes, et ce rôle les amuse. Ils viennent nous réveiller le matin et le soir nous engagent à dormir. Et le train roule lentement à travers l'Alsace. Il erre sans but, sans ordres précis, à la recherche d'un abri où l'on pourrait loger ce convoi de deux mille hommes, juifs et femmes.

Le scorpion ne peut plus se mettre en rapport avec son quartier général, les téléphones sont coupés, la Gestapo a quitté Paris et un Allemand sans ordres est désorienté. Et le scorpion s'agite, court, gueule, et le train roule lentement à travers l'Alsace, tel un train fantôme!

ROTHAU

Nous longeons des collines boisées, une petite rivière, des prés verts, nous dépassons de petites gares secondaires. En voici une plus importante : Schirmeck!

— Mais c'est là qu'habite l'oncle J.

— C'est vrai, et cette jolie maison là-haut sur le monticule, c'est sa propriété. Nous en sommes si près, et si loin.

L'arrêt à Schirmeck est long. Nous avons appris par la suite qu'on avait voulu nous y laisser car il y avait là un camp important. Mais il n'y avait plus de place. Et le train repart, encore quelques gares et arrêt : Rothau.

C'est demain le 15 août. Tout le monde attend un miracle.

SÉPARATION D'AVEC LES HOMMES

Il est tard, la nuit est tombée et nos gardiens nous expliquent qu'il faut nous coucher. Mais voilà qu'un remue-ménage sur le quai nous inquiète :

— Qu'est-ce qui s'passe ?

— On voit rien, fait trop noir. On crie, on marche :

— C'est p'têt l'maquis ? Mais ce n'est pas le maquis, ce sont tous les hommes qu'on a fait descendre du train.

Certains ont leurs femmes parmi nous et l'on entend :

— Adieu Jeanne, adieu Marie.

L'officier a autorisé une dernière rencontre et les femmes tombent dans les bras de leur mari :

— Los, los, crie le boche.

Les hommes se mettent en marche, leur pas martèle régulièrement la route par laquelle ils s'engagent dans la forêt. Il n'y a que des forêts !

Les femmes ne parlent pas, l'angoisse étreint leur cœur :

— Où qu'c'est qu'on les emmène ? Ce départ nocturne ne présage rien de bon. Nous avons des amis parmi ces hommes et sommes alarmées et inquiètes.

Les hommes ont dû s'arrêter, on n'entend plus que les cris des soldats, les fusils et les éperons :

— Marche, et les hommes repartent, cette fois pour de bon.

Alors les femmes, d'une seule voix, entonnent *la Marseillaise* et *Ce n'est qu'un au revoir*. Les hommes ont essayé de chanter, mais l'escorte les a fait taire.

Nous avons su plus tard qu'on les avait emmenés dans un camp, d'ailleurs très dur, situé dans la montagne assez loin de la gare et où il y avait encore de la place.

LE BAIN

Nous sommes toujours à Rothau, depuis si longtemps nous nous lavons avec un verre d'eau, mais essayez ! ce n'est pas commode du tout, alors nous avons demandé l'autorisation de nous laver dans la petite rivière que nous apercevons dans les arbres. La permission est accordée. Nous sommes réparties en quatre groupes, et quinze par quinze, nous irons nous baigner. Oh ! joie. Le lieu choisi n'est pas romantique : au pied d'une usine, mais c'est exprès, ce serait plus difficile de s'évader. Deux soldats nous accompagnent. Nous voici au bord de l'eau. De l'autre côté l'usine et aux fenêtres les ouvrières qui nous examinent avec curiosité.

— On est des déportées politiques françaises, crie Nicole. De l'autre côté de la vitre, les physionomies s'attristent, les têtes branlent et dans les yeux s'allument des éclairs bienveillants. Nicole montre son estomac, sa bouche.

— On a faim. Et les têtes aussitôt disparaissent de derrière les fenêtres de l'usine :

— Schnell, schnell, crie la sentinelle.

— Comment qu'on va s'laver ? Les soldats se sont détournés.

— On sait pas c'qui nous attend, faut s'laver à fond.

Maman, pendant tout ce temps, s'est déshabillée et la voilà déjà toute nue, dans l'eau.

— Elle a raison, dit une voix, j'vais faire comme elle. Et quelques instants après, nous voici toutes dans l'eau peu profonde, nues comme Eve, riant, criant, giclant de la bonne eau fraîche, nous frottant énergiquement.

Une femme est sortie de l'usine, elle porte un panier :

— C'est pour vous, à partager.

— Oh !

— Prenez vite, qu'on ne voie pas. Si demain vous êtes encore là, venez vous baigner, on sera prévenues et on vous apportera beaucoup de choses. Aujourd'hui, nous n'avons que notre déjeuner. Et l'ouvrière disparaît. Chacune s'empare d'un paquet, vite on le cache sous les vêtements, au bord du ruisseau, et on continue la toilette bienfaisante.

Soudain, un cri d'horreur :

— Regardez !

— Ben quoi ! Et voilà l'officier et le scorpion qui viennent vers nous. Les soldats interpellés se joignent à eux, les voici tous les quatre à nous examiner curieusement et nous, nous sommes toutes nues dans la rivière. Nous y plongeons le plus possible pour cacher notre nudité, mais c'est illusoire car l'eau n'est pas profonde.

Et le scorpion raille. Il nous montre du doigt, rit de nos infirmités. Il se rince l'œil, s'esclaffe de rire quand une femme trop gênée recouvre sa gorge de ses deux mains. On dirait un marchand de bétail qui examine ses bêtes, afin de savoir le prix qu'il pourra en tirer.

Ce spectacle a mis le scorpion de bonne humeur. Il nous hurle de sortir de l'eau : il veut mieux nous voir, mais un soldat là-haut, sur le quai, le cherche et l'appelle à grands cris et, à regret, le scorpion s'éloigne vers la gare.

— Ouf ! vite on s'habille, car il pourrait revenir.

Mais il ne revient pas et, chargées de saucissons et de pain blanc que nous cachons sous nos jupes, nous réintégrons le wagon.

— L'eau est bonne ? crient les autres groupes.
— Epatante, mais gare aux scorpions...

LE 15 AOUT

Aujourd'hui, nous sommes le 15 août. Dans chaque compartiment, les femmes récitent le chapelet. Comment la Mère de Dieu ne peut-elle être touchée par ces angoisses qui montent de la terre, ces supplications, ces sanglots qui viennent se perdre en elle avec une confiance et un espoir absolu de trouver dans ce cœur maternel, la paix, le courage.

Et les grains s'égrènent, les intentions se suivent : pour la France, pour nos familles, pour les hommes, pour nous-mêmes, pour la liberté...

C'est le 15 août. En France, c'est l'heure des processions, des autels chargés de fleurs, des chants. Nous aussi, nous chantons des cantiques à la Sainte Vierge.

Le train repart. Déception. Nous étions là depuis deux jours, dans l'espoir que, les routes et les voies étant coupées, nous ne pourrions aller plus loin, et voilà qu'après tant de chapelets, de prières, de chants, le train fantôme reprend sa course lente et cahoteuse à travers l'Alsace, en direction de Strasbourg.

STRASBOURG

Nous voici pour la deuxième fois à Strasbourg. De sombres pressentiments étreignent notre cœur, mais il ne faut pas s'y arrêter. Et nous chantons, nous chantons à pleine voix des vieilles chansons françaises et les marches de la Lorraine. Aux fenêtres et sur le pas des portes, des têtes apparaissent craintives et surprises. Dans ce pays de France où l'Allemand a posé sa lourde botte, on a oublié depuis quatre ans la voix de la liberté. Mais non, on ne l'a pas oubliée, cet amour de l'indépendance reste au fond de chaque cœur, mais cela leur coûte cher de le montrer. Mais nous, prisonnières qui allons au bagne, nous pouvons chanter des chants de France et, dans les regards tristes qui nous suivent, s'allume une petite flamme, une larme brille. Les femmes pleurent et les hommes essuient leurs yeux du revers de la main.

Nous n'avons cessé de chanter durant toute notre route à travers l'Alsace. Et sur notre passage, les mains se joignaient, les regards s'enflammaient, les larmes coulaient, la confiance et l'espoir renaissaient, car bientôt, et l'Alsace sait aussi que bientôt...

Strasbourg. On détache des wagons. Ce sont les juifs cette fois-ci qui restent. J'ai appris, plus tard, qu'on les avait emmenés en Tchécoslovaquie.

Le train s'ébranle : une locomotive, un wagon, un fourgon. Ce sont les soixante-deux femmes qui partent vers l'Allemagne. Nous ne le savons pas... mais notre intuition... à moins d'un miracle !

PONT DE KEHL

O terre de détresse
Où nous devons sans cesse
Piocher, piocher...

Le miracle ne s'est pas produit. De chaque côté de la voie, des prés, des champs.

Assise près de la fenêtre, je tâche, une dernière fois, de m'imprégner de la terre de mon pays. Nous savons maintenant que nous roulons en direction de Kehl, et Kehl n'est qu'à vingt kilomètres. Maman est assise à côté de moi et le wagon où jasaient soixante-deux femmes, comme des perruches, sombre dans le silence. Chacune se recueille avant de franchir le pas.

Voici le Pont de Kehl. Je crois que les infirmières du Vercors ont entonné *la Marseillaise* et *Ce n'est qu'un au revoir*, avant de quitter le sol de France. Je ne me souviens que d'un large fleuve qui roulait à gros bouillons boueux sous la puissante armure de fer qu'est le Pont de Kehl.

Maman a murmuré :

— Nous quittons la France.

Ces moments-là, on ne peut les raconter, c'est à la fois physique et si profondément ressenti par toutes les fibres du cœur. J'ai pensé à ma famille, à la maison que j'aime, à tous ceux que je quitte, à la France dont je suis exilée. Je sanglote dans les bras de Maman.

Les infirmières ont fini de chanter :

— On part pas pour longtemps, faut pas s'en faire. Mais la déception est lourde pour nos cœurs que soutenait l'espoir, je dirais même la certitude, de ne jamais franchir cette frontière.

Les optimistes ont déjà réagi, mais cette fois-ci je n'en fais pas partie et, dans les bras de Maman, je sanglote éperdument.

Nous sommes le vendredi 18 août.

À TRAVERS L'ALLEMAGNE

Le train fantôme roule maintenant à travers l'Allemagne.

— Où allons-nous ? Nulle ne le sait.

Les unes, le visage collé contre la vitre, guettent un signe décisif de la débâcle allemande, mais ce sont des lignes secondaires et tout est parfaitement calme en Allemagne. C'est décourageant.

D'autres prévoient le camp où nous serons et font déjà mille projets quant à son organisation. Maman sera l'interprète, nous avons les infirmières, moi aux cuisines, etc... C'est une occupation comme une autre.

Nous passons par Halle et le Nord, je crois. L'officier vient nous voir souvent et nous fait l'historique des terres que nous traversons. Et le train a repris de la vitesse et nous sentons douloureusement chaque tour de roues qui nous emmène loin de chez nous.

Les jours passent :

— Non mais, y vont pas nous faire faire le tour du monde des fois.

— Rouspète pas, tu fais à l'œil un beau voyage comme jamais t'aurais rêvé d'en faire un.

— Et puis, c'est pratique, on n'a même plus l'souci de payer le loyer.

Nous prenons goût au voyage, une âme nomade se réveille en nous :

— J'suis mieux qu'à mon comptoir après tout ! Soudain, le long des voies, nous apercevons des groupes de travailleurs en uniformes rayés bleu et blanc ; on croirait des pyjamas : la vision du travail libre dans la belle et douce Grande Allemagne. Pourtant, nous calmons nos appréhensions en décrétant :

— Ce sont des droits communs boches. Mais dans une petite gare où notre train s'est arrêté, un de ces hommes a pu crier :

— De France ? Notre cœur se serre :

— Oui, vous êtes français ? Qu'est-ce que vous faites là ? Travailleur libre ?

— Oui, libre, et d'un large sourire il nous montre du doigt le gardien allemand qui, fusil sur l'épaule et une cravache à la main, guette le moindre écart ou la moindre inaction. Nous sommes pétrifiées.

— Bah ! disent les optimistes, ce sont les hommes et c'est peut-être par représailles ; le train se met en marche.

— Ça va en France ?

— Ça va, question de jours...

Alors notre nouvelle occupation est de guetter ces hommes si drôlement habillés qui travaillent le long des voies. Souvent, l'un d'eux nous crie :

— De France ? Et comme les minutes sont brèves, nous répondons invariablement :

— Ça va en France, question de jours, Paris libéré, et le long de la voie les regards s'allument.

Un jour pourtant, nous demandons :

— Où allons-nous ? L'homme répond :

— Dans un camp.

— Où ça ?

— Dans le Mecklembourg.

— Grand ?

— Cinq mille femmes, je crois. Nous éclatons de rire : les Français sont délicieux, ça c'est pour le moins un Marseillais, cinq mille femmes ! Oui, il y en a peut-être cinq cents ou cinquante, il voit grand !

— C'est l'soleil p'têt ben.

Quand nous sommes arrivées à Ravensbrück, nous avons appris qu'il y avait cinquante-trois mille femmes. Etait-il de Marseille, le Marseillais le long de la voie ?

ARRIVÉE

Le train ralentit. Il s'arrête même. Nous n'y prenons garde. Depuis dix jours que nous roulons ! Mais notre escorte s'agite, l'officier court sur le quai, et soudain l'ordre est lancé :

— Tout le monde dehors.

— Alors, on y est. Notre cœur se serre. Le train était devenu notre train, nous nous y étions attachées et les optimistes pensaient qu'après une bonne vadrouille en Allemagne, notre train nous ramènerait en France. Illusion, déception, et nous voici sur le quai de la gare de Fürstenberg, Mecklembourg, le prisonnier avait dit vrai.

On fait l'appel de nos noms et il faut se ranger cinq par cinq.

Il est midi et le soleil tape sur nos têtes. Et nous attendons debout sur le quai...

— Qu'on vienne vous chercher du camp, a dit l'officier, et, heure après heure, nous attendons.

Il est quatre heures lorsque trois femmes en uniforme SS débouchent sur le quai. Elles nous accordent un regard dur et méprisant, prennent les listes en main, revérifient les noms, et :

— Marche. Et notre petite colonne s'ébranle.

Les rangs sont vite disloqués et, l'œil mauvais, les femmes SS, les Aufseherin (Aspirine comme nous les avons surnommées) nous houspillent :

— On vous dressera au camp, se plaisent-elles à répéter.

Nous sommes très fatiguées et cette marche supplémentaire, trois kilomètres, est éprouvante pour nos membres engourdis par l'inaction et la prison.

Même les optimistes sont silencieuses et le cœur serré, la tête douloureuse, nous avançons vers le camp qui nous attend. Vers Ravensbrück, qui fut appelé par la suite : « l'enfer des femmes ».

Là-bas dans l'infini s'étendent
De grands prés marécageux
Pas un seul oiseau ne chante
Dans les arbres secs et creux

O terre de détresse
Où nous devons sans cesse
Piocher, piocher...

Nous sommes le mardi 22 août.

RAVENSBRÜCK

Et maintenant, va commencer pour moi un récit difficile, celui des longs jours passés dans ce bagne dont si peu sont revenues. Et du petit nombre d'entre nous qui ont revu notre France, beaucoup déjà ont conté leurs « souvenirs » poignants et héroïques.

Vous qui lirez ceci, vous connaissez déjà le camp de Ravensbrück, vous savez tous aussi ce qu'est un Block, une Blockova (chef de Block), une Stubova (chef de chambrée). Vous savez que chaque Häftling (prisonnière) porte sur le bras gauche un numéro matricule surmonté d'un triangle dont la couleur varie selon les catégories auxquelles elle est assimilée et que le rouge signifie : détenue politique, le noir : asociale, le vert : criminelle, le mauve : une secte religieuse, les évangélistes et l'étoile jaune : le juif. Vous savez aussi qu'il y a des Lagerpolizei (policières) qui ne se privent pas de battre leurs camarades délinquantes, qu'il y a des SS qui, pour une bagatelle, laissent leur prisonnière sanglante dans la rue du camp, qu'il y a un four crématoire dont la flamme qui s'échappe de la cheminée rougit trop souvent le ciel. Vous savez aussi qu'il y a une tente surnommée la « tente de la mort », d'où l'on sort des cadavres puants.

Il y a des femmes gelées dans les prisons, il y a les lapins, jeunes Polonaises servant aux expériences, il y a des nouveaux-nés étranglés et des enfants stérilisés, il y a une poudre blanche destinée à rendre le sommeil à celles qui l'avaient perdu et qui le leur donnèrent pour l'éternité, bref, vous savez qu'il y a :

Du sang, des cris, des larmes
Et la mort pour ceux qui fuient...

Toutes ces choses incroyables, et pourtant vraies, les camarades vous les ont racontées, sous diverses formes. Et je ne veux pas insister sur ce côté tragique. Je veux rappeler à nos camarades qui ont lutté avec moi et qui ont retrouvé leur vie normale et leur équilibre, que nous n'avons pas versé que des larmes, mais que nous avons aussi eu de bons moments.

Dans ce camp morne et sauvage
Entouré de fils de fer
On croirait vivre en cage
Au milieu d'un grand désert.
O terre de détresse,
Où nous devons sans cesse
Piocher, piocher...

PREMIERS CONTACTS AVEC LE CAMP

Nous sommes le mardi 22 août. Il est cinq heures et la force du soleil commence à diminuer.

— Ils s'f... de nous, gémit d'une voix sourde ma voisine.

— C'est coquet, souffle Marie qui est toujours optimiste (elle croyait que le train ne dépasserait pas Strasbourg).

En effet, c'est coquet. Nous sommes sorties du bois de pins où nos pas lourds et fatigués soulevaient un nuage de poussière. Devant nous s'étend maintenant une route pavée, bordée de chaque côté de très laides villas de pierre et de bois, avec des volets peints en vert et des géraniums aux fenêtres.

— On s'ra pas mal là-dedans. Le plus fort c'est que Marie est convaincue que ces villas nous seront dévolues. Elle est de ces optimistes inguérissables. Notre colonne cahoteuse tourne à droite et puis à gauche. Soudain, à notre droite, nous apparaît un lac, un beau lac bleu-gris, un peu argenté. Ce lac fut une grande douceur pour les âmes avides de beauté et je n'ai jamais compris que dans un tel enfer il pût y avoir une si belle et si paisible oasis. Ce lac troublé par aucune brise, souvent noyé d'une légère brume. Je vous parlerai plus tard de ce lac. Mais notre admiration n'est pas de longue durée. Devant nous se dresse une muraille noire :

— Qu'est-ce que c'est qu'ça ?

Eh ! bien, ça, c'est le Frauenkonzentrationslager.

Marie l'optimiste refuse obstinément d'admettre les réalités, comme on dit. Pourtant, rien de plus vrai.

— Halt, crie l'Aufseherin. Et la voilà qui recontrôle nos rangs. Elle nous compte et recompte :

— Ruhig, Mensch (silence, femelles) et sa voix résonne dure et fielleuse. Alors, par l'intermédiaire d'une interprète, elle nous fait dire : lorsque vous passerez sous le porche, vous devez marcher du même pied, les bras le long du corps et la tête tournée à droite où sont les officiers. Elle accompagne cette explication de bruyantes injures que nous ne comprenons pas :

— Vorwärts, links, rechts (en avant, gauche, droite), et notre colonne s'ébranle et s'engouffre sous le porche.

L'impression que l'on ressent à cette minute-là est inexprimable en paroles. Ceux ou celles qui n'ont pas passé sous le porche sombre d'un camp de concentration, au pas, les bras le long du corps, la tête tournée à droite, ne pourront jamais comprendre ce qu'un cœur libre et fier peut éprouver. Je ne sais encore ce qui fut le plus fort, de la peur ou de la haine ! Si je veux être loyale, je dois vous faire un aveu : la peur me coupait les jambes. Elle n'était fondée que sur une impression, une ambiance, une atmosphère. De partout suintait une odeur de mort et d'effroi. La lourde chaleur de cette journée d'été, la poussière dont nous étions couvertes, la fatigue, la faim, tout cela nous donnait l'impression de vivre un cauchemar terrifiant dont on ne peut se réveiller.

Nous étions au centre d'une grande cour. Il y avait des baraques de bois, des murs hauts et surmontés de fils de fer électrifiés, le sol recouvert d'une poudre noire que la moindre brise faisait coller à notre peau luisante de sueur, une Aufseherin avec une cravache qui ne cessait de nous compter et de nous menacer de sa lanière. Un silence grave régnait parmi nous, même les plus optimistes ont compris. Et Marie, près de moi, murmure :

— Ben, ça, c'est pas d'la rigolade.

LA FAIM

La nuit tombe sur le camp et nous sommes toujours debout. Nous avons perdu la notion du temps. Dans un ciel clair d'août, de nombreuses étoiles scintillent ; on nous a distribué du café.

Nous avons à nos pieds nos pauvres colis et beaucoup se sont assises dessus, d'autres, épuisées, se sont couchées à terre :

— Non mais, des fois, t'as pas peur de t'salir ? De quoi c'est qu't'auras l'air avec ton manteau sale quand tu vas rentrer dans l'civil ?

— J'm'en f... du civil. J'tiens pas à leur laisser ma peau à ces animaux-là.

A côté de moi une vieille dame encore debout gémit.

— Eh! la mère, crie une voix, t'as pris racine, des fois. Mais la mère n'est pas riche, avec ses économies elle s'est acheté ce tailleur noir et c'est celui du dimanche, vous comprenez. Quelques heures après, j'ai vu la vieille dame roulée dans la poussière qui ronflait.

A Montluc, Maman a attrapé une bronchite. Elle est devenue purulente au cours du voyage et sa lassitude est si grande qu'il m'a fallu l'étendre sur le peu d'herbe qu'entoure le Block.

— Weg von hier, du alte sau, hors d'ici, vieille truie, formule gracieuse fort pratiquée par les enfants du Grand Reich. Au-dessus de nos têtes, je sens la lanière tournoyer. Je bondis et tâche d'expliquer que ma mère est très malade. Un flot de paroles sur un ton majeur me fait comprendre par intuition qu'il serait plus avantageux pour moi de quitter le gazon, ce que je m'empresse de faire. Maman est d'ailleurs presque sans connaissance et l'Allemande la laisse en me menaçant de sa cravache. J'en déduis qu'il est plus prudent de ne pas m'approcher de Maman.

— Ah! les vaches.

Et la nuit qui recouvre le camp n'est plus troublée que par les pas de nos gardiennes, et de temps à autre, par des hurlements humains : on croirait des chiens courant après un taureau, ce ne sont que des SS.

Alors, doucement, je me glisse près de Maman. Elle ne dort pas, et à mon oreille elle gémit doucement :

— Oh! comme je suis malade, n'aie pas peur, même si on nous sépare. Je me serre contre elle, désespérée, et aussi pour que l'Allemande ne distingue qu'un tas sur l'herbe. Je tâche, dans mon angoisse, de réciter mon chapelet : Sainte Marie, priez pour nous, sauvez Maman, ne nous séparez pas, et je ne sais plus si ce sont des heures ou des minutes qui s'écoulent si lentement. Je me suis presque assoupie quand la sensation d'une présence me réveille. Je lève brusquement la tête. Il me semble entendre un oiseau qui s'envole. Dans la poussière noire, des formes immobiles sont étendues, des ombres rôdent : ce sont les policières du camp qui nous gardent. Alors je distingue non loin de nous, le long du Block, des formes sombres qui se glissent sans bruit. On croirait des ombres chinoises. Pourtant, ce ne sont pas des ombres chinoises, l'une d'elles croyant ne pas être vue, s'est approchée si près qu'un rayon de lune me concrétise ce fantôme nocturne. Je vois une femme en haillons, d'une maigreur squelettique, les joues creuses et blafardes et deux yeux noirs, deux charbons ardents qui, avec crainte et prudence, inspectent la place. Ces spectres nocturnes sont des tziganes qui ont faim, des tziganes souples et agiles qui s'échappent de leur Block pour rôder auprès des nouvelles arrivées dans l'espoir de leur voler quelques victuailles. Alors, il y a ici des gens qui ont faim ? Plus tard, il nous est arrivé de voler des épluchures de pommes de terre destinées aux cochons, et nous les avons trouvées bonnes !

L'ÉNIGME DE TURRI

Un cri retentit dans la nuit, un cri perçant, suivi de vociférations gutturales qui nous font frémir.

— On aura du jambon, souffle Marie.

— ??

Je me soulève avec prudence et là-bas, sous le réverbère, ce n'est pas un cochon qu'on égorge, mais une femme qu'on bat. Je me serre contre Maman.

— On bat une femme.

— N'aie pas peur, et Maman faiblement se soulève sur son coude. On se croirait au troisième acte d'une tragédie : la scène est sombre, un réverbère seul en éclaire le centre et là se livre un combat violent. Une prisonnière, maigre à robe rayée, se défend sauvagement contre une Lagerpolizei (policière) qui la tient par les cheveux. Alors, du fond de la scène avance à pas lourds et implacables une femme grande et corpulente. La mort doit marcher ainsi. La victime, à cette vue, semble se glacer d'effroi. Alors la mégère lève sa cravache qui lacère le dos de la malheureuse. Quelques coups, quelques cris, et la voici qui s'effondre.

— Est-elle morte ? Le paquet sanglant a des soubresauts convulsifs, la Lagerpolizei la traîne et disparaît du rayon lumineux.

Seule, au centre de la scène, demeure la mégère. Elle

semble satisfaite. D'un œil calme et méchant, elle sonde l'horizon et, du même pas lourd et paisible, elle retourne vers son antre, dans l'ombre du camp.

— Eh ! ben, soupire Marie.

— Il faut nous souvenir de cette femme, murmure Maman, le jour où les comptes se régleront, elle sera la première à pendre sur un des arbres du camp.

Nous l'avons souvent revue, la mégère. Elle s'appelle Turri ; c'est une des personnalités du camp. Elle est le chef de la police :

— Une garce, disent les unes.

— Une héroïne, disent les autres. Mille légendes courent sur son compte. J'en ai retenu une : c'est une comtesse autrichienne qui était l'amie d'un grand prélat. C'en est trop pour une seule personne, et la Gräfin von, comtesse de, connut, sous le nom de Turri, la vie d'une prisonnière. Fort intelligente, elle comprit que seule une place prépondérante lui procurerait quelque influence sur la vie des prisonnières. Elle parvint à être nommée chef des Lagerpolizei et responsable de la police du camp. Tâche ingrate certes. Il faut savoir battre et paraître violent et incorruptible.

Voici cinq ans que Turri est à Ravensbrück. Par son influence auprès des autorités SS elle a réussi à éliminer de la police tous les triangles verts, les criminelles, et à n'y introduire que des triangles rouges, les politiques. D'autre part, dans les grandes affaires du camp (espionnage ou autre), elle a sauvé bien des vies quitte, pour la parade ou pour donner confiance aux SS, à battre les femmes au coin des rues et à réprimer avec férocité et violence tout vol ou toute atteinte au règlement.

Sans commentaires. Pour ma part, je n'aimais pas Turri et en ai toujours eu peur.

Cependant, la veille du jour où nous avons quitté le camp, Maman s'est trouvée seule avec Turri dans un des bureaux. Elles ont parlé ensemble et Maman lui a dit :

— Il y a neuf mois, lorsque j'ai passé ma première nuit dans le camp, je vous ai vue battre une femme et j'ai pensé que celle-ci sera la première à être pendue le jour du règlement des comptes. Turri souriait, et Maman a ajouté :

— Je vous ai vue à la tâche et j'ai modifié mon jugement. Turri souriait toujours :

— Les femmes ne savent pas toujours où est leur intérêt. Qu'est devenue Turri ? J'aimerais la retrouver et savoir enfin le mot de l'énigme : une garce ou une héroïne ?

LES SIRÈNES

La nuit est noire et le ciel étoilé ; par-ci par-là, un cri, un chien qui aboie, une plainte, l'air est frais, une belle nuit d'août. Non loin de moi, couchées à même le sol, une femme rêve, une autre soupire. Moi-même, assoupie, je ne distingue plus le songe de la réalité quand, soudain, le mugissement strident d'une sirène me fait sursauter :

— Ah ! les vaches.

Toutes ces femmes qui, il y a quelques instants, rêvaient de leur maison, enveloppées de poussière noire, ont bondi nerveusement. La sirène hurlante et modulée après quatre ans de guerre...

Geneviève, mal réveillée, rassemble ses trésors épars :

— On descend à la cave ?

— Non mais, des fois, vous l'avez entendue c'te c... La sirène s'est éteinte en une plainte tragique. Notre réveil inquiet semble avoir gagné tout le camp. Il y règne maintenant une effervescence qui nous étonne.

A l'ombre froide et silencieuse succède une clarté bruyante. Des rugissements humains fendent l'air, et la place, tout à l'heure déserte, est parcourue en tous sens de silhouettes courantes et gesticulantes.

Les policières qui nous gardaient mollement s'affairent à nos côtés, poussent les unes, tirent les autres :

— Un tas d'saloperies, rouspète Francine. La policière comprend le français. Pas de chance.

— Pour une intellectuelle, madame, vous pas polie, parvient-elle à articuler.

— J'te d'mande si ta grand-mère fait du trapèze, rétorque Francine.

On nous range cinq par cinq. Maman tient à peine debout. La vieille dame, de son gant de dentelle, grain par grain, ôte la poussière de son tailleur noir, celui du dimanche ! Une policière passe :

— Pardon, madame...

— Du alte Sau, ruhig, toi, vieille truie, silence.

— ... mais madame...

— Co to za cholera, to babsko, quelle choléra cette rombière.

— Alarm ? demande Francine qui parle un peu allemand.

— Idiotka. Appel.

— Idiotka, j'ai compris, soupire Francine.

— C'est toi qu'es une idiote de t'commettre avec c'te sauvage.

— T'as compris ?

— Pardon, madame, que vous a dit cette femme, demande la vieille dame en tailleur.

— Que vous étiez une choléra et moi une idiotka.

Pauvre vieille dame, à soixante-seize ans, dans un Frauenkonzentrationslager !

APPEL

— Dis donc, elle t'a pas parlé d'appel aussi ?

Au même moment, la voix funèbre de la sirène s'élève à nouveau. Comme figés, tous ces personnages qui, un instant avant, s'agitaient avec force cris et vociférations, sont pétrifiés dans un alignement d'une raideur impeccable. Tout souffle de vie semble s'être échappé par les hautes murailles, ne laissant place qu'au froid, à la terreur, au silence.

Le cœur même semble ne plus battre, les poumons n'émettre aucun soupir.

— Qu'est-ce qu'y f... ? chuchote Marie.

— Ruhe, silence, veut sûrement dire une cravache qui nous frôle. La sirène s'est tue, on n'entend que le silence, un silence lourd et rigide, et les minutes succèdent aux minutes, bientôt ce sont des heures.

— Deux heures, souffle Marie.

La grande pendule du camp marque cinq heures trente.

— Regarde ces putains, et des yeux, Francine nous indique un régiment de femmes SS ou « Aspirines » qui, placides et hautaines, pénètrent sur la place. Yeux bleus, boucles blondes, uniformes impeccables, bottes et sticks. Au même instant, de proche en proche, retentit un ordre : Achtung, attention ! Et, à ce cri, électrisée, toute cette armée de robes rayées se fige dans un garde-à-vous rigide et automatique. Alors, jouant du stick et ricanant, les Aufseherinnen, les femmes SS, inspectent, comptent et recomptent, disparaissent derrière les baraques, reviennent, discutent, rient même et lancent à la cantonade quelques grossièretés sur un ton suave : les démons...

Alors une d'elles, la plus jeune, la plus douce, je vous en parlerai par la suite, elle s'appelle Binz, se place au centre de la place, un pupitre est porté devant elle, les autres SS se placent derrière elle. La sirène a mugi, les rangs se sont aussitôt disloqués, la rumeur s'enfle, les hurlements retentissent pleins de force. La vie, sauvage et démente, est revenue dans ces corps émaciés.

Encore la sirène et à nouveau le souffle s'échappe. Le silence retombe sur le camp. L'horloge marque six heures.

Alors, seulement, nous réalisons que le jour se lève. Dans un ciel incertain, de molles traînées roses semblent suspendues, elles aussi, des voiles gris s'avancent imperturbablement, se forment et se déforment, sensibles à la moindre brise qui les effleure. Du rose au mauve, du mauve au gris, une coulée de sang sur un fond terne et un bleu annonciateur d'une journée chaude d'été.

La sirène laisse voler au vent sa dernière plainte, le vent de Ravensbrück est lourd de plaintes...

Un ordre, un cri et nous assistons au spectacle le plus tragiquement curieux qu'il soit humainement possible de voir.

A vous qui me lirez, je demande l'indulgence, bientôt je vous parlerai de la « frange d'or ». Je suis parvenue au cœur du « noir nuage » et je m'aperçois que notre langue humaine est pauvre. Si j'étais poète ou musicien, j'intitulerais : « la marche d'un peuple en détresse » ce spectacle poignant qui s'offre à nos yeux, mais je n'ai, pour m'exprimer, qu'une plume...

La sirène s'est tue, le jour se lève et les colonnes s'ébranlent, les foulées lourdes et traînantes soulèvent la poussière. La colonne avance, cinq par cinq, les premières portent des pelles sur leurs épaules, elles paraissent belles filles et, d'un ton rythmé, elles scandent des hymnes germaniques. Elles sont précédées de l'Anweisung, le contremaître, qui règle la marche avec des links... links... links... gauche... gauche..., retentissants. Elles passent la tête haute devant la Binz, les bras le long du corps, dans une attitude de respect.

Les chants des premiers rangs sont déjà loin, et maintenant défilent les bagnardes qui portent les pelles trop lourdes, qui ne savent plus être droites à force de plier sous le labeur. Maintenant, avancent la détresse, la misère, la souffrance, les têtes rasées, les pieds sales et sans souliers, les regards vagues, les démarches boiteuses. Sur ces figures émaciées qui se succèdent, on lit la faim, la haine, la peur. La dureté de leurs traits me surprend et aussi une façon très particulière de marcher, avec une brutale lourdeur. Quelques semaines après, je marchais ainsi. La souffrance ne rend pas bon.

Ces êtres déchus, ces bêtes humaines qui avancent avec un tragique automatisme, vers on ne sait quelle destinée : aujourd'hui, c'est le terrassement, le bûcheronnage, l'assèchement des marais, le déchargement des péniches et des trains de marchandises. Autant de colonnes, et combien d'autres.

Mon cœur se serre. Aurai-je moi aussi ce regard de bête traquée, vague, craintif et méchant ? Porterai-je moi aussi une pelle trop lourde, aurai-je aussi les pieds en sang et les cheveux rasés ?

Un rayon de soleil s'infiltre à travers les fils électrifiés, ironie ! un rayon lumineux sur ces crânes sales et nus !

Et la procession des bagnardes avance, monotone dans sa misère, grande dans sa déchéance. En verrai-je jamais la fin ?

Ma tête bourdonne. Links... links... links... Un grand froid m'étreint le cœur. J'ai peur.

J'ai appris par la suite à défiler, j'ai appris à porter la pelle et à passer droite devant l'Oberaufseherin, j'ai appris à rester au garde-à-vous, tous les matins, de trois heures trente à six heures trente et je dois vous faire un aveu : cette peur mortelle, qui m'envahit le premier jour, ne m'a jamais quittée durant les neuf longs mois que j'ai passés à Ravensbrück.

ON SE RETROUVE

Une des nombreuses colonnes rayées qui nous plongent dans un étonnement plein d'horreur avance. Quelques femmes sur les bords, profitant d'un instant d'inattention des gardiennes, nous lancent :

— Françaises ? Nos cœurs frémissent.

— Oui, et vous ?

La colonne avance, et ce sont d'autres qui répondent :

— On est d'Paris. Ça va en France ?

— La guerre est presque finie, hurle Francine, au risque de recevoir un coup de bâton, mais nous sommes encore des « bleus » qui ignorent la ruse et la peur.

Soudain, du dernier rang de cette colonne, une figure connue, et combien changée, se retourne :

— Anka ! Béatrix !

Maman a sursauté :

— Maruszka ! Mais la colonne est loin. Maruszka, répète Maman. Et soudain, elle éclate en sanglots. Maruszka, ici, en robe rayée, les cheveux coupés, marchant avec cette armée de bagnardes et, pourtant, elle semble soignée et propre. Elle n'est pas déchue, mais je ne l'aurais jamais reconnue. Et Maman pleure silencieusement :

— On est dans d'beaux draps, et Marie exprime l'opinion de toutes.

Le lendemain, nous avons revu Maruszka ; elle nous a retrouvées dans la baraque puante où l'on nous a parquées et c'est elle, la première, qui nous a initiées à la vie des Häftlings, des prisonnières.

LES BIJOUX

Des femmes nous ont crié :

— On vous prendra tout, tout.

Chacune, à ces mots, inspecte ses richesses :

— Ma montre, dit l'une.

— La photo de mon p'titout.

— Mon scapulaire, dit la vieille dame.

— Nos provisions, clame Marie, toujours très réaliste.

Au cours des longues journées de prison, de voyage, avec les dons de la Croix-Rouge, chacune a amassé un petit garde-manger sur lequel elle veille avec une tendresse et une sollicitude non dissimulées.

Je n'ai pas très faim, mais à l'idée que toutes nos richesses nous seront ravies, un appétit soudain et violent s'empare de moi. Il en est de même pour beaucoup d'entre nous :

— Allez, on met tout en commun et on partage. Mais ici ce n'est plus la cellule 15 où chacune s'ingéniait à donner le plus et à garder le moins.

— Moi, je donne pas mon sucre. C'est mon seul plaisir.

— Ça, c'est une boîte qui vient de chez moi.

— Chacun a qu'à manger c'qu'il a.

— Evidemment, c'est vous qui en avez le plus.

— Ça t'regarde, s'pèce de morveuse ? Je hausse les épaules, dégoûtée, et tout en ne perdant pas une miette d'un gros morceau de pain d'épices, je me rapproche de Maman qui, le front collé à terre, semble se livrer à une occupation curieuse.

— ? ?

— Comme on va tout nous prendre, j'enterre toute notre fortune, elle est considérable : dix mille francs, deux billets de cinq mille, une paire de ciseaux à ongles, une lime à ongles, un crayon, un chapelet, le tout bien serré dans un mouchoir à fleurs. Maman a déjà creusé un petit trou sous le deuxième arbuste en face de la troisième fenêtre du Revier, l'infirmerie, et, ni vu ni connu. Nous pouvons affronter la fouille.

Quelques mois après, nous avons connu le chef de la colonne jardinage : Madame Cesara et, suivant nos indications, elle a réussi à retrouver notre coffre-fort : les ciseaux étaient rouillés, la lime aussi : c'est égal. D'autres fouilles ultérieures ne nous ont rien laissé, que le souvenir ému de ces derniers liens qui nous rattachaient à notre maison.

On a retrouvé sous les arbustes, devant le Revier, des diadèmes d'or, des rivières de diamants, des bracelets, des colliers, des pierres précieuses, des pièces d'or. Combien d'opulentes héritières, exilées de leurs terres par le régime, ont emporté toutes leurs richesses vers ce lieu où le courage est le seul bien qui aide à vivre.

LA TRAVAILLEUSE LIBRE

Une femme est amenée au milieu de nous : maigre, le visage jaune, de grands yeux étonnés, une chevelure filasse, en tailleur gris. Elle nous inonde d'un flot de paroles nerveuses :

— Que vous arrive-t-il, madame ? demande poliment Marie.

— Ce qui m'arrive ? mais, voyons, c'est un scandale, on m'a dupée.

— Allez, du calme ma p'tite dame. D'où c'est qu'vous v'nez ?

— Mais d'Berlin, voyons. Quel scandale, abuser d'une pauvre femme comme moi, c'est qu'mon homme il m'attend à la gare de l'Est, il va s'inquiéter, à Paris.

Est-ce un rêve ? Y a-t-il encore des gares où des gens attendent des trains ? La vie est drôle et cette femme aussi. On se pousse du coude, on se presse pour voir cette curiosité :

— Où c'est qu'vous allez, la p'tite dame ?

— Mais, à Paris, voyons. Quel scandale ! Quand j'ai quitté Berlin, y m'ont donné l'billet pour Paris et y m'ont dit comme ça : c'est sur c'quai-là. Oh ! mais j'veux voir l'commandant de c'lieu, c'est une misère de voir ça, mon mari y va m'faire une scène !

— La pauvre femme, et un murmure de commisération parcourt nos rangs.

— Vous énervez pas la p'tite dame, clame Marie, comment êtes-vous arrivée ici ?

— Mais par le train, voyons. Oh ! mais va falloir mettre ça au clair. J'étais dans le train pour Paris, bien tranquille, j'pensais à mon homme, pis voilà que l'contrôle y passe, y m'cause en chleu, moi j'comprends goutte. Ah ! mais, ça j'vais prendre un interprète ici pour l'commandant :

— Et puis ? Nous sommes très intéressées :

— Qu'est-ce qui vous a fait le contrôle ?

— Mais, des em... voyons. J'comprends à force d'explications que j'suis pas dans l'train pour Paris, j'me suis trompée d'quai qu'y ont l'air de dire. Paris c'est derrière, Moscou c'est devant.

— Ah ! les vaches, crie Francine pleine de compréhension.

— Et qu'est-ce que vous avez dit ?

— Mais, des insultes voyons. J'leur ai dit qu'c'est une bande de saloperies, qu'mon mari y m'attend à la gare de l'Est. Y z-ont ricané et y z-ont dit comme ça, qu'j'ai cru comprendre, que j'étais pas en règle. C'est faux, ma permission était régulière.

— Permission ? Quelle permission ?

— Mais la permission, voyons, au bout de tant de temps

de travail, on a une permission. Mais vous, vous v'nez pas pour bosser ?

— Non, mais des fois, pour qui qu'elle nous prend c'te putain-là, s'indigne Marie.

— T'es une travailleuse libre ?

— Ben sûr, et vous ?

Le cercle s'est élargi :

— Qu'elle se dém... avec les chleus. Va, grande garce, tu l'as pas volé, ça lui f'ra les pieds à ton mari.

Si son mari l'attend toujours, dira-t-on que je n'ai pas de cœur ?

LA VALISE

— En rang, mesdames, la douche !

Nous ne savons que penser de la douche. Après une nuit passée dehors, roulées dans la poussière, un peu d'eau ce n'est pas du luxe, mais la douche c'est la fouille et cette grande porte verte cache le mystère.

Toute la nuit, il y a eu des lumières aux fenêtres. D'autres femmes transportées de Romainville qui comme nous attendaient sur la place, y ont pénétré par groupes de vingt environ. Elles en sont ressorties transformées. J'ai reconnu de loin la comtesse de R., grande et belle femme que j'avais vue quelques heures avant en tailleur gris : elle est ressortie les mains vides, les cheveux collés aux tempes et vêtue d'une robe bleu ciel visiblement trop petite. Cette robe lui arrivait aux genoux et de grandes croix noires barraient sa poitrine et son dos. Cette vue me troubla, mais j'essayais d'accuser mes yeux d'avoir commis une erreur. Cependant, ce n'est pas sans inquiétude que j'affrontais la douche.

— Cinq par cinq, gueule la policière, et en avant marche.

Avant de passer à la douche, ou nous fait passer devant une commission qui s'enquiert de notre famille. Qui prévenir en cas de décès ? et on nous prie de remettre, en toute confiance, nos bijoux, alliances comprises. Le ton est aimable, mais on ne craint pas d'arracher quelques alliances à des femmes qui refusent de s'en séparer.

— Tout vous sera rendu le jour de votre sortie du camp, nous explique-t-on en mauvais français.

— Est-ce une ironie ou le croient-elles vraiment ?

Nous voici devant la douche. En même temps que nous est arrivé un chariot rempli de valises, sacs et colis de tout genre.

— Nos affaires, clame Marie, prête à bondir sur son sac qu'elle a reconnu. C'est bien cela, voici ma valise qui servait de fauteuil à Montluc, et celle de Maman. Chacune s'agite :

— J'vois pas la mienne, y l'ont oubliée.

— J'crois ben qu'c'est celle-là à droite, dessous.

— Oh ! moi, la mienne, c'est ma fille qui a renversé un encrier d'sus, j'la reconnaîtrai du premier coup !

Mais voilà qu'une bande de policières s'abat sur ce malheureux chariot. Un nuage de doryphores doit avoir la même action sur les champs de pommes de terre. En un clin d'œil tout fut jeté à terre, piétiné, arraché, les serrures forcées, les sacs déchirés, les valises éventrées. J'ai peine à reconnaître la mienne. Elle gît là, pourtant, à moitié vide !

Cette bande de sauvages hurle et crie. Quel butin pour ces êtres privés de tout, mais quelle tristesse, quelle destruction ! Voici un bout d'étoffe qu'une d'elles met sur sa tête en riant, un savon qu'une autre met dans sa poche. En voici une qui essaye un de mes souliers, des souliers neufs qu'on m'avait envoyés en prison. Tout est saccagé, rien n'est respecté, mon livre de messe, jugé inutile, va rejoindre une pile d'objets hétéroclites, les images mortuaires déchirées, celle de mon père piétinée dans la poussière.

Elles sont nombreuses pour ce sinistre travail. Cet instant est bref qui voit nos derniers biens périr et combien long nous paraît-il !

J'ai très envie de pleurer, devant tant de ruines, tant de souvenirs envolés. Et j'ai compris qu'il ne nous fallait plus avoir de souvenirs.

LA DOUCHE

Nous avons dépassé la porte verte pleine de mystère.

— Schnell, auskleiden, vite, déshabillez-vous. Nous sommes dans une sorte d'antichambre pavée.

— Qu'est-ce qu'elle g... ? demande Marie.

— Allons, mesdames, schnell.

— Tu peux pas causer comme tout l'monde, vieille guenon, et, ce disant, Marie ôte sa robe. Nous sommes une vingtaine. Dans le fond de la petite pièce, trois femmes tiennent des sacs gigantesques destinés à recevoir nos vêtements.

— Pardon, madame, demande une vieille dame, je ne peux pas garder ma robe, j'y tiens beaucoup ?

La réponse ne se fait pas attendre :

— Du, alte Sau, französische Schweinerei, vieille truie, cochonnerie française. Ce déluge à peine émis, la vieille dame apparut en chemise blanche à dentelle.

— Schnell, auskleiden, gueulait la policière en courant de droite à gauche. Nous sommes toutes en chemise et comprenons que c'est insuffisant.

— Nackt, und schnell, nues et vite, et nos gardiennes passent au milieu de nous, criant et arrachant nos vêtements qui vont se perdre dans les grands sacs.

— Mon scapulaire, réclame une femme.

— Ma serviette hygiénique, gémit une autre, pliée en deux et n'osant bouger.

— Mon corset, il est médical, je ne puis vivre sans. Mais là, que de cris, que d'indignations pour rien. Jusqu'au moindre bout de tissu, la plus petite agrafe, les bas, les peignes des cheveux, tout nous fut arraché. Les souliers seuls furent tolérés.

Avant de pénétrer dans la petite pièce du fond, une Allemande SS nous inspecte : pas d'alliance ? rien dans la bouche ? dans les cheveux ? Et, méprisante, une à une, elle nous laisse passer.

Là, une nouvelle épreuve nous attend ; trois femmes sont chargées de visiter nos têtes. Il est dit que pour un seul pou, une seule lente même, l'on est rasé, et voilà la tondeuse qui nous considère d'un air méchant. Avant, il faut se coucher sur une table, écarter les jambes :

— Ça va, pas de morpions, me dit la femme.

Celle qui fouille dans mes cheveux a un peigne fin redoutable. Je tremble de peur ! Pourvu qu'elle ne trouve rien, mais après deux mois de prison et quinze jours de voyage...

— Weg, et un coup dans le dos me fait jaillir du fauteuil. Je n'ai rien, ouf !

Nous voici enfin dans la salle de douche proprement dite : tout autour des baquets en pierre, au milieu des appareils d'où, quelques instants après, jaillit une eau bouillante. Chacune a reçu un savon et une serviette. Quel délassement!

— Aux cris d'indignation, succèdent ceux de joie.

— Eh! la mère, j'vous lave le dos?

On a oublié la pudeur et même les vieilles dames exposent avec satisfaction, tour à tour, leur dos et leur poitrine, et leurs bras et leurs jambes, à l'onde bienfaisante.

— Dis donc, Marie, tu t'laves la tête?

— Depuis l'temps, c'est pas du luxe.

— Qu'est c'qui t'fait ta mise en plis?

— J'irai chez l'coiffeur, et chacune rit et badine, on ne peut pas toujours pleurer.

Mais l'eau devient froide, et ce sont des cris d'horreur. Tous ces corps luisants s'agitent, puis quelques gouttes giclent encore, puis plus rien. Vite, chacune attrape sa serviette.

— Viens là que j't'essuie.

— T'en fais une gueule avec tes cheveux!

— Non, mais, dis, tu t'es pas r'gardée!

— Tempo, tempo, hurle une voix près de la porte.

Finie la récréation, fini de rire. Il faut se ranger une par une et avancer dans la petite antichambre que nous connaissons déjà. Au passage, une policière armée d'une seringue nous asperge d'une poudre soi-disant antiseptique et qui sent bien mauvais!

Puis trois prisonnières nous distribuent chacune une chemise, une culotte et une robe.

— Ruhe, Mensch, silence, femmes.

Mais essayez donc d'imposer silence à des Françaises déguisées pour de bon!

— Non, mais, t'as vu c'te robe, y ont cru que j'étais enceinte de quintuplés.

— Oh! là, là, ça me serre.

— Elle m'traîne jusqu'à terre.

Une policière passe :

— Pardon, madame, voyez cette robe n'est pas à ma taille.

— Ruhe, alte Luder, silence, vieille garce.

Pour ma part, j'ai hérité d'une culotte de garçonnet, en flanelle grise, d'une chemise en grosse toile blanche et d'une robe convenable à petits carreaux noirs et blancs avec, dans le dos et sur le devant, une large croix découpée en étoffe noire.

Maman, elle, a une culotte fort coquette en fil et dentelle très 1800, une chemise aussi en toile et une robe en voile imprimée, dernière mode, les croix sont vertes !

— Los, los. Ce n'est pas l'heure des lamentations. Il nous faut nous ranger cinq par cinq et avancer sur la place. Le soleil décline, il est cinq heures du soir. Nous avons de la peine à nous reconnaître : pauvres marionnettes multicolores, balancées au-dessus de l'abîme. Deux d'entre nous sont rasées, leur tête, comme des genoux, luit aux derniers rayons du soleil, rêve ou réalité ? J'ai cessé d'être triste, ce cauchemar me dépasse.

Les policières gueulent, un bâton à la main :

— Los, tempo, französische Schwein, vite, cochonnerie française. Premier contact de la bienveillance étrangère envers les représentants de ce que les hypocrites ont appelé : la deuxième patrie ou la deuxième mère des étrangers. A l'héroïque Pologne, ces policières étaient polonaises, la douce France répond :

— Ta gueule, et la Pologne frappe d'une lanière le visage de la Gaule offensée. Vaincue, celle-ci se tait. Dans quelques mois, elle murmurera avec une rage concentrée :

— Sale Polak.

LES NUMÉROS

Nous n'avons plus de noms. Nous faisons, à notre tour, partie de l'immense mer de détresse. Nous sommes les bagnardes de Ravensbrück. Nous n'avons plus de pays, plus de maison, plus de famille, plus d'individualité, nous sommes plongées dans le collectif incolore. Nous sommes des êtres soumis à d'autres lois que celles des hommes, dans un monde qui n'a rien de commun avec celui que nous venons de quitter.

Nous faisons partie d'une nouvelle société dont nous sommes la racaille, nous, les Françaises, qui portons sur le bras gauche le triangle rouge des politiques. Ici, les maîtres, ce sont les triangles verts et les triangles noirs, les criminelles et les asociales. L'échelle sociale est renversée, eux sont les rois et nous la roture.

Mon numéro est 57.978 et celui de Maman 57.977.

Cela veut-il dire que cinquante-sept mille neuf cents prisonnières ont pénétré ici ? Quelques mois plus tard, les numéros avaient atteint cent vingt-trois mille.

LES CERCUEILS

Nous attendons rangées derrière un Block. Il n'y a pas de notion de temps à Ravensbrück, les heures et les minutes se confondent. Nous sommes lasses. Nos yeux se ferment. Mon Dieu, que votre volonté soit faite !

Un remous m'éveille de ma somnolence :

— T'as vu ?

— Quoi ?

— Ben. Maintenant, toutes ont vu, et aucune n'ose prononcer ce mot qui sonne comme un glas à nos oreilles : des cercueils.

— Tu crois qu'c'est ça ? souffle Marie.

— Clair comme le jour.

— Mais tu crois que... Dans nos cœurs nous achevons. Je me serre contre Maman :

— Croyez-vous qu'on peut mourir ici ?

— Non, répond Maman avec force, et elle ajoute, très bas : avec l'aide de Dieu.

Les femmes qui portent les caisses mortuaires rient. Elles ne respectent même plus la mort.

Mourir ici, est-ce possible ? Un voile se déchire, alors ce n'est pas contre la tyrannie qu'il nous faudra lutter, mais contre la mort elle-même. Apre lutte dont si peu ont triomphé. Nous ignorions ce jour-là que sur deux cent cinquante d'entre nous, quinze seulement reverraient le pays. Ayez pitié Seigneur, ayez pitié de nos sœurs d'armes.

MARTHE ET GEORGETTE

Le camp ne nous paraissait pas si grand. Mais c'est une ville que nous traversons, avec des rues formées par les Blocks en bois vert. Certaines d'entre elles sont désertes, d'autres populeuses. Une foule misérable et bariolée se presse, s'agite, soit aux fenêtres, soit aux portes. Devant les

Blocks, des femmes assises tricotent et lèvent sur nous des regards curieux et résignés.

— Stop, crie l'Allemande.

Nous voici arrivées au Block vingt-quatre, qui nous est destiné.

Là, un caquetage assourdissant nous attend :

— Eh ! r'garde, en voilà d'autres.

— D'où qu'vous êtes ?

— ...

— Mais, vous avez pas de langue ? Comment répondre à mille questions à la fois ? On nous presse, on nous écrase.

— Mais poussez donc.

— Pousse toi-même vieille dégourdie. Dans une salle que nous ne pouvons atteindre, le bruit est étourdissant et la foule compacte. On se passe des tabourets, des gamelles par-dessus les têtes. Souvent un liquide brun et chaud se répand, la riposte ne se fait pas attendre :

— Quelle est c'te saloperie qui m'p... dessus ?

— Non, mais, des fois, y m'prennent pour un lavabo ?

— Du calme, ma p'tite dame, ça sert à rien de crier, on s'entend plus.

— Vous êtes-t-y ici pour donner des ordres ?

— Eh ! ferme-la, vieille toupie. De temps à autre une voix terrible domine ce vacarme :

— Allons, mesdames, s'il vous plaît, faites-nous silence. C'est la Blockova, le chef de Block. Alors le tumulte diminue pour reprendre aussitôt. Poussées, serrées, portées par le courant de la foule, nous sommes entraînées dans la grande salle. Soudain, je sens une main sur mon épaule :

— Pas possible !

Ma première joie véritable depuis mon départ de Montluc : c'est Marthe, ses yeux brillent et j'y surprends des larmes. Alors, distribuant généreusement des coups en tous sens, elle parvint jusqu'à moi et nous tombâmes dans les bras l'une de l'autre. Quelle émotion !

— Comme je suis heureuse, ma petite fille, de te revoir. J'ai souvent pensé à toi.

— Moi aussi, vous m'avez manqué, la cellule était dure sans vous.

— Mais, que fais-tu ici ?

— Nous arrivons aujourd'hui, après un long voyage. Il

me semble que nous sommes seules, Marthe et moi, je ne vois qu'elle, je n'entends qu'elle. Que de choses à se raconter !

— Qu'est devenue Georgette ?

— Mais elle est là. Et voilà Georgette qui arrive, on s'embrasse, on rit, on pleure. Comme c'est bon de se retrouver ! Ces compagnes de cellule sont devenues des sœurs, alors tout est facile maintenant que Marthe est là. Mais non, il ne faut pas se réjouir, Marthe et Georgette repartent ce soir dans un transport vers Hambourg.

— Allô, allô, crie une voix forte au fond de la salle, les numéros X, en rang. Sortir.

— C'est notre tour, murmure Marthe.

— Oh ! non, vous ne pouvez me laisser.

— Allez, ma petite fille, courage, tu en as eu dans la cellule, il ne faut pas s'abandonner, au début de la lutte, ici, c'est plus dur qu'à Montluc.

Je voudrais ne pas pleurer, la foule hurlante nous bouscule et la voix sévère de la Blockova se fait plus pressante !

— Vite, mesdames, vite. Tous les numéros X dehors.

— Ma petite fille, quand tout sera fini, on se retrouvera je suis fière de t'avoir connue. Marthe aussi pleure.

— On les aura !

— Et comment ! Et à travers nos larmes, nos sourires nous réconfortent.

Le flot mugissant a emporté vers l'inconnu Marthe et Georgette, je n'aperçois que leurs yeux pleins de larmes.

Alors, malgré ma grande tristesse, mon cœur est content. Quelle plus belle récompense et plus beau réconfort que les larmes de Marthe. Quel baume pour toutes les blessures ! Quel tendre rayon de chaleur après les épreuves ! Il existe de grandes joies dans les pires douleurs.

Je ne reverrai jamais ni Marthe, ni Georgette.

PREMIÈRE NUIT AU BLOCK

— Allons, mesdames, soyez raisonnables.

— Silence, crie la Blockova, si une seule parle, je n'ouvre pas le dortoir, vous dormirez ici. La menace fait son effet et le bruit se transforme en chuts encore plus bruyants. Enfin, la porte s'ouvre et la ruée vers le dortoir reprend avec force et cruauté.

— J'étouffe, j'étouffe, rugit une voix.
— Attention, j'ai un durillon.
— Ah ! les sauvages.
— Place pour une évanouie.
— Je suis enceinte. En vain.
— Eh ! Mathilde, si t'arrives avant moi, réserve-moi un lit.
— Oui, si j'peux.

A notre tour, nous pénétrons dans le dortoir. Je ne me l'imaginais pas ainsi : rempli de châlits à trois étages, recouverts de paillasses. Je suis abrutie, mais Maman fait preuve d'un sang-froid étonnant :

— Couche-toi là.
— ...
— Attends-moi, je reviens. Réserve ce lit pour moi. Je me couche et j'attends. Beaucoup de femmes ont déjà pris, avant nous, possession du dortoir :
— C'est réservé, madame.
— Mais non.
— Mais oui.
— Ecoutez, madame. Ça va bien pour Maman.
— Qu'est-ce qu'elle fout là, la comtesse ? Ça va mal pour Maman.
— Rien à faire. On y est, on y reste.
— Vous avez tort.
— Eh ! dis donc la môme, t'faut deux lits pour toi ?
— L'autre est pour Maman.
— On s'en fout, allez Marinette prends l'lit.
— Mais c'est pour Maman.
— Tu nous fais ch... d'abord on couche trois par lit. Avant même que je réalise, le lit de Maman est envahi par trois énergumènes, soufflant et gesticulant :
— Tu t'mets à la tête ou aux pieds ? Mais voilà Maman :
— Qu'est-ce que c'est que ces femmes ?
— ...
— Je n'ai jamais vu une crétine comme toi. Et ça a plus de vingt ans et c'est incapable de se débrouiller, c'est moi qui dois tout faire, et tu n'es même pas fichue de me garder un lit...
— Mais il paraît qu'on doit coucher trois par lit.
— Il paraît, il paraît, tu ne sais que gémir ou te plaindre, mais pour l'action, zéro. Je suis ulcérée.

— Couche-toi à l'autre bout.

Le dortoir ressemble à une gigantesque volière, des têtes se penchent, curieuses, de tous les étages, encore de nombreuses femmes n'ont pas de lit.

— Allez, poussez-vous.

— Mais on est déjà trois.

— Où est Jeanne de Valence ?

— Ici, ici, et toi cocotte, où c'est qu't'es ?

— Près de la fenêtre.

— Tu prends toute la place.

— M..., et ainsi les commentaires volent au travers du grand dortoir où plus de cinq cents femmes ont enfin réussi à se faire un trou.

— Silence, mesdames, silence. Les lumières sont éteintes.
Le diapason baisse, et peu à peu un silence relatif s'établit.

— Oh ! là là, une puce qui m'mord. Fou rire.

— Ecrase-la.

— Mais c'est que j'la vois pas.

— Tu veux des lunettes ?

— Chut, on veut dormir.

— Eh ! la mère, si t'es pas contente, y a qu'à rentrer chez vous. Nouveaux rires.

— Silence ! et la voix de la Blockova se fait menaçante. On n'entend plus que des respirations. Soudain retentit un formidable at-chou-ou-ou-m !

— Oh ! les vaches, y ont pris mon mouchoir.

— Prends tes doigts.

— Merci, j'ai trouvé un chiffon.

— Non mais, des fois, faut pas s'gêner, c'est ma culotte.
Eclat de rire général.

— Oh ! mes reins, gémit une voix cassée.

— Allez, courage, c'est la première nuit, demain on nous logera mieux.

Mais demain on ne nous loge pas mieux, et les jours qui suivirent non plus, mais à cela aussi on s'habitue...

PREMIER APPEL

Enfin, le dortoir est silencieux. De-ci de-là, un ronflement, un sifflement, un soupir, un bruit qui se perd dans la nuit. Soudain, nous sursautons :

— T'entends ?

— Alerte ? En effet, voici le chant monocorde et sinistre de la sirène. Les lumières s'allument :

— Debout, mesdames.

— Que se passe-t-il ?

— Appel, vite, dans cinq minutes, tout le monde dehors.

— Mais il fait nuit.

— Quelle heure est-il ? Personne ne bouge.

— Ils nous cassent les pieds avec leur appel.

— Y a qu'à pas bouger.

— Mesdames, j'ai dit : « appel ».

— Fous-nous la paix avec ton appel à la noix. Heureusement pour nous la Blockova qui est polonaise ainsi que les deux Stubovas, les chefs de chambrée, ne comprennent pas bien le français.

— Appel, mesdames, appel, debout vite.

— M... répond une voix.

— C'est une plaisanterie.

Hélas non !

— Was ist hier los mit diesen Schweinköpfen, que se passe-t-il ici avec ces têtes de cochons ? La voix mystérieuse et menaçante nous fait bondir. Quelques instants après, par on ne sait quel miracle, nous sommes dehors :

— Où qu'c'est qu'on va ?

La nuit est noire, il fait froid, les réverbères allumés éclairent les rues du camp. Des cris, des vociférations. Une voix domine :

— Le Block vingt-quatre, ici.

— Ben, c'est nous. Alors on nous range dix par dix.

— Ici Romainville.

— Ici Fresnes.

— Ici Montluc. De Lyon, nous ne sommes que soixante, mais celles qui viennent de Fresnes et de Romainville sont nombreuses.

La sirène retentit et aussitôt le silence plane sur le camp. Seules, les Blockovas et les Stubovas circulent :

— Silence, mesdames.

— Restez en rang, mesdames. Puis une explication en polonais, une interprète traduit :

— Il faut que rien ne dépasse dans l'alignement, les bras le long du corps, les mains allongées, la tête droite, ne pas bouger, et quand on criera « achtung », alors au garde-à-vous impeccable. Pas un mot.

Nous ne sommes pas encore très disciplinées et les Stubovas ont fort à faire. Les heures s'écoulent avec une lenteur insupportable. La brise est fraîche. Des traînées roses se dessinent dans le ciel, là-bas, à gauche, une colline domine le camp, au sommet quelques pins secouent tristement leurs têtes. Ils se détachent nettement du ciel qui s'éclaircit et, debout, sans bouger, résignées et frissonnantes, nous attendons. Il faut savoir attendre à Ravensbrück !

— Achtung.

Les Aufseherinnen à boucles blondes et à bottes inspectent nos rangs. Pas un bruit.

— Du alte Sau, toi, vieille truie, et une gifle cingle l'air : c'est Marie dont le petit doigt dépassait.

LA QUARANTAINE

Nous sommes en quarantaine, condition fort enviée dans le camp. Cela consiste à se rendre tous les matins à l'appel, puis à rentrer dans le Tagesraum, la salle à manger du Block, et à y passer la journée, entassées à cinq cents dans une salle faite pour contenir deux cents personnes.

En principe, nous n'avons le droit de voir personne en dehors de notre transport cantonné dans le Block vingt-quatre, cependant, les Françaises du camp, informées de l'arrivée d'un nouveau transport, se pressent aux fenêtres. On retrouve des amies. Maruszka à son tour parvient à pénétrer. On se raconte des histoires sans fin. Le soir, on distribue la soupe, le matin du café, deux cents grammes de pain.

— Camarades, silence.

Non, ce n'est pas une communiste, c'est une Française, depuis longtemps au camp, qui a réussi à s'introduire dans notre salle et qui nous expose « le pour et le contre ». C'est une optimiste car elle parvient à trouver du « pour ».

Camarades, ce mot nous semble étrange, cependant au bagne, on est toutes camarades. Ce terme nous restera toujours.

LA MESSE

Aujourd'hui, c'est dimanche.

— On va s'reposer.

— D'puis qu'on est en tôle, c'est ben tous les jours dimanche.

Une voix domine le vacarme :

— Camarades, nous allons, entre nous, réciter la sainte messe. Que celles qui le désirent se joignent à nous. Un petit livre de prisonnier a été passé en fraude.

— Ça c'est une dégourdie, soupire Marie qui songe avec mélancolie à son rouge à lèvres et à sa boîte à poudre.

Des femmes montent la garde à chacune des fenêtres et à la porte : c'est interdit de prier à Ravensbrück. « 22 » est le signal qui annonce le danger.

Une voix qui tremble un peu s'élève au milieu du silence :

— Je monterai à l'autel de Dieu, du Dieu qui réjouit ma jeunesse. Puis l'on se met à genoux, on se frappe la poitrine :

— Ceci est mon corps, ceci est mon sang. Une minute de silence :

— Agneau de Dieu, donnez-nous la paix!

— « 22 ».

— Je disais donc, reprend la voix, que la fleur la plus belle est la rose. Qui le nie? Alors mille voix bourdonnent :

— C'est le lys.

— C'est le dahlia.

— Non, c'est l'arum... Derrière les fenêtres se glissent les ombres vertes redoutées. Elles écoutent un instant, tout paraît normal. Elles reprennent leur marche.

— Vous pouvez y aller, et la voix reprend au milieu du silence :

— Mon Dieu, je ne suis pas digne.

— Allez en paix. Chacune se signe, essuie une larme.

Quand nous serons à Torgau, il nous sera permis de dire la messe dehors, devant une image du Christ, sculptée par l'une d'entre nous : Yvonne Baratte, et nous chanterons, comme dans les églises en France. Et puis, quand nous reviendrons à Ravensbrück, nous apprendrons qu'au Block 15 il existe deux messes : la messe polonaise à huit heures et la messe française à dix heures. L'une est jolie car on y chante très bas, à plusieurs voix, l'autre est touchante car elle rappelle n'importe quel village de France.

La messe a lieu dans le Tagesraum. Sur une des tables, on pose des statuettes de saints, parfois une bougie et souvent des fleurs ou branches de sapin.

Il y en a qui ne croient à rien et qui rient, mais beaucoup pleurent et il semble qu'après la messe on se sente plus uni et plus fort!

LE DIMANCHE

Nous sommes le 27 août. Le soleil darde ses rayons brûlants, des groupes de prisonnières se promènent dans les rues du camp : c'est dimanche. Mais nous sommes en quarantaine et il nous faut attendre, dans cette pièce surchauffée.

— Je m'sens énervée.

— J'en ai marre. Il faut se changer les idées. Vite qu'on passe un tabouret à Mélanie. La voilà qui domine les centaines de têtes qui se redressent avec curiosité :

— Camarades, je vais vous chanter : la « Prière d'une vierge », et une voix trop vibrante, trop forte, trop puissante, emplit la pièce chaude. Pourtant, le succès est considérable.

— Bravo, bravo.

— Eh! Lulu, à toi.

— Mais, j'sais pas chanter.

— Mais si, tu sais bien, la « Ballade des putains ». Une grosse fille, l'œil brillant, couverte de boutons, s'offre à notre vue et d'une voix grave, vulgaire, monocorde, elle récite une chanson sans air, où les grossièretés font tressaillir les unes et soulèvent, chez les autres, des hurlements de joie. A mon avis, cette complainte est belle dans son extrême déchéance. Lulu est plus malheureuse que pervertie.

Alors, la réaction s'élève :

— Si on chantait un chant scout?

Je chante l'amour,
Et je chante ma foi.

Maryse, à son tour, monte sur le tabouret-estrade :

— Je vais vous parler de la psychologie de l'enfant... Une autre lui succède :

— Je vais vous parler du rôle de... je ne sais plus quoi, dans... Redoutable d'ennui, et il fait bien chaud!

Ne jamais la voir, ni l'entendre,
Ne jamais tout haut la nommer,
Mais fidèle, toujours l'attendre,
Toujours l'aimer.
Ne jamais la voir, ni l'entendre.

Sully Prudhomme, Victor Hugo, Musset, Lamartine, Verlaine... On parle d'amour, d'absence, de larmes, d'espoirs. Ces termes si doux, si tendres, prennent dans nos cœurs blessés un sens sublime.

Alors Rita monte à son tour sur le tabouret :

— « La bien-aimée absente » :

Mais mon cœur est sans alarmes,
Et mon âme est sans douleurs,
J'ai versé toutes mes larmes,
Et mon cœur n'a plus de pleurs.

La voix est gémissante, émue. Chacune de nous vibre. Chacune a une absente bien-aimée et toutes pensent à la France.

Et, ainsi, coulent les heures de ce dimanche 27 août!

Quel réconfort pour les unes d'être : l'étoile, d'être applaudie, louangée. Il fallait ce dimanche-là pour briller d'un éclat qu'elles-mêmes ignoraient et qui leur semble une apothéose. C'est une révélation. Beaucoup auront découvert aujourd'hui qu'après tout ce n'est pas si difficile de se produire et qu'elles en sont capables. Hélas! Et pourtant, pour chacune de nous, ce fut bon d'entendre des voix fausses, de suivre une conférence ennuyeuse et d'avoir chaud à s'évanouir... Il y eut des fous rires et aussi des minutes profondes.

VISITES MÉDICALES : LE PRÉLÈVEMENT

— Schnell. En rang, cinq par cinq.

— Qu'est-ce qui se passe ? Les autres matins, l'appel fini, nous rentrons au Block.

— Eh! Madeleine, où qu'c'est qu'on va? Madeleine a vingt-cinq ans, elle parle beaucoup de langues, dont l'allemand, et son énergie lui a fait prendre la tête de notre équipe. Elle sert d'interprète et d'État tampon... Elle a payé cher son dévouement.

— N'ayez pas peur. C'est la visite médicale. La veille, déjà, des femmes dignes, à lunettes, sont venues dans les Blocks pour avoir des renseignements.

Ce sont de vieilles prisonnières qui occupent dans les bureaux du camp des places intéressantes.

— Votre nom, adresse.

— Qui prévenir en cas de décès ? Date et lieu de l'arrestation ? Bref, elles établissent un dossier.

— Votre profession ? Vos aptitudes ? Et après avoir constaté que vous êtes étudiante, bachelière, que vous connaissez plusieurs langues et possédez des examens de Croix-Rouge, on vous envoie faire du terrassement. C'est égal, le Grand Reich sait organiser ! On nous a mesurées, pesées.

— Oh ! ce doit être pour un transport, nous lance une française qui passe.

— Où ? Quoi ?

— Vous en faites pas, aujourd'hui c'est le prélèvement, après ce sera la visite des dents et des mains. Prélèvement, dents, mains, ces mots nous font frémir.

— En avant, marche. Et la colonne avance. Nous voici près de la grande place du camp qui nous a vues arriver. Et voilà la porte verte du Revier, l'hôpital. Maman est près de moi, ce qui m'apaise. Il nous faut attendre très longtemps, sous le soleil. Enfin, la porte s'ouvre, et nous voici dans la petite cour du Revier où il nous faut encore attendre de longues heures.

Une policière nous passe en revue, compte et recompte, appelle les numéros, crie, bouscule :

— Ruhe, silence. Elle est tchèque et guère aimable.

— Y s'foutent de nous, murmure Marie.

— Qu'est-ce que c'est qu'ça un prélèvement ?

— J'sais pas. Madeleine passe dans nos rangs :

— C'est un examen gynécologique. Une petite porte s'est ouverte et, une par une, les femmes entrent, puis ressortent de la pièce où une femme docteur élève une voix dure et sévère. Nous les hélons au passage :

— Eh ! Jeanne, dis donc, ça fait mal ?

Une voix forte ordonne :

— Enlevez vos culottes, et vite.

Ce sera bientôt notre tour de franchir la petite porte :

— Eh ! dis donc la môme, faut ben qu'tu dises qu't'es une jeune fille, t'en as d'ailleurs ben la g..., mais avec c'te brute, ce serait dommage si elle t'esquintait.

— Ça fait mal ?

— Ben, ça fait pas du bien.

— C'est qu'elle y va pas d'main morte, c'te saloperie. Mon tour est arrivé. Je dois avouer que mon cœur bat très fort. Maman entre avec moi. On la repousse brutalement :

— Une par une, j'ai dit. T'es sourde ?

— C'est ma fille.

— J'm'en f..., et me voici déjà étendue sur la table.

— C'est une jeune fille. La femme est brutale, mais heureusement, la phrase de Maman me préserve d'un examen plus approfondi et plus dangereux. Dangereux, car ici on ignore l'asepsie.

— Cinq par cinq, marche. Pour aujourd'hui c'est fini. Mais ce fut dur, et combien humiliant.

VISITE MÉDICALE :
LES MAINS ET LES DENTS

Nous revoici à la porte du Revier, cinq par cinq. Après une longue attente, nous pénétrons dans la cour où déjà, hier, nous avons stationné si longuement. La même policière nous compte et recompte :

— Schnell, auskleiden, vite, déshabillez-vous. Nous sommes une cinquantaine et Madeleine ne fait pas partie de notre contingent.

— Qu'est-ce qu'elle gueule ?

— Je crois qu'il faut se déshabiller.

— Mais pas ici, voyons.

— Schnell, und nackt, vite et nues. Une gracieuse interprète traduit ce que nous redoutons :

— Elle dit qu'il faut se mettre nu.

— Mais, dis-lui donc que nous, on s'met pas nues dehors.

— On a d'la décence, on est pas des p... comme eux, bandes de vaches. Quelques mots sont échangés en allemand, à la suite desquels un torrent d'injures nous inonde :

— Elle dit...
— Va, t'as pas besoin d'traduire, on a compris.
— Faites un p'tit paquet de vos nippes pour les retrouver à la sortie, et le long du mur, les tas de hardes s'amoncellent. La policière passe, g...
— Il faut enlever aussi la chemise, traduit notre camarade.
Alors, nous assistons à un spectacle impossible à décrire :
— C'est-y une misère, gémit une vieille dame qui, de ses deux mains, voile sa nudité.
— Moi qu'ai jamais ôté ma ch'mise, même seule. Beaucoup ne peuvent pas en dire autant, mais ce ne sont pas les plus belles !
Je regarde dégoûtée ce spectacle de chair humaine, si misérable. Je veux fixer à tout jamais dans mon esprit cette vue de la déchéance, afin de me souvenir toujours de ce que les Allemands ont fait de nous, êtres libres.
— Cinq par cinq, g... la policière.
C'est une vision dantesque que ces corps, pour la plupart déformés et défraîchis. De vieilles peaux sèches et épaisses, parcheminées. Des poitrines flétries, des fesses avachies, des corps parsemés de boutons, d'autres parcourus de cicatrices, blanches et profondes, d'autres couverts d'ulcères ou de plaies suppurantes. Quelques corps sains, jeunes et vigoureux, mais beaucoup de ventres trop gras, de cuisses trop maigres, de poitrines usées par une famille nombreuse. Des corps tourmentés, noueux, aux chairs mortes et flasques, aux bourrelets qui pendent, aux côtes qui transpercent une peau ridée.
Il faut rester dans cet appareil sommaire de longues heures, exposées aux rayons du soleil et aux regards les unes des autres.
Certaines visions de l'Apocalypse doivent être ainsi et je revois quelques dessins réalistes d'êtres cagneux, tordus par la souffrance, qui ressemblent étrangement à ces femmes debout qui, nues, attendent la visite médicale.
La porte s'ouvre et des soldats traversent la cour. Ils s'attardent devant ce spectacle qui leur paraît plaisant. Ils rient, nous montrent du doigt.
— Oh ! Prima, disent-ils en riant et indiquant une pauvre vieille dame aux chairs avachies par une longue vie. Devant les corps jeunes, les plaisanteries ne manquent pas et doivent

être obscènes car leur rire est gros et celles d'entre nous qui comprennent l'allemand ont rougi violemment. Ils vont à leur besogne et d'autres leur succèdent, et nous, prisonnières, il nous faut rester droites, nues, cinq par cinq, dans la cour du Revier.

— Marche, crie la policière. Nous avançons. Dans un petit jardin contigu, un médecin allemand est nonchalamment assis sur une table. Il fume une cigarette et de l'autre main tient un journal. Deux infirmières SS l'assistent : Schwester Marthe et Schwester Erika. Le docteur s'appelle Treite. Il est grand, jeune et joli garçon. Son attitude est méprisante.

Alors, une à une, il nous faut défiler devant lui. D'un regard supérieurement dédaigneux, il nous estime, en connaisseur. Un pli narquois au coin des lèvres, il lance son verdict mystérieux que son assistance note en regard de nos numéros.

Parfois, il en arrête une d'un ordre bref, ordonne de se tourner, il veut tout voir. Parfois, son œil brille, mais le plus souvent, dégoûté et ironique, il s'applique à faire des ronds de fumée dans l'air pur de cette matinée d'août.

Une des infirmières regarde les mains, une autre les dents, et quelques minutes après, ayant retrouvé nos guenilles poussiéreuses, nous repartons vers le Block.

— Ah! les salopards. Marie n'en revient pas : c'te vermine.

— Comme des vaches, hein!

— C'est comme à la fouère chez nous.

— Si mon mari voyait ça! Secondine pleure. Moi je hausse les épaules, la rage et le dégoût m'étouffent.

— C'est pas pour dire, mais nos enfants y aimeront pas les boches!

Cette voix anonyme exprime notre sentiment à toutes, et il existe du monde qui parle de collaboration...

CORVÉES

Finie la quarantaine. On vient de nous distribuer les petits rectangles en étoffe blanche sur lesquels notre numéro est inscrit en grosses lettres noires, surmontées d'un triangle rouge.

Après l'appel, il ne nous sera plus permis de rentrer au Block.

— Trois cent cinquante femmes pour les corvées.

— Bröt holen, chercher le pain.

— Suppe holen, chercher la soupe, cela consiste à stationner de longues heures devant les cuisines et à rapporter des piles de pains ou des bidons de soupe si lourds que même à deux on ne peut faire dix pas sans s'arrêter.

Il y a aussi le charbon et le travail au sable. Tout aussi redoutables les uns que les autres. J'allais oublier la corvée de m... Inutile d'insister. Les volontaires n'étant pas nombreuses, le fouet claque souvent au milieu de nous et les lanières de cuir nous cinglent le visage.

Encadrées de policières, il nous est difficile de fuir et le chef de travail n'a aucune peine à piquer les pauvres victimes des corvées.

Celles qui ont été épargnées peuvent rentrer au Block.

A midi, il faut recommencer, et maintenant notre tour est venu de grossir les longues colonnes misérables qui portent des pelles en chantant et qui, la tête haute, les bras le long du corps, doivent défiler devant l'Oberaufseherin.

LE BETRIEB

— Vite, vite, suis-moi et vous aussi, Nathalie, venez Lili. C'est Maman qui entre dans le Tagesraum où, ayant évité les corvées, nous attendons placidement l'heure de la soupe :

— Qu'est-ce qu'il se passe ?

— Vite, vite, vous allez voir. Nous sommes dehors, une dizaine :

— Cinq par cinq, et une Polonaise avec un brassard rouge commande :

— En avant, marche.

— Mais enfin, qu'est-ce que cela veut dire ?

— Par une amie, j'ai su qu'on pouvait, par protection, entrer dans un Betrieb, une entreprise. C'est le « Schneiderei II » et cette Polonaise nous y conduit. C'est une aubaine. Au lieu d'aller aux corvées, nous n'aurons qu'à coudre des robes de prisonnières.

— Mais, je ne sais pas coudre.

— Il paraît que cela n'a aucune importance.

— Je veux bien, mais on va me fiche à la porte.

— Et puis, après ?

— C'est vrai, et toutes contentes et pleines d'espoir, nous avançons vers le Betrieb. Tout vaut mieux, à notre avis, que le sable, le charbon ou la m... Nous voici arrivées devant le vaste bâtiment :

— Stop. Une Aufseherin nous considère d'un œil méfiant.

— Des recrues, annonce notre guide. L'Aufseherin rentre dans la bâtisse :

— Tenez-vous droites et silence, pour faire bonne impression. Un SS sort. Nous sommes rigides. Il nous examine :

— Quel pays ?

— Françaises. Son regard devient dur.

— Elles savent coudre ?

— Oui. Alors, nous dévisageant :

— Trop vieille, oui, non, mauvaises mains, oui, oui, non. Deux groupes se sont formés, dans l'un, celles qui sont admises, elles ne sont pas nombreuses et j'en fais partie. Par contre, affolée, je constate que Maman est de l'autre groupe. Je n'ose appeler, mais mon expression de panique attire l'attention :

— Qu'est-ce qu'elle a, celle-là ?

— Vous l'avez séparée de sa mère. Il hausse les épaules et se prépare à rentrer. Alors, éperdue, j'use d'une dernière ressource et d'une voix tremblante que le Saint-Esprit seul, inspire :

— J'ai une mauvaise vue, je porte toujours des lunettes. C'est vrai. Ces mots arrêtent le SS qui se retourne et me regarde. La providence m'a octroyé une petite cicatrice blanche, dans le coin de l'œil :

— Weg.

— Marche. Par je ne sais quel miracle, je me retrouve aux côtés de Maman, tournant le dos au Betrieb qui a englouti nos autres camarades, dont Lili.

— Peut-être aurait-il mieux valu être là. Maman regrette. Je la console.

— Au moins, ainsi, nous sommes ensemble, et puis, à la grâce de Dieu. Nous sommes dans sa main.

Mais le lendemain matin, les remords de Maman s'évanouissent à la vue de Lili. La comtesse de R. nous arrive à l'appel, le visage blême, les yeux cernés, le front traversé de stries rouges, mais elle n'a pas perdu sa forte voix et sa bonne humeur :

— Eh bien ! Anka. Je vous félicite pour la bonne planque. Inquiète, Maman s'enquiert :

— Comment était-ce le Betrieb ?

— Nous avons travaillé toute la nuit, étant de la semaine de nuit, des Nachtsschichten, des équipes de nuit, et puis, vous n'avez qu'à regarder ma g... ça cogne dur ! Nous sommes sidérées :

— On vous a battue ?

— Si ça continue, ma figure sera bientôt carrée. Mais nous ne trouvons pas la plaisanterie drôle du tout :

— Et le travail ? C'est dur ?

— Il n'y a qu'à coudre des boutons. Faut pas être très malins. La tâche est de sept cent cinquante boutons de nuit, autant le jour.

— ...

— Ce sont des pantalons de SS, et à l'endroit psychologique j'leur fous des bouts d'aiguilles. On sabote comme on peut, et je serais curieuse de voir la tête qu'ils feront. Ça vaut le coup de recevoir des coups de poing sur la g..., et avec un gros rire Lili s'éloigne vers le Block.

— Je vais dormir, car cette nuit ça va recommencer.

MONIQUE LEVEL

— Etes-vous Béatrix de G.-B. ? Je me retourne :

— Que voulez-vous ? Pleine de méfiance, je considère l'être misérable qui me parle. Pas grande, toute noire, pieds nus très sales, cheveux rasés, couverte de haillons et de poussière. Seuls deux grands yeux bruns semblent rire :

— Tu ne me reconnais pas ?

— Qui êtes-vous ? Les grands yeux rieurs me dévisagent gaiement :

— Monique L. Nous étions dans la même classe au couvent. Alors la lumière se fait :

— Pas possible ! Mais que fais-tu ici ?

— Et toi ? Le monde est petit et Monique m'entraîne dans un coin :

— Tu t'plais ici ?
— Le couvent était mieux.
— Non ! Elle ne semble pas convaincue.
— Ils t'ont rasée ?
— Ah ! non, s'écrie Monique offensée. Pourtant d'un air douteux, je considère la tête en brosse. Monique éclate de rire.
— C'est moi qui ai fait cela.
— Pas possible. Alors, dans un coin du Tagesraum, par terre, serrant ses genoux dans ses bras, Monique me raconte son aventure. Elle est exacte, m'assure-t-elle, et pour le moins curieuse.
— Comme tu le sais, mes parents ont une propriété non loin d'Evreux. Moi je faisais de la résistance, en cachette. Et puis, quand les Anglais ont débarqué, j'ai fait la liaison entre eux et les Français. Il y a eu des batailles chez nous. Et, comme je connaissais bien le pays, ce n'était pas difficile de passer les lignes.
— Alors, tu as vu les Anglais ?
— Je te crois, comme je te vois.
— Et le débarquement ?
— Magnifique !
— Tu as été libre ?
— Comme l'air. Les Anglais, dans les villages conquis, jetaient des cigarettes, du chocolat. Quel enthousiasme !

Il me semble entendre un conte de fées. Je suis très émue, nous avons tant attendu ce jour !
— Mais alors ?
— Alors, au lieu de rester avec les Anglais, j'allais de l'autre côté porter des messages et un jour je me suis fait prendre. J'avais une arme sur moi. Ils m'ont condamnée à mort.
— Ils te l'ont dit ?
— J'te crois... et un matin, à l'aube, ils sont venus me prendre dans ma cellule et m'ont emmenée dans un camion où trois hommes étaient enchaînés. J'ai cru que c'était un transfert de prison. Mais le camion s'est arrêté en pleine campagne. Alors j'ai compris. D'abord, ils ont emmené un de mes camarades. Il y eut un coup de feu.
— As-tu eu peur ?
— Non, mais j'ai dit mon acte de contrition. Alors un officier s'est approché :

— Quel âge as-tu ? m'a-t-il demandé.

— Vingt ans.

— Tu as de beaux yeux.

— ...

— C'est dommage, si jeune, d'être une aussi mauvaise fille.

— J'ai fait mon devoir.

— Tu me plais. Mes autres camarades me quittèrent tour à tour. Et je restai seule dans le camion. Lorsqu'il s'arrêta, nous étions revenus à la prison. J'eus l'impression de revenir de loin.

— Qu'elle me suive, et au lieu de pénétrer dans les murs sombres et humides, quel ne fut pas mon étonnement de me retrouver dans une magnifique conduite intérieure.

— Ici, tu es chez toi, et l'officier qui m'avait parlé le matin, me fait pénétrer dans une belle salle de bains :

— Prends un bain, lave-toi, fais-toi belle, dans une heure je serai de retour. Voici ma robe de chambre. Son œil brillait. Et la porte se referme, une clé tourne, me voici seule.

Je me souviens que Monique était une ravissante jeune fille. Ses beaux yeux et ses cheveux faisaient notre admiration :

— Alors, tu as pris ton bain ?

— J'te crois. J'étais sale ! Après avoir traîné dans les champs et puis la prison. Je me suis offert un de ces bains ! Et puis, il y avait de la lavande, je me suis parfumée, je me suis fait les ongles. Je n'ai pas lésiné, tu sais, j'y suis allée largement. Mais l'heure tournait et je sentais qu'il allait bientôt revenir. Que faire ? Alors je me suis regardée dans la glace. Tu te souviens de mes cheveux ?

— Oh ! oui.

— Eh ! bien, j'ai pris les ciseaux à ongles, il n'y en avait pas d'autres, et j'ai tout coupé au ras du crâne. J'étais, en quelques instants, devenue un monstre. J'entends du bruit, une porte s'ouvrir, puis une voix passionnée :

— Tu as fini ?

— Oui.

— Tu es très belle ? et, au même moment, la porte s'ouvrit. Pétrifié, l'officier me considère. Moi je souriais. Alors il éclata :

— Tu es un monstre, une p... de dernier ordre, et son

vocabulaire étant trop restreint, il continua en allemand. J'eus à peine le temps de réaliser que je me retrouvais sur ma paillasse dans une cellule de la prison. J'étais ravie d'avoir joué ce vilain tour au Chleu, mais je songeais avec nostalgie que le lendemain, sûrement, je serais fusillée. Le lendemain, je fus appelée, mais ce fut pour être évacuée vers l'est, et puis vers l'Allemagne, avec le reste de la prison.

— Que sont devenus les dossiers ?

— Je ne sais pas, je ne sais qu'une chose, c'est que je suis condamnée à mort et que je vis toujours. Alors, la vie est belle ! Et Monique, dans un large sourire, montre une rangée de dents éblouissantes.

LES POUX

Celui qui n'a pas été dans un camp de concentration ignore tout des poux. Ces petits animaux jouent, dans la vie des détenues, un rôle prépondérant.

Je vais vous faire un cours. Il y a les poux de tête et les poux de corps, les lentes. Il y a aussi et surtout la Läusekolonne, la colonne des poux, encore plus redoutable que les poux eux-mêmes. Elle se compose de quelques fanatiques du pou, que rien n'arrête dans leur recherche. Ce sont des femmes au long nez et au regard perçant, armées de peignes extra-fins qu'elles manient avec une dextérité troublante.

Je dois vous faire un aveu : pendant huit jours, j'ai fait partie de la Läusekolonne du Block 19. Ce ne fut pas un fanatisme ardent qui me poussa dans cette voie, mais la nécessité urgente de trouver un ultime retranchement qui m'éviterait de pires ennuis.

Or, il existe une technique du pou et on acquiert une mentalité toute particulière : la mentalité du pou ! Cette recherche devient un sport passionnant et ma plus belle performance fut cent vingt-neuf poux, que je trouvai dans la tête d'une juive roumaine. C'est cependant un métier difficile et qui demande une grande tension d'esprit. Cela consiste à se trouver aux prises avec des chevelures touffues et repoussantes de saleté, et qu'il faut explorer jusque dans les moindres recoins. Les pauvres poux, impitoyablement poursuivis, fuient à perdre haleine de haut en bas des cheveux luisants et gras. Lorsque, par une habile manœuvre, on arrive à en saisir un, il faut, entre l'ongle des pouces, l'écraser sans pitié. Puis, c'est le tour des lentes qui se confondent avec les pellicules. Il existe pourtant, et comme en toutes choses, de grandes satisfactions. Une tête grouillante de poux se remet entre vos mains et elle en ressort nettoyée. Un, deux, trois dix, trente, cinquante. Cette chasse devient presque amusante. Nous sommes plusieurs et les paris sont ouverts :

— Ah ! soupire Kasia, seulement trente-deux.

— Hurrah ! En voici quarante-sept.

— Oh ! Regarde le gros.

— C'est rien à côté du mien.

— Ben, et celui-là ! Et ainsi vont les commentaires des bourreaux. Pendant ce temps, la victime, assise sur un tabouret, soupire avec terreur :

— Pourvu qu'on ne me rase pas. Il est vrai que le rôle de la Läusekolonne est de parcourir les Blocks, et chaque tête de chaque Block ; plus tard, chaque Block aura sa colonne. Les numéros sont inscrits dans un gros cahier et, en regard, le nombre de poux et de lentes. Un pou suffit aux autorités SS pour tondre. Cela explique la panique des prisonnières à la vue de la colonne.

Mais la camaraderie existe et les chiffres inscrits sur le cahier correspondent rarement à la réalité. C'est ce qui explique peut-être que tout le camp n'est pas rasé. Cependant, il faut se méfier de quelques exaltées du pou et de la propreté, qui font passer cette notion au-dessus de celle de la solidarité.

Alors, ainsi que les singes au Jardin d'Acclimatation, on voit tout autour de soi des chercheuses de poux. Entre camarades, on s'épouille : dehors, à la soupe, au lit, au lavabo, le moindre moment de répit est employé à enrayer l'envahisseur. Matin et soir, il faut parcourir d'un doigt souple les coutures des vêtements car, une fois installés, les poux de corps tiennent la place mordicus. Et ceux-là sont impossibles à déloger.

J'ai vu une fois une femme, nue, maigre, dont les salières servaient de nid à un régiment de poux. Elle les regardait avec complaisance :

— Y s'trouvent au chaud. Arrivée à un état de déchéance complète, cette femme est morte, victime des poux !

LES CAROTTES

— Qui veut une carotte ? Je reconnais la voix claire et gaie de Monique :

— Où c'est qu't'as trouvé ça ?

— C'est mon affaire, t'en veux une ?

— Non, mais t'as des primeurs ?

— Une femme me les a données contre mon pain.

— T'es culottée, toi, mais mange-les, va.

— Was ist heir los ? du Dieb. Que se passe-t-il ici ? Voleuse. Et la cravache cingle l'air. Elle frappe Monique en plein visage.

— Oh ! vieille guenon, et toc ! la main de Monique coupe l'air pour s'abattre sur la Lagerpolizei. Jamais pareille chose ne lui est arrivée : une prisonnière qui ose lever la main sur une de ces toutes-puissantes du camp. La rage l'étouffe, mais aussi la peur et, battant en retraite, elle court vers la place du camp.

— T'es folle, Monique.

— Moi je ne reçois de gifles de personne.

— C'est égal, si on allait te fusiller.

— J'm'en fous, mais au moins cette saloperie pourra se vanter d'avoir été rossée par une Française et, très calme, les carottes à la main, Monique continue sa tournée :

— Qui veut des carottes ?

— Wo ist diese Schweinerei ? où est cette cochonnerie ? Et les coudes pointus de la policière fendent notre groupe. Elle est suivie d'une Aufseherin :

— Qui veut une carotte ? et Monique, sourde aux vociférations qu'elle ne croit pas lui être destinées, offre gracieusement les beaux légumes jaunes et verts. Nous essayons de la cacher, mais en vain ; la policière l'a reconnue et sa main s'abat lourdement sur les épaules de Monique. Triomphante, elle la montre à la femme SS.

— Hier ist dieses Schwein, diese Diebin, voici ce cochon, cette voleuse. Candide, Monique lève les yeux :

— Von wo hast du es bekommen ? d'où as-tu ça ?

— Une femme me les a données contre mon pain.

— Wo ist diese Frau ? où est cette femme ?

— Elle est partie par là, et d'un geste vague, Monique indique une rue adjacente.

— Wie war diese Frau ? Comment était cette femme ?

— Sale, pieds nus, cheveux noirs. Bah ! j'ai pas regardé la femme. C'est les carottes qui m'intéressaient.

— Komm, l'ordre est bref, et avec inquiétude nous voyons disparaître vers la place Monique et ses deux gardiennes :

— Elle est jeune, ils vont la fusiller.

— Elle aurait pas dû frapper la policière.

— Elle a eu bien raison, et un nuage lourd pèse sur nos cœurs. Qu'ont-ils fait à notre camarade ?

Le lendemain, toute souriante, Monique réintègre notre domaine :

— Ben, d'où c'est qu'tu sors ?

— Ils m'ont fait rester debout devant le bureau du commandant au garde-à-vous sans bouger vingt-quatre heures.

— T'es fatiguée ? Monique hausse les épaules.

— Pour qui me prends-tu ? Ils se sont lassés avant moi de me surveiller, alors quand ils me voyaient pas, je me suis assise et j'ai joué avec un chien.

UNE GIFLE

— Oh ! Maman. Devant nous avance une femme, pouilleuse, couverte de sang, elle tient dans sa main une matière molle sanguinolente. Elle se dirige vers le Revier. Son crâne semble fendu et la plaie est béante :

— C'est horrible. Est-ce son cerveau qu'elle tient ainsi ?

— Cela semble. Elle avance et des plaintes profondes s'échappent des haillons. Nul ne fait attention à cette ombre sanglante et gémissante qui se traîne vers le Block.

Maman s'approche, veut l'aider, mais un regard lointain et souverainement méprisant l'arrête dans son geste. O ironie, l'aider à la porte de la mort.

— Alors, à une prisonnière qui passe, Maman demande :

— Mais qu'a cette femme ? L'autre hausse les épaules, considère avec indulgence le numéro de Maman :

— Y a longtemps qu'vous êtes ici ?

— Non. Mais qu'a-t-elle ?

— Bientôt vous n'y ferez plus attention. C'est une gifle d'un SS. !

GERDA

Une vieille prisonnière polonaise est venue nous voir. Elle a été amenée au camp il y a cinq ans, à la suite de menées politiques :

— Que se passe-t-il en France ? et sur la terre en général ? Et Maman tâche de combler brièvement cette longue lacune. La femme écoute avec intérêt ces récits d'un monde dont cinq années la séparent :

— Pani Wanda ? prosze do Blocko. Madame Wanda, on vous demande au Block, et l'estafette poursuit en polonais son message. Un sourire éclaire le visage fatigué de l'ancienne prisonnière :

— Il me faut vous quitter, nous dit-elle, un enfant est né au Block.

— Un enfant ? Quelle stupéfiante notion que celle d'un enfant naissant dans un tel enfer ! Alors, tout en se levant la Polonaise nous explique :

— Il n'y a pas longtemps que des enfants naissent ici, autrefois, aucun nouveau-né n'a subsisté. L'avortement par tous les moyens était pratiqué. Parfois, cependant, une nature forte prenant le dessus, un cri jeune jaillissait auprès d'une femme enceinte, alors la fille de salle s'emparait du bébé et allait le porter à une infirmière SS, Gerda.

— Elle vit toujours ?

— Non, elle a disparu il y a quelques mois. Alors Gerda prenait l'enfant entre ses deux mains et elle l'étranglait. Aucun enfant n'a survécu, elle avait le coup de main...

L'INFIRME

Un enfant, pourtant, a survécu et voici comment :

Une femme, employée comme infirmière au Revier, a réussi à cacher la naissance de son enfant. Avec l'aide de ses camarades, elle installe le nouveau-né dans un petit carton qu'elle tenait enfermé dans le placard à médicaments. L'enfant, faible et peu nourri, ne criait pas et se contentait de quelques gouttes de lait ou de soupe sournoisement subtilisés aux SS. Miraculeusement, le petit carton échappa aux fouilles successives et aux inspections et puis, lorsque les

Allemands ne furent plus les maîtres de Ravensbrück et que, poussées sur les routes, les prisonnières avançaient en débâcle, on vit une femme portant dans ses bras un très jeune enfant dont les jambes, restées courtes, étaient atrophiées.

Alors les camarades reconnurent l'infirmière et l'enfant du carton. Malgré leur aide, la pauvre mère, épuisée, mourut. De douces paroles apaisèrent ses craintes.

— J'ai tant lutté pour ce petit!

— N'ayez crainte, votre enfant sera le mien. Il me sera plus cher même que les miens. J'en ai déjà six et ils seront si heureux d'avoir un petit frère à soigner et à abreuver de tendresse.

La femme est morte et le petit garçon se porte très bien. Seules, ses jambes ne se sont pas développées, et il a un regard si triste...

TRANSPORT

Une grande agitation règne dans notre Block. L'appel est fini et on ne nous a pas crié :

— Cinq par cinq. Arbeit. Au contraire, une voix ordonne :

— Ruhe, Mensch, silence, femmes. Une certaine inquiétude s'empare de nous :

— Qu'est-ce qu'ils vont encore inventer, ces saloperies.

— C'est p't'être pour nous tuer.

— Imbécile.

— Transport, transport, nous soufflent en passant des camarades.

Le temps nous paraît long, sous le soleil qui devient chaud.

— Achtung. Par un réflexe qui devient automatique, à la suite de cuisantes expériences, nous nous mettons au garde-à-vous. Et voici la Blockova, les Stubovas et une Aufseherin.

— On va appeler des numéros, explique Madeleine, à mesure que vous serez nommées, il faudra venir se ranger cinq par cinq, le long de ce Block.

— 57.969, clame une voix forte, 57.972. Autour de nous les rangs s'éclaircissent, mon cœur bat :

— 57.977, 57.978, et nous voici, Maman et moi, debout dans la nouvelle colonne.

— Qu'est-ce ?

— C'est un transport, dit Madeleine, il semble qu'on nous emmène dans une usine d'Allemagne pour travailler.

Alertées par Maman, les quelques connaissances influentes que nous avons, accourent vers nous.

— Non, il n'y a rien à faire.

— Mais c'est dangereux, une usine sera bombardée.

— Evidemment, il en revient pas beaucoup, concède notre dernier espoir, en guise de consolation. Alors, Maman, supplie :

— Ici, on connaît le camp, on échappe à ce genre de mort, et puis ici je commence à m'habituer, et puis ma fille, je vous supplie. La femme a bon cœur. Elle disparaît ; un long moment s'écoule puis, secrète, elle s'approche de nous. Elle est polonaise et Blockova d'un Block 10.

— C'est fait, je crois. Par une amie dans les bureaux, j'ai transmis vos numéros avec la mention et la prière de les effacer sur les listes. Si tout marche, ne craignez rien. On refera un appel et on constatera qu'il y a une erreur, que vous n'êtes pas sur les listes, et pour cette fois-ci vous serez sauvées.

L'espoir renaît dans nos cœurs oppressés.

— Marche, et notre colonne avance. Il est déjà cinq heures de l'après-midi. Sur la Lagerstrasse, des SS semblent agités.

— Stop.

On appelle les numéros une fois de plus.

— Fais attention, dit Maman, nos numéros ne seront pas appelés.

— 57.976, 57.976. Mon cœur bat :

— 57.977, 57.978, 57.979.

— Los, du alte Sau, vite, vieille truie. Je suis médusée :

— Que s'est-il passé ?

— Ruhe, Mensch. Et nous voici devant les douches. Une femme se faufile près de nous :

— Je suis désespérée, c'était trop tard, elles n'ont pas pu effacer vos numéros. A la grâce de Dieu ! Et, avec ce viatique consolant, nous pénétrons pour la deuxième fois derrière la grande porte verte.

Même cérémonie, si ce n'est que Maman ressort avec une robe genre curé, noire, traînant à terre, avec de larges croix mauves ; moi-même, j'ai cette fois-ci une culotte de toile et une robe imprimée, en voile, si fine et si petite qu'au premier soupir le dos se fendit. Mais ce ne sont que des détails, l'essentiel est de survivre !

Et voici la nuit qui tombe. Il faut coudre les numéros sur nos nouvelles robes. On nous distribue, à cet usage, fil et aiguilles et bientôt c'est à la lueur du réverbère que nous nous cousons, l'une à l'autre, triangles et numéros.

— Aïe, tu m'piques.

— Mais j'sens rien !

— Finaude, va, aïe encore, mais qu't'es maladroite !

— Tu crois que j'y vois quelque chose ! On s'croirait dans l'trou du c...

— Non, mais, où c'est qu't'as appris à coudre ?

— Schnell, schnell, cinq par cinq. Beaucoup se sont affaissées de fatigue. La policière passe, le fouet à la main :

— Debout, crie-t-elle d'une voix féroce.

Au matin, notre colonne de cinq cents s'ébranla en direction de la gare. Il était midi lorsque nous pénétrâmes dans les wagons :

— Dis donc, ça fait vingt-sept heures qu'on est debout !

MADAME VAN DEN BROOK

Madame Wock est étendue par terre contre le Block. Elle gémit. Je suis parvenue à m'approcher d'elle sans être vue :

— Je vous en supplie, ne me laissez pas, ne me laissez pas. Je la calme.

— Mais non. Pourtant, Madame Wock est une belle femme d'une cinquantaine d'années, elle allait bien et, soudain, elle est tombée cette nuit. Nous l'avons ramassée et soutenue mais, vingt-quatre heures debout, c'est long et nous fûmes contraintes de la laisser à terre. La policière l'a vue :

— Wer ist diese alte Sau ? Qui est cette vieille truie ? La crainte et le courage relèvent Madame Wock. Mais un liquide brun coule le long de ses jambes :

— Dysenterie, constate Maria.

— Elle n'a qu'à crever. Posez-la contre le Block, deux suffisent. Et de sa cravache, la policière désigne deux d'entre nous :

— Ne me laissez pas, gémit notre amie, je ne veux pas mourir ici.

Nous tâchons de lui parler raison :

— Ce voyage vous achèvera, ici vous serez soignée, vous serez mieux.

— Oh! non, je ne veux pas quitter mes amies de souffrances. Je préfère mourir parmi vous plutôt que seule. Alors, avec une énergie farouche, nous ramenons notre pauvre malade dans nos rangs. Elle a marché droit et ferme.

De longs mois elle dut rester couchée. Quand nous revînmes à Ravensbrück, elle était encore des nôtres, maigre, misérable, mais si courageuse! Toujours gaie et, sous son accoutrement invraisemblable, elle avait conservé une apparence de grande dame.

— Oh! j'en ai marre.

— Ça s'ra donc jamais fini.

— J'vais jamais tenir le coup, et Madame Wock arrivait, l'œil brillant :

— Mais si, ce sera bientôt fini! J'ai d'ailleurs eu aujourd'hui un tuyau sensationnel, et à tous ces cœurs fatigués et las, elle redonnait courage :

— Les Russes avancent, les Alliés aussi. Demain, demain...

Et le lendemain, d'autres tuyaux sensationnels nous donnaient la force de vivre.

Nous haussions souvent les épaules :

— Il faut voir les choses comme elles sont, disaient certaines.

— Il ne faut pas s'illusionner, disaient d'autres. Madame Wock se leurrait peut-être!

— Vous verrez, ce seront des camions de la Croix-Rouge qui viendront nous chercher, et nous irons en Suisse, et nous oublierons vite nos tourments.

— Elle radote. Mais, hélas! Madame Wock n'a pas vu les camions de la Croix-Rouge suédoise. Elle n'a vu ni la Suisse, ni la Suède. Un jour elle ne peut plus parler. Elle écrivait encore :

— J'ai la diphtérie, mais ce n'est rien. Je ne veux pas mourir ici et, dans un effort surhumain, elle parvint à articuler :

— Je veux revoir la France. Ils n'auront pas une vieille carcasse comme la mienne.

Madame Wock, épuisée mais toujours vaillante, a été emmenée au Revier.

Le dimanche suivant, à la messe des Françaises, au moment de l'élévation, Madame de F. d'une voix tremblante annonça :

— Vous avez toutes connu Madame Wock, priez pour elle.

Là-bas loin du pays
Les heures passent lentement
Combien sont longues les nuits
Dans la tristesse du camp...

VOYAGE POUR TORGAU QUARANTE HOMMES — HUIT CHEVAUX

N'avez-vous jamais vu cette mention inscrite en lettres blanches sur certains wagons, dits à bestiaux ? C'est devant ce genre de transport que nous nous trouvons ce lundi matin 4 septembre 1944.

— Schnell, los, tempo. Les caractéristiques de la langue allemande sont que tout est toujours soit los, soit verboten et, dans un camp de concentration, vous avez tout juste le droit d'exister et encore faut-il, pour cela, faire honneur au grand Reich ou plutôt lui être utile.

Aujourd'hui, nous partons vers une usine de munitions, aussi nous est-il permis de vivre, mais nous comprenons que cela doit être schnell.

Un après l'autre, les « numéros » s'engouffrent dans les wagons. Les trois premiers sont pleins et voici notre tour :

— 57.977, 57.978, 57.979. Un coup de pied accélère la manœuvre. Nous sommes dix dans le wagon, puis vingt, trente, quarante, cinquante.

— Tempo, gueule le SS à la porte.

— Mais, y a pu d'place.

— Eh! dis donc fifille, va t'faire mettre dans l'prochain wagon. Mais le Chleu ne nous consulte pas. Encore une et une autre.

— Mais on va étouffer.

— Eh! monsieur, on est cinquante-cinq. Une cravache cingle l'air :

— Ruhe, Mensch. Nous, les premières arrivées, sommes écrasées contre la paroi. Un cri retentit :

— Je meurs... Affolement.

— Monsieur, une femme se trouve mal. Mais monsieur gueule et nous entasse à coups de pied dans notre malheureux wagon. Un coup de schlague et la porte glisse sur elle-même.

Nous voici renfermées, soixante-quatre, et pour combien de temps ?

— Tu m'écrases.

— M...

— Oh ! j'ai mal au pied.

— T'avais qu'à pas t'faire arrêter.

— Et toi, on t'a demandé ton avis ?

— Pour être avec des va-nu-pieds comme toi. Mais une voix énergique ramène le silence :

— Camarades, il faut s'entendre. Que celles qui sont contre le mur restent debout. Que les autres s'assoient. A tour de rôle, on changera.

La paix est rétablie. Et, d'une voix forte et claire, elle entonne l'hymne guerrier que toutes savent :

La victoire en chantant
Nous ouvre la barrière
La liberté guide nos pas
Et du nord au midi
La trompette guerrière
A sonné l'heure des combats
Tremblez ennemis de la France
Rois ivres de sang et d'orgueil
Le peuple souverain s'avance
Tyrans, descendez au cercueil.
La République nous appelle
Sachons vaincre ou sachons périr
Un Français doit vivre pour Elle
Pour Elle un Français doit mourir.

— Ben, déclare Jeanne en guise d'épilogue, s'ils croient nous em... en nous flanquant soixante-quatre dans c'turne, y verront qu'c'est nous qu'on les em...

LA TINETTE

Nous ne sommes pas des purs esprits, et une tinette trône au milieu du wagon. Elle donne d'ailleurs lieu à de sombres drames :

— Au secours, au secours, hurle une femme, la tinette déborde.

— Au secours, au secours, la tinette va se renverser.

— Espèce de p..., tu m'as versé plein de m... sur ma robe.

— P... toi-même, t'avais qu'à pas tant ch..., elle serait pas si pleine. Il fait chaud et chacune est énervée. Du fond du wagon, une voix larmoyante domine le bruit :

— Place, place, j'tiens plus. Oh! vite, j'fais par terre.

— Salope, tu m'prends pour un cabinet. Alors, on a pitié et par-dessus les têtes la tinette passe de main en main, éclaboussant sur son passage.

La petite ouverture par laquelle les chevaux ont le droit d'admirer le paysage est hermétiquement fermée, mais Nicole est très habile :

— Hurrah!

— Enfin, de l'air! C'est par cet orifice que nous vidons la tinette.

Cependant, quoique vous puissiez croire, les Allemands ont bon cœur. C'est un soldat de la Wehrmacht qui est assis sur le marchepied du wagon. Profitant d'un long arrêt du train, notre gardien nous ouvre la porte :

— Scheissen, schnell. Toutes se ruent vers la sortie.

— Zwei, nur zwei. Alors, deux par deux, nous sautons de notre wagon. C'est défendu de s'éloigner.

— Ben, si ça l'amuse d'admirer mon c..., après tout, moi ça m' gêne pas, ronchonne Marie.

— Au point où nous en sommes. Quel soulagement!

Quand le train est reparti, pleines d'une vigueur nouvelle, toutes ont entonné :

La République nous appelle
Sachons vaincre ou sachons mourir...

ALERTE

Il fait nuit dans notre wagon, quelques natures paisibles n'ont pu résister au sommeil, et des ronflements stridents s'envoient la réplique d'un bout à l'autre du wagon. Moi-même, serrée contre Maman, je ne sais plus très bien où je suis.

— Aufstehen. Cette voix nous fait sursauter.

— Qu'est-ce qui se passe ? Irritée, la voix se fait plus forte.

— Aufstehen, los, tempo. Quel branle-bas !

— Heraus. Tout bagage. Dans l'obscurité la plus complète, nous tâchons de rassembler nos biens. Nous voici sur le quai :

— Cinq par cinq.

— Dis donc, tu crois qu'on est arrivé ?

— Ça m'étonne, ils avaient parlé de trois jours de voyage.

— J'ai peur.

— Poule mouillée, va. Mais l'inquiétude étreint nos cœurs. Nous avions déjà entendu parler de transports noirs.

— Marche. Nous franchissons quais et rails, à la lumière des étoiles, très fortement encadrées. Tout mouvement de retraite serait pure folie.

— Stop. Devant nous la forme noire d'un wagon.

— Eintreten und schnell, entrez et vite. Nous voici dans un wagon d'une obscurité absolue. Un silence lourd et oppressé plane sur nous toutes. Je tâte les parois avec précaution :

— Que fais-tu ? me demande Maman.

— Oh ! rien. Je regardais s'il n'y avait rien d'anormal.

— Trouves-tu quelque chose ? me demande-t-elle au bout d'un moment.

— Non, mais vous ne sentez rien ?

— Attention à ton imagination. Au même moment la porte glisse sur ses gonds dans un bruit de ferraille :

— Heraus, los. Et sur le quai, on nous range :

— Cinq par cinq. Il me semble qu'en sens inverse nous parcourons le même chemin qu'il y a quelques instants, qui m'ont paru des heures. Et voici la sombre silhouette de notre train.

— Stop. Et par groupe de dix, on nous éparpille dans les différents wagons. Là, nous sommes fort mal reçues par nos camarades qui ont à peine assez de place.

— Oh ! là, qu'est-ce que vous venez faire ici ?

— Bon, on t'le demande aussi.

— D'où c'est qu'vous sortez ?

— J'y ons pas d'lunettes pour vouer la nuit. On s'est tassé tant bien que mal. Marie près de moi murmure :

— Dis donc, ce wagon, tout à l'heure, qu'est-ce que t'en penses ?

— Je n'ai vu aucun tuyau.

— Tu crois qu'c'était pour ça ?

— Le saura-t-on jamais ?

BERLIN

Notre gardien a en nous une confiance relative. Il laisse la porte du wagon ouverte ; lui-même s'assoit dans l'encadrement. Nous pouvons ainsi à loisir examiner le paysage.

— Orianenbourg !

— C'est près de Berlin !

— Ben, comme pruneaux ! Nous sommes dans les faubourgs de la capitale. Notre train avance avec lenteur et hésitation. De chaque côté : ruine, dévastation, ravage. Spectacle funèbre, pans de murs noircis par le feu, ferrailles tordues, pierres projetées, horizon imprécis, au loin un clocher incliné. Paysage désolé.

Chacune se presse pour voir :

— Ben, c'est pas pour dire, mais ils y en ont eu leur compte.

— Ça fait plaisir quand même d'voir ça.

— C'est effrayant.

— Ils l'ont pas volé.

— Y s'gênaient pas pour dire qu'Berlin était toujours debout.

— Bande de menteurs !

— Moi, ça me plaît c'site.

— Le progrès... et les commentaires vont leur train. Ils ne l'ont pas volé, comme dit Marie, mais que de deuils, que de larmes, que de souffrances !

Pour une Française, les ruines allemandes ne sont pas attristantes, mais, pour un être humain... J'ai honte de mes semblables.

LILI

Il manque une part de margarine, aussitôt l'alerte est donnée. C'est une telle richesse !

— Poussez-vous, madame.

— Pourquoi ?

— On est trop serré et vous êtes au large.

— Eh ! bien, tant pis pour vous ! Un tel égoïsme attire mon attention. Avec regret, je constate qu'il s'agit de Lili, Lili que nous connaissons toutes et de qui toutes attendent le bon exemple.

— C'est malheureux de voir ça. Lili mange son pain, satisfaite et rassasiée. Son sourire d'une inconsciente candeur est agressif.

— Non, mais, quand elle aura fini d'bouffer, et ça s'dit d'la haute ?

— Madame, répond Lili, avec une dignité offensée, vous m'insultez.

— Tu vois pas qu'on a faim nous aussi et qu'tu prends toute la place ?

— Moi, j'ai plus faim que vous.

— Saloperie d'artiste.

A Dieu seul appartient la justice. Lili n'est pas rentrée de Ravensbrück. Peut-être n'est-elle pas si farouchement égoïste, mais plus on est situé haut sur l'échelle, plus la chute est douloureuse et brutale. Ceux qui tombent des premiers échelons se font moins de mal.

Lili est tombée de haut et son caractère faible n'a pas supporté ce choc. Elle n'a pas su réagir. Il ne faut pas lui en vouloir. Il y en a eu beaucoup comme elle et trop souvent il a manqué une margarine.

TORGAU

Le train s'est arrêté :

— Dis, Marie, y a des usines ?

— Ça a l'air.

— Elles sont p't'être souterraines.

— Raus, schnell. Nous comprenons que nous voici arrivées. Nous commençons d'ailleurs à avoir le coup de main, cinq par cinq.

— En avant, marche. Et notre curieux convoi se met en route.

— Ruhe, Mensch.

— C'est loin ?

— J'suis jamais venue, figure-toi.

— Oh ! regarde. Devant nous, un grand bâtiment de pierre, bien gardé, mais à l'intérieur de la cour, il nous semble reconnaître des bérets alpins.

— Français ? crie Marie.

— Oui, et vous ? et le soldat s'approche de la grille.

— Où allez-vous ?

— On ne sait pas, dans une usine. Sur la bâtisse, nous lisons en grandes lettres : Oflag IV. C, il me semble.

— Ruhe. Et notre colonne de croisés avance. Il fait chaud. Nous voici sorties de la bourgade et, devant nous, à perte de vue s'étend une campagne riche et plate.

— Non, mais, où c'est qui nous mènent ? Nous ne savons plus marcher et, sous ce soleil de plomb, la route poudreuse semble infinie. Personne ne parle maintenant, seuls des gémissements s'exhalent de certains corps usés par les longs mois de prison et de torture.

Un cri de joie :

— Oh ! un pissenlit. En oubliant toute discipline, voici Marie accroupie au bord de la route. Et un deuxième. D'autres aussi se sont ruées sur la vitamine poussiéreuse.

— Stop, crie l'escorte. Ce sont des soldats de la Wehrmacht, ils ne sont pas cruels et nous laissent à loisir croquer les feuilles grises.

— En avant, marche. Cette diversion fut un repos pour nos têtes douloureuses.

Nous apprîmes, par la suite, que la distance qui séparait notre camp de la gare de Torgau était de six à neuf kilomètres.

Il était cinq heures quand nous fûmes en vue de la cheminée d'usine. A quelques mètres de là, des fils de fer barbelés limitent de tous côtés une cour. Au milieu de la cour, des arbres, et un long bâtiment en ciment. Nous voici rangées dans la cour. La proximité de l'usine nous effraie mais un air de demi-liberté nous éclaire le cœur : un fil de fer nous sépare des bois et des champs qui s'étendent à perte de vue. Cela nous change de la prison sévère et des murs hauts et noirs du camp de Ravensbrück.

Pour ma part, j'ai souffert là, plus qu'ailleurs, de la psychose des barbelés. Là-bas, la liberté était lointaine, on était transporté sur une autre planète et, seul, un effort d'imagination nous replongeait dans l'atmosphère d'antan. La fatigue et la faim contribuaient à un engourdissement moral et intellectuel.

Ici, la liberté est à portée de la main et inaccessible.

De l'autre côté du fil de fer, un chemin de campagne où, satisfait de sa journée, un paysan chemine, une bicyclette longe notre cour avec une femme souriante, des enfants rentrent de l'école, le soleil se couche sur les moissons, au loin un chien aboie furieusement et, nous, en robes croisées, nous sommes prisonnières. Si nous franchissons cette route, la mort nous attend. Nous sommes des bagnardes. Nous n'avons plus droit au repos, ni à la douceur de vivre. Nous n'avons droit qu'au mépris et aux coups.

C'est à Torgau que j'ai le plus souffert, cette souffrance morale de l'âme qui aime la vie, la liberté et, qui, le front penché vers la terre, traîne de lourdes chaînes.

« Ils ne sont pas du monde, comme moi je ne suis pas du monde » (Saint-Jean).

« J'ai passé étranger et solitaire au milieu de vous... »

TORGAU

Chacune a fait son trou ! Les colonnes se sont organisées ; l'usine, l'agriculture, les travaux du camp.

Les dortoirs paraissent grands et spacieux, à côté de ceux de Ravensbrück. Chacune a son lit et, lorsque le soir les rayons de lune s'infiltrent dans les travées, il semble qu'un peu de douceur a pénétré dans les cœurs douloureux.

Compagnons, dormez-vous ?
Le repos descend sur terre.
La nuit claire
Nous éclaire.
Compagnons, à qui rêvez-vous ?
Nous rêvons des yeux doux,
De celle qui nous est chère,
Au vieux père,
Tous nos frères.
Compagnons, nous rêvons de chez nous.
(Chanson de camp)

BADINE

N'allez pas croire que les fils de fer barbelés seuls nous surveillent de leurs regards piquants, ou que les croix de nos vêtements suffisent à nous garder, ce serait trop beau. Nous avons trois Aufseherinnen, pas méchantes, et « Badine ».

Il porte un nom chrétien que nous ignorons. Pour les prisonnières, il est l'Oberschaftsführer, et ceci doit être prononcé avec une intonation de respect mêlée de crainte, sinon, gare à la badine ! Elle ne quitte pas ce petit homme blond, maigre, et qui est fier de se croire un spécimen de la race teutonique. Bien coiffé, bien habillé, il aime à parcourir son domaine, l'œil brillant, le verbe haut et jouant du stick. Ses intentions ne sont pas toujours mauvaises, mais il aime qu'on le craigne et que, devant sa médiocrité de valet, on courbe l'échine. Il n'est pas intelligent, mais rusé. L'idée d'avoir cinq cents femmes sous ses ordres lui monte à la tête, et de plus, cinq cents Françaises, à l'esprit vif et promptes à l'indiscipline. Elles le possèdent, et il le sent. Alors, il saura les mater. Et, tout en les craignant, il aboie furieusement et, dans sa haine et son mépris, il les admire. Curieux mélange de l'homme et du métier : il n'est qu'un larbin à l'âme grossière et basse, au cœur rude et sentimental, destiné à obéir, et le voilà, à force de discipline et de docilité bornée, Oberschaftsführer, maître de cinq cents femmes qui sont entre ses mains, disposant de la force et du pouvoir, deux armes chères aux faibles. Il n'ose en abuser, mais il sait en user. Et cette double notion de possession se condense dans la badine qui bat l'air et parfois s'abat lourdement sur de frêles épaules.

Un cri a retenti au milieu de la nuit, puis un autre qui se termine en douloureuses plaintes.

— T'as entendu ? Et déjà les bois craquent et des têtes affolées se penchent au-dessus des châlits.

— Va voir, Jeanne. Jeanne couche près de la porte. Les gémissements se poursuivent :

— J'vois rien, qu'la Badine qui gueule en tapant sur quelque chose par terre et qui crie.

— Une camarade.

— Que faire ?

— Y a qu'à s'boucher les oreilles, déclare une voix qui a déjà compris plus vite que nous la philosophie des bagnardes.

— Pourtant, une camarade. Une voix irritée souffle agressive :

— T'as un fusil ? non. T'as d'quoi attaquer ? non. Alors sois pas couillonne et dors et fous-nous la paix. Je n'ose pas me fâcher. C'est brutal, mais c'est vrai.

Le lendemain, dans le fond du Revier, une femme grosse se débat en hurlant :

— C'est Marie, elle est devenue folle. Je frémis. J'ai souvent pensé qu'il était aisé de perdre la raison ici.

— Pourquoi ? L'infirmière hausse les épaules.

— T'as pas entendu, cette nuit ? Marie est sortie pour aller aux w.-c. et la Badine rôdait dans la cour ; il l'a vue et l'a à moitié assommée. Ce matin-là, notre Oberschaftsführer avait l'œil vague et trouble et il sentait encore l'alcool à plein nez.

Certaines l'ont trouvé humain. Il gueulait plus qu'il ne frappait. Le proverbe dit : « chien qui aboie ne mord pas ». C'est possible mais, moi, je pense souvent à Marie.

REFUS DE TRAVAIL

Les groupes qui se sont formés dans la cour semblent agités :

— Pour qui qu'c'est qu'y nous prennent ?

— Eh ! bien, moi je refuse.

— Moi aussi.

— Ah ! c'te vermine.

— Va, faut t'calmer Nénette, on les aura les salauds.

— En attendant... Pas de défaitistes ici.

— Si t'es pas contente, t'as qu'à foutre le camp.

— J'voudrais ben. Eclat de rire général.

— C'est qu'ça fait longtemps que j'suis en prison.

— T'avais qu'à pas t'faire prendre si tôt, dégourdie, va !

Mado intervient :

— Le commandant vient cet après-midi, voulez-vous que je parle en votre nom ?

— Oui, oui. Mais une vieille dame qui rôde entre les arbres se méfie de cette jeunesse inconsidérée.

— Vous êtes folles, mes petites.

— Eh ! la mère, crie une voix impertinente, allez donc voir au dortoir si j'y suis.

— Laisse parler, tranche Mado, tous les avis sont bons. C'est la raison qui parle.

— Vous oubliez que vous êtes prisonnières, entre leurs mains. Vous n'obtiendrez rien, sinon des représailles qui peuvent coûter cher. Attention. Vous êtes jeunes et chaudes, attention.

Il s'est formé deux clans : celles qui subissent et celles qui refusent. Ces dernières sont décidées, elles ont des frères, des pères, des maris, elles ne veulent pas faire de munitions.

Voici le commandant qui arrive en motocyclette. Il semble abordable. Mado s'avance et expose en allemand notre point de vue.

— Nous sommes des déportées politiques. La Convention de Genève interdit tout travail de guerre. Nous ne craignons pas la besogne, mais nous refusons de travailler dans une usine de munitions. Le commandant paraît étonné. Que pensions-nous faire en venant ici ?

— Nous avons cru que ce serait des travaux agricoles et on nous avait parlé d'une usine de céramique. Mais..., et Mado l'exhorte à l'humanité :

— Nous avons des frères, des pères, des maris, qui combattent. Nous ne pouvons tourner des obus qui tueront les nôtres. Nous refusons ce travail et nous savons que c'est notre droit.

Le commandant est surpris. C'est la première fois que chose pareille se produit. Il ne peut décider de rien. Mais il avertira Berlin et on tâchera d'arranger les choses pour le mieux. Est-il sincère ?

— En attendant, il faut travailler.

— Pas à l'usine. Alors on fera un compromis :

— Il me faut deux cents femmes pour l'usine. S'il y a des volontaires, prenez-les de préférence, cent pour le travail de jour, cent la nuit. Les trois cents autres seront réparties en divers commandos : arrachage des pommes de terre, épluchage des légumes, cuisine, etc. Il ne faut pas être trop difficile. Il se présente deux cents volontaires, et les autres colonnes s'organisent rapidement :

— Vous voyez la mère qu'on n'est pas si folles que ça !

— C'est ça qu'y aiment les chleus, le poing sur la table !

— On verra, rétorquent les vieilles dames prudentes.

La réponse est arrivée de Berlin.

— Cinq par cinq, schnell. Les deux cents femmes qui travaillent à l'usine sont réunies. Elles partent vers un autre camp, près de Weimar. Est-ce un hasard ? Les autres...

— Zurück nach Ravensbrück, hurle Badine.

Ce fut Ravensbrück dans toute son horreur, un Block de tziganes, et Koenigsberg-sur-Oder, puis, pour celles qui ont survécu, Rechlin.

Il en est revenu dix-sept. Les vieilles dames sont mortes, et l'une d'elles a dit :

— On était bien à Torgau. Il ne faut pas lutter contre le destin, et, cependant, dix-sept sur deux cents...

— Je ne regrette rien, a dit Yvonne, je savais que j'engageais ma vie en refusant le travail d'usine.

A L'EPLUCHAGE

Revêtues de longues blouses blanches, avec, sur la poitrine en grandes lettres noires F.K.L., Frauenkonzentrationslager, nous avançons cinq par cinq vers notre Arbeit. Il porte le nom de Küche, cuisine, et consiste à aller s'installer douze heures par jour dans une cave à légumes et à éplucher. Notre groupe est sympathique. Il y a Toquette, Lucienne, Virginia, Nicole, Anne, les six parachutistes et bien d'autres, toutes bonnes camarades et gaies.

Notre gardienne n'est pas méchante. On peut parler et, lorsqu'elle sort de la cave, ce sont des parties de boules et de ballons avec les choux et les citrouilles. D'autres profitent du brouhaha pour se remplir les poches d'oignons, d'ail, de carottes, de feuilles de choux. Ah ! les bonnes salades qu'on mangeait le soir au camp. Que de vitamines ! On fouillait rarement.

— Vingt-deux, crie une voix à l'entrée.

— Vingt-deux, cri d'alarme, se propage en un instant.

Voici l'Aufseherin qui arrive. Assises en rond autour des

choux-raves, carottes, chacune épluche avec conscience et sérieux. Un chou égaré au milieu des oignons attire son attention :

— Was ist das ?

— Herr Petrus. Herr Petrus est pour nous ce que le chat est aux enfants :

— Qui a mangé ce gâteau ?

— C'est le chat.

— Qui a mis ce chou dans les oignons ?

— C'est Herr Petrus, un brave homme, qui n'est ni SS ni soldat. Il est le maître de la cave et des légumes, et souvent il vient nous voir avec un large sourire et un regard triste où on démêle plus de pitié que de mépris. Il est père de famille et désire la fin de la guerre avec presque autant de hâte que nous-mêmes. Il crie parfois, mais toujours lorsqu'un SS traîne dans les parages. L'Aufseherin lui accorde quelques faveurs et le nom de Herr Petrus a un pouvoir magique. D'un œil dubitatif, elle considère le chou déplacé. Après tout, si c'est Herr Petrus, et à nouveau elle s'éloigne vers la sortie.

Attentives à notre confort, nous avons pillé la cave de Herr Petrus afin de trouver des sièges. On ne nous offrait qu'une terre humide et nous craignons les rhumatismes. Herr Petrus a froncé les sourcils mais nous a laissé maîtresses des caisses, paniers, vieux sacs, seaux, barriques, qui nous servent de fauteuils moelleux et secs !

— Dis donc, Jeanne, t'as vu sur quoi t'es assise ?

— ? C'est une confidence. Profitant d'un éloignement de l'Aufseherin, j'ouvre le petit seau :

— Qu'est-ce que tu en dis ? Jeanne est émerveillée.

— Mais comment faire ? Le lendemain, sous nos blouses, nous avons rapporté des tasses vides du camp et une cuiller. Pas de fouille, et si vous saviez la bonne soupe qu'on a eue à midi ! Devinez : ces seaux — il y en avait trois — contenaient du viandox. Après nous, le déluge. Les seaux sont presque vides.

— Qui a mangé le viandox ? demande en riant Toquette.

— Herr Petrus. Mais, cette fois-ci, Herr Petrus n'a pas été content. Après nous le déluge ? C'est une autre équipe qui est à l'épluchage. Nous savons seulement que ça a bardé. Mais c'était bien bon !

LA RÉCRÉATION

Compagnon, pensez-vous
Aux plaisirs des jours de fête,
Chansonnettes
Des guinguettes ?

Nous ne sommes pas des purs esprits et à force de supplications, on nous a accordé un Abtreten de temps à autre.

Par groupe de dix, sous l'œil vigilant de notre gardienne, nous sommes conduites dans le sable, près de la voie ferrée.

— Schnell.

— Comment faire ? Lisette a une idée. On creuse un trou profond :

— Que tout le monde se détourne. A l'aide d'une baguette, on jette un peu de sable, et :

— A la suivante.

L'idée était bonne, mais il y a eu un accident. A force de creuser et de combler, on ne sait plus très bien, et Françoise est tombée les deux pieds dans un trou profond et malodorant. Fou rire.

— Va, tu s'ras libérée, ça porte bonheur, mais en attendant, Françoise est tenue à distance :

— T'approche pas, et on se bouche le nez.

— Il vaut mieux chacune pour soi.

Excusez les détails, mais ce furent de bons moments, armées d'une baguette et d'une feuille de chou, nous nous mettons en cercle, il faut creuser un petit trou, se baisser, c... au vent, user de la feuille verte et recouvrir le tout de sable fin. Sauf pour la feuille verte, les chats font ainsi. Pour celles qui sont constipées ou qui font des efforts, nous sifflons. Pour nous élever le moral, nous choisissons d'ordinaire un sujet élévateur, genre musique ou poésie. C'est une récréation de dix minutes que nous nous efforçons de renouveler le plus souvent possible.

Vous semblez dégoûtés ? Qu'auriez-vous fait ?

LE CORPS MÉDICAL

Le corps médical s'est constitué. Ce ne fut pas sans quelques heurts et froissements. Suzanne qui, elle aussi, est médecin, s'est retirée pour faire place à Maria et Cyliane qui sont, dit-elle, ambitieuses. Deux infirmières se sont présentées : Cécile et Mademoiselle Baté, une femme de ménage. Beaucoup de malades et, comme personne ne parlait allemand et que le médecin major ignorait notre langue, il a fallu une interprète, et ce fut Maman.

Un petit dortoir d'une vingtaine de lits sur deux étages devint l'hôpital, et les trois premiers lits à gauche de la porte en haut furent réservés aux autorités. Cyliane couchait ailleurs, Cécile et Mademoiselle Baté aussi. Seules, Maria et l'interprète régnaient jour et nuit sur l'infirmerie. Celle-ci se composait en grande partie de vieilles dames et de jeunes qui tiraient au flanc.

— Dis donc Maria, j'en ai marre, ça fait tant d'nuits que j'travaille à l'usine. J'suis fatiguée.

— Allez, couche-toi. Et le lendemain, sur le rapport, on lisait : une telle, cholécystite aiguë, inapte pour quelques jours.

— Französisch, immer krank, gueulait Badine, et le tour était jouée. Le Revier était toujours plein, ce qui justifiait le nombre du personnel médical, et les femmes fatiguées par le travail y trouvaient un abri où elles pouvaient réparer leurs forces.

Cependant, cette institution ne fut pas à l'abri des jalousies :

— Au Revier, disaient les unes, elles ont plus de soupe.

— Elle est plus épaisse, disaient les autres.

— Elles ont des avantages, et cela n'est pas tolérable au bagne.

Maria, le docteur, était maigre et nerveuse. Sa constitution ne réclamait pas une grosse nourriture. De plus, très optimiste de nature, on l'entendait dire :

— Allons Suzette, te plains pas, la nourriture est bonne.

— Dis donc, Lili, ferme-la, t'es aux frais de la princesse, ça t'suffit pas ? Et les mauvaises langues allaient leur train.

— Elle en cause à son aise, Maria, elle doit bouffer sa part et celle des malades, et elle trouve drôle que nous on ait faim. Or, Maria ne bouffait même pas sa part, elle la donnait souvent aux jeunes. Mais la jalousie est aveugle et sans pitié.

Les Français nous ont laissé des vivres que Badine a soigneusement gardés. Cependant le bruit court :

— T'as vu Zézette, au Revier ?
— Ben quoi ?
— Y s'en foutent plein la gueule sur not'dos.
— Pas possible ! et l'assistance devient plus nombreuse.
— T'as eu du pain d'épice, cocotte ? non, t'as eu du chocolat ? pas davantage. Eh ! bien moi j'vous dis qu'le corps médical, y s'en foutent plein la gueule. Un murmure d'indignation parcourt l'assistance.
— T'en es sûre ?
— Puisque j'ai vu ! Et les commentaires vont leur train. La révolte gronde.
— On va les rosser, lancent quelques exaltées.
— Sus à l'infirmerie, et le corps médical est en fâcheuse posture.

Cyliane, avec son tablier et son bonnet blanc, décide d'y mettre bon ordre :

— Adieu, mes amies, dit-elle en sortant du Revier, si vous ne me voyez pas rentrer dans une heure, venez me chercher avec une civière. Et, d'un pas décidé, elle avance vers le dortoir numéro un, il y en a trois. C'est le soir, après la soupe, tout le monde est là.
— Silence, et la voilà grimpée sur une table dominant la salle.
— Camarades, vous vous plaignez du corps médical. Vous voulez lui casser la gueule. Me voici. Mais je vous préviens que je sais la casser moi aussi.

Silence.

— Alors, personne ne se montre ?

Silence. Alors Cyliane poursuit :

— Il paraît que nous vivons de pain d'épice et de chocolat et qu'on l'a vu ? Eh bien, que celle ou celles qui l'ont vu aient le courage d'avancer et de le répéter devant moi !

Silence.

— Que celle qui l'a vu avance, menace Cyliane. Ses yeux lancent des éclairs, mais un lourd silence plane sur les femmes.

Alors Cyliane lentement descendit de sa table et sortit.

Dans le dortoir numéro deux, même discours fut tenu aux femmes assemblées, et quand Cyliane redescendit du haut de la table, ce ne fut plus le silence qui l'accompagnait, mais un murmure de sympathie et d'admiration. Du dortoir numéro trois, Cyliane sortit sous un tonnerre d'applaudissements.

Il faut se défendre. D'où vient la légende ? C'est Mimi qui a lancé le bruit :

— Dis donc, Mimi, j'ai deux mots à te dire. Et voilà Cyliane aux prises avec la meneuse.

— Où ? Quand ? Et la lumière se fait. Le pain d'épice ? c'était le jour où Badine avait prêté un gros encrier en bois brun, le chocolat ? un petit livre plat, marron.

Vaut-il mieux rire ou pleurer devant la bêtise et l'hystérie des femmes ?

LE TRAVAIL

Le grand Reich possède l'art de l'organisation logique. Les colonnes travaillent :

L'usine transporte les haricots.

La campagne vide les w.-c.

Les éplucheuses et les arracheuses de pommes de terre travaillent à l'usine.

Il suffit de s'entendre sur les mots !

SOUS LE TONNEAU

Il nous a été permis ce matin de sortir éplucher devant la cave.

— C'qu'on est bien !

— C'est la vie de château. Non loin de nous une baraque, derrière, un petit jardin où des tomates déjà rouges brillent au soleil. L'Aufseherin s'est écartée de nous.

— Dis donc, Monique. Mais Monique a déjà compris et la voilà qui, avec précautions, s'approche du jardin.

— Non, mais, des fois, faut plus s'gêner. Et par la fenêtre de la baraque, une tête apparaît :

— Français ? lance Mireille.

— Oui, vous aussi ?

— Ben, tiens.

— Travailleuses libres ?

— Comme toi, imbécile. Déjà plusieurs têtes apparaissent aux fenêtres de la baraque.

— On nous a dit qu'vous étiez des prostituées. Indignée, Marie explique notre situation.

— Eh ! dites donc, pour les tomates, elles sont pour vous, c'est notre jardin, vous pouvez y aller. Mais voici notre gardienne qui, d'un pas lent, s'approche de nous. Les quelques tomates disparaissent sous nos épluchures, et, satisfaite de notre travail qu'elle croit consciencieux, elle s'éloigne à nouveau.

— C'est nous qui amenons les légumes dans votre cave. A droite, près de la porte, il y a un tonneau. Glissez dessous la liste de vos noms, numéros, etc. nous avons une radio clandestine et donnerons de vos nouvelles. Bon courage. Il est plus prudent de cesser notre conversation, mais aujourd'hui, il nous semble que notre fardeau est moins lourd.

Le camp, à cette nouvelle, fut très excité. Les listes se constituèrent, et le lendemain matin, sous le tonneau, nous disposâmes un dossier important auquel était jointe une lettre de remerciements.

Le surlendemain, sous le tonneau, une lettre nous attendait : chères petites amies. Je ne me souviens plus des termes exacts. Cette lettre nous exhortait au courage, à la patience, à la confiance. Et : maintenant que nous savons que nos sœurs françaises partagent un sort pire que le nôtre, nous ferons l'impossible pour vous venir en aide, et le jour du règlement final qui ne saurait tarder, comptez sur nous pour veiller sur vous. Cette lettre nous attendrit, et une correspondance active s'établit entre les hommes et nous, sous le tonneau.

Peu à peu, d'autres contacts clandestins s'établirent entre les bagnardes de Torgau et le stalag IV. C.

Un jour, deux femmes de chez nous moururent. Les Français avertis aussitôt vinrent réclamer les corps. Et nos deux camarades furent enterrées dans le cimetière militaire.

Une collecte fut faite parmi les prisonniers qui recevaient des colis :

— Pour nos sœurs françaises. Et tous donnèrent, même les plus affamés ! Ces dons remplirent un camion qui prit le chemin de notre camp. T., l'homme de confiance, exposa à Badine le but de la démarche. Elle n'était pas prévue dans les règlements, et Badine accorda avec indifférence la permission de décharger. Mais à la vue des conserves, chocolat, pain d'épice et autres merveilles, son œil brilla :

— Hier, dit-il en indiquant une pièce non loin de son

bureau. Il la referma à clé et promit de nous distribuer tout cela dimanche. Les chasseurs alpins repartirent satisfaits.

Mais plusieurs dimanches passèrent et dans les w.-c. des SS on trouvait un nombre inquiétant d'emballages suspects. A force de récriminations, Badine hurla :

— Fünf zu fünf, et chacune reçut quatre biscuits caséïnés.

Nos amis, à cette nouvelle, ne se découragèrent pas. Une autre collecte remplit un deuxième camion. Cette fois-là T. fit un inventaire en plusieurs exemplaires dont un fut remis à notre femme de confiance. Badine n'osa voler qu'un tiers !

La proximité des prisonniers français nous rendait la vie presque facile.

Un jour, une lettre nous apprit que nos amis, moins malheureux que nous, avaient décidé de nous adopter. Ils seraient nos parrains. Des listes se dressèrent et chacune se sentait forte à l'idée que, non loin du camp, un Français pensait à elle et l'aidait. Hélas, ce projet ne fut pas pratiquement réalisé :

— Fünf zu fünf, avait hurlé Badine, et il nous a fallu nous engouffrer dans les wagons à bestiaux.

Les Français alertés trouvèrent le moyen de travailler à la gare, et T. réussit à s'approcher de notre wagon :

— Où allez-vous ?

— On ne sait pas, Ravensbrück, sûrement.

— Si on vous envoie dans un autre camp, il faudra faire votre possible pour vous mettre en rapport avec les camps de prisonniers environnants, s'il y en a. Nous avons tous une radio qui nous relie et ainsi nous pourrons continuer à vous suivre et à donner de vos nouvelles. Il réussit à nous lancer quelques livres et une lettre.

— Weg, ruhe, hurlaient les gardiens.

— Bon courage, petites filles, on prie pour vous, et sous une avalanche d'insultes. T. nous crie encore : et vive la France. Le train avançait lentement et nous entonnâmes *la Marseillaise*.

— Très chères petites amies, débutait la lettre. Elle était à la fois tendre et virile, maternelle et pleine de force.

J'appris longtemps après que les premières nouvelles que ma famille avait eues venaient d'un certain N. qui avait été mon parrain à Torgau. Je ne le connais pas, mais à lui toute ma reconnaissance.

LE DIMANCHE

A Torgau, le dimanche est un jour de repos. Pas d'appel, pas de travail. Celles qui sont à l'usine peuvent rapporter quelques bidons d'eau chaude. On fait sa toilette, sa lessive. On se fait des visites, des politesses.

— Pardon, madame Jeanne, dimanche à onze heures, pourrais-je aller sur votre lit ?

— Oui, avec plaisir, à moins qu'on distribue la soupe.

— Alors, vers trois heures, serai-je indiscrète ?

— Mais pas du tout, d'ailleurs à quatre heures, la petite Marie doit venir aussi.

L'aumônier du stalag n'a pas eu l'autorisation de venir nous dire la messe. Alors celles qui le désirent se réunissent dans la cour et, vers le ciel, volent les cantiques et les invocations ; Yvonne officie.

— Pour nos familles, pour nos armées, pour la patrie, pour la victoire, Agnus Dei, Dona nobis pacem, et, devant une tête de Christ qu'Yvonne a sculptée, chacune se transporte dans sa petite église de France où des voix parfois fausses entonnent après l'Ite missa est :

— Sauvez, sauvez la France, au nom du Sacré-Cœur.

Les groupes se forment çà et là :

— Comment qu'tu dis, Marie, pour le canard en gelée ?

— Tu prends de la farine, trois œufs, explique une voix sous un arbre.

— Il y avait là ma petite fille et la bonne, quand ils sont entrés, j'ai bien compris qu'c'était pour Ernest. Hantée par ces sombres visions, elle ne peut s'empêcher de les raconter à celles qui savent écouter.

Là-bas, sur les troncs d'arbres, ce sont les jeunes. Beaucoup sont scouts.

— Tu sais, Maryse, il ne règne pas assez d'esprit de corps dans le camp.

— C'est vrai, il faudrait que chacune ne pense qu'aux autres.

Idéalisme, chimères. Quelle belle tâche pour des jeunes avides d'idéal que ce labeur non plus théorique, mais réaliste : le travail des âmes.

Dans le dortoir deux, une conférence a attiré bon nombre d'auditeurs, tandis que sur leurs lits, des indifférentes sommeillent ou se font les ongles.

— Dis, Mireille, tu m'laves les cheveux ?
— J'peux pas, j'ai une cliente.
— Quand tu pourras ?
— A six heures. J'ai encore la mère F. à épouiller et une mise en plis à la petite Jeannette. Mireille est coiffeuse et elle exerce son métier le dimanche avec un grand succès. En semaine, elle appartient au service de voirie.

Suny qui est danoise et professeur de gymnastique, hurle dans la cour :

— Une, deux, aspirez, pliez les genoux, trois, quatre, respirez, levez-vous, une, deux... Tandis que Virginie, qui est américaine et a une jolie voix, nous chante des chansons nègres et des complaintes du nouveau monde. Toutes reprennent en chœur :

— Glory, glory, alleluia. Et lorsque Badine hurle :
— Suppe holen, schnell, il nous semble que la liberté n'est plus loin.

C'était le 10 septembre.

LA CUISINE

Depuis une semaine, nous travaillons à la cuisine. C'est un bâtiment non loin de l'usine et parfaitement indépendant : il se compose de deux cuisines et d'un grand réfectoire. C'est le domaine de Frau Renige qui, sous ses ordres, a Frau Putze et Frau Grille.

Frau Renige est jeune et fière. Très hitlérienne, elle hait cette race dégénérée qui est la nôtre. Nous donner un ordre la dévaluerait et nous toucher la souillerait. Tout au plus s'accorde-t-elle une gifle de temps à autre. Elle ne méprise pas les mâles avec lesquels elle aime plaisanter dans les coins. Le « beau ténébreux », comme nous avons surnommé le SS le plus assidu, passe des heures avec elle.

— Y s'en font pas, comme dit Colette. Et, de la deuxième cuisine, fusent des rires et des protestations amoureuses, alors que nous, diligentes abeilles, nous tournons, pieds nus, autour des cuves et lavons les murs ! Cela sous l'œil perçant de Frau Putze ou Frau Grille, toutes deux aussi sales, aussi vulgaires, aussi brutales l'une que l'autre.

Dix d'entre nous, assises sur un tabouret, épluchent toute

la journée. Défense de parler, et Frau Putze, qui épluche aussi, exige un rendement maximum qu'il nous est impossible d'atteindre.

— J'suis pas cuisinière, moi.

— Je fais une licence de droit. Mais Frau Putze a dû naître en épluchant des légumes et son panier est plein alors que le nôtre est encore vide !

— Tempo, tempo, et elle menace du bunker cette Schweinerei Franzosen, cette cochonnerie de Françaises.

Frau Grille est plantureuse et plus débonnaire, mais non moins sévère :

— Arbeit, schnell, se plaît-elle à crier, en nous surveillant de près. Pas un instant de répit.

J'ai épousé le galop des événements. Il me faut être à la cuisine ? Soit.

— Si ta grand-mère te voyait ! me dit Nicole en riant : je crois qu'elle aurait une attaque. La cuisine étant pleine d'eau et de saleté, j'ai refusé d'y faire pénétrer mon unique paire de souliers. On nous a donné des sabots. Mais je ne sais pas marcher en sabots, alors j'évolue pieds nus.

— Hé ! m'accoste à tout instant Frau Grille, Schuhe, schnell.

— Nein, nein. Ma blouse blanche qui me pend jusqu'aux chevilles (il n'y en avait pas à ma taille), est crasseuse et mon fichu blanc mis sur l'oreille laisse échapper des boucles folles que je repousse d'une main graisseuse.

Un jour que toutes déjeunaient dans le réfectoire, j'étais allée voir si mon feu marchait, Frau Grille était là :

— Was machst du hier ? Que fais-tu ici ?

— Feuer, du feu, alors elle s'approche de moi et me donne une tomate et une poire. Depuis ce jour, son attitude devint bienveillante. J'en profitais pour obtenir du papier pour le w.-c., un surplus de soupe, et toute la cuisine fut contente.

— Kommen hier, arbeiten, et je dus m'asseoir en face de Frau Grille et éplucher des carottes. Je le faisais si maladroitement qu'elle se fâcha :

— Was machst du im zivil ? Que fais-tu dans le civil ? Je lui expliquai qui j'étais :

— Wie Jahre alt bist du ? Quel âge as-tu ?

— Vingt-et-un. Alors elle se mit à m'expliquer qu'elle était mère de famille, séparée de ses sept enfants, alors que son mari était sur le front russe. Sa fille aînée avait mon âge et depuis la guerre était réquisitionnée pour le travail obligatoire, comme elle-même d'ailleurs. Elle m'avoue en avoir assez de la guerre. Avec le peu d'allemand que je sais, je lui ancrai cette idée et lui expliquai que ce n'était pas une vie que celle que nous menions. Je lui parlai de ses enfants, d'une maison chaude et claire où tout le monde est heureux et réuni. Je lui souhaitai de revoir son mari, ce qui n'était pas certain. Alors, j'appris que deux de ses fils avaient été tués à la guerre...

— Dis donc, qu'est-ce que tu lui as raconté à c'te pouffiasse ?

— J'ai fait la guerre des nerfs, dis-je en riant, j'ai attaqué le moral.

Depuis, Frau Grille devint notre alliée. La crainte la faisait crier devant Frau Renige, mais elle fermait souvent les yeux.

Quelle terreur devait inspirer le régime, car en Allemagne il y avait beaucoup de Frau Grille et, cependant, l'édifice ne croulait pas !

ABTRETEN

— Schnell, schnell, abtreten, crie Frau Grille.

— Elle nous em...

— Los, tempo.

La discipline dans le grand Reich s'étend jusqu'aux vessies. Neuf heures et quatre heures sont les heures autorisées. Les w.-c. étant à cinq cents mètres de notre cuisine, la situation est certes critique pour des vessies fantaisistes comme les nôtres.

Frau Grille est sans pitié.

— Abtreten, schnell, neuf heures.

— Ben, allons-y, accorde Colette, ça nous fera une récréation.

Derrière les deux grandes cuves de la cuisine, il y a un robinet auquel est accroché un long tuyau. La cuisine est légèrement en pente et au centre il y a un trou par où l'eau s'écoule. En Allemagne, pas d'évier, aussi lavons-nous notre domaine à grande eau et les cataractes vont se perdre dans le trou grillagé.

— C'est pratique ça, murmure Jeanne.

— ?

Il est onze heures, et voilà Jeanne qui s'approche doucement de Nicole.

— Mais bien sûr, répond cette dernière, et se tournant vers moi :

— Jeanne est en difficulté, il faut l'aider, alors surveille que personne ne vienne dans le coin. Et voilà Nicole qui s'empare du tuyau, ouvre le robinet :

— Attention. Personne ?

— Non, allez-y, et Jeanne s'accroupit derrière la cuve. Un petit filet jaune avance que, d'un jet énergique, Nicole fait disparaître dans le trou.

— Bien joué ! et Jeanne, soulagée, est déjà loin. Elle a dû donner le mot car maintenant, à tout instant, une voix suppliante vient nous parler à l'oreille et comme il ne faut rien refuser à une camarade, je guette, tandis que Nicole actionne le jet d'un tuyau.

Si le Grand Reich croit qu'il imposera sa discipline aux vessies françaises, il se trompe.

GEORGINA

La cuisine a son aristocratie. Nous en sommes la plèbe, mais dans celle où siège Frau Renige, quatre d'entre nous ont été choisies comme Kücherin ; nous ne sommes que les marmitons.

Georgina a pris la tête de notre colonne et elle a une tendance fâcheuse à nous mépriser, parce qu'elle est Georgina et que nous... Bref, on l'entend facilement crier :

— Dis donc, Annie, tu t'fous de moi, relève cette cuve.

— Une telle, apporte-moi ce couteau.

— On est pas ses domestiques, quand même, rouspète Colette. Mais Georgina parle bien allemand et ses rapports sont bons avec Frau Renige.

Lorsque nous volons des pommes de terre, elle se fâche.

— T'as pas honte de voler ?

— C'est à toi, garce ?

— Non, mais c'est aux Allemands.

— Alors, tu crois pas qu'on s'en fout ?

— Sois polie, sinon, et, sous ses ordres aimables, nous

savons que Georgina n'hésiterait pas à confier ses déboires à Frau Renige. Alors, on se méfie :

— Attention, voilà Georgina. Ses trois amies, dominées par elle, l'imitent facilement :

— Lave-moi ce tuyau.

— Emporte-moi ce balai, et les reines de la première cuisine y gagnent en suppléments : sucre, margarine, etc. tandis que, dans l'arrière-cuisine, pataugeant dans une eau froide et sale, il nous faut arbeiten comme des esclaves, sous les menaces de nos gardiennes.

Georgina est plus bête que méchante. Elle ne sait pas être forte avec les forts et son attitude a bientôt déplu aux Teutons qui méprisent au fond la platitude des adversaires.

Alors, mise en disgrâce, elle s'est tournée vers les souillons si méprisables :

— Un peu de grandeur d'âme, a encouragé Nicole, c'est une camarade, et nous avons pardonné à Georgina.

C'est une belle fille, blonde, aux yeux bleus, alsacienne, avec des nattes autour de la tête. Elle a une petite fille de trois ans qu'elle adore.

J'ai appris que, terrassée par le typhus, elle est morte quelques mois après. Pauvre Georgina.

LOGIQUE ALLEMANDE

Le long tuyau sert à arroser la cuisine. Il suffit après cela de chasser l'eau vers le trou à l'aide d'un balai, et le tour est joué. Ce serait trop simple !

— Du alte Sau, du Schweinerei, vieille truie, cochonnerie, et voilà Frau Putze qui m'attrape par le bras. Il faut prendre un seau, le remplir à l'aide du tuyau et répandre l'eau dans la cuisine. Je hausse les épaules. Quelle différence ? Une main menaçante me réduit au silence. Il ne faut pas oublier que nous sommes prisonnières. Arbeit, Arbeit. Alors, pour vider l'eau des grandes cuves où cuisent les légumes, un robinet est ménagé. Je l'ouvre et l'eau se répand en giclant. Catastrophe ! Un bâton cingle l'air :

— Schweinerei, et Frau Putze m'indique qu'il faut mettre un seau sous ledit robinet. Lorsque le seau sera plein, je pourrai alors le répandre par terre. Je ne proteste plus devant une telle bêtise.

Me voici à quatre pattes en train de frotter la pierre. La cuisine est grande et le travail fatigant. D'abord de l'eau savonneuse, ensuite de l'eau claire et, mètre par mètre, il me faut frotter avec une serpillière. Défense de se servir du balai ou du jet. Il faut arbeiten durement dans la saleté et l'humidité. Et cela, deux fois par jour. Ma serpillière humide est restée au fond du seau. Frau Grille, qui n'est pas méchante, m'explique :

— Il faut tordre le chiffon et le faire sécher au soleil dehors. Ce conseil me semble raisonnable. Et chaque jour, consciencieusement, j'étale mes serpillières au soleil. Un jour, cependant, du ciel tombaient des cataractes. Je mis mes serpillières à sécher derrière le poêle. Frau Grille fut très mécontente :

— Il faut obéir à mes ordres, et elle m'obligea à sortir les linges dehors. J'essayai en vain de lui expliquer que la pluie ne les sécherait pas :

— Egal, dit-elle.

Automatisme allemand ! On lui avait appris un jour de soleil à suspendre dehors les chiffons mouillés, elle n'a pas l'initiative de les rentrer un jour de pluie.

— Laisse-la, me conseille Nicole, c'est ce qui fait leur force !

LES VOLEURS

— Ne dis rien à personne et viens voir.

— Quoi ? Et Nicole m'entraîne vers le fond de la cuisine, ouvre une porte, descend un escalier.

— Où allons-nous ?

— Tu verras, silence. Nous écoutons ; personne ne nous a remarquées. Encore une porte et, devant nous, sont alignés de nombreux tonneaux :

— Je crois que c'est le troisième, et, avec précaution, nous soulevons la planche qui le recouvre.

— Pas possible ?

— Vite, souffle Nicole, prends ton mouchoir. Quelques instants après nous étions auprès de nos cuves à remuer les légumes.

Frau Renige est distraite et, souvent, elle oublie de fermer la porte de la cave. S'apercevra-t-elle un jour que le troisième tonneau de sucre est presque vide ?

C'est égal, cela fait du bien, et les souillons de l'arrière-cuisine ont bien bonne mine !

LE TRAVAIL

Nous les payons cher les oignons, les carottes, les choux et même le sucre que nous volons !

Depuis six heures du matin jusqu'à sept heures du soir : il nous faut allumer les feux. Ça, c'est le travail de Nicole. Je n'ai jamais su en allumer un. Puis, à la main, il faut remplir les cuves d'eau. C'est interdit avec le jet, ce serait trop facile. Les cuves ont une hauteur de deux mètres ; alors il faut grimper sur un escabeau pour pouvoir précipiter l'eau et les légumes. Je pense souvent à la farce du cuvier et à la satisfaction que j'aurais de voir la belle-mère remplacée par une de mes trois Frauen, ou même encore mieux, les trois réunies.

Ensuite, il faut porter neuf sacs de cinquante kilos de pommes de terre, les laver et les amener par ses propres moyens dans la cuisine d'à côté, où il faut les précipiter dans les cuves. Viennent ensuite l'astiquage de la cuisine, la promenade hygiénique, puis les pommes de terre étant cuites à la vapeur, il faut les sortir une à une bouillantes de la cuve et remplir les Kübel que l'on portera ensuite au camp. Quel bain de vapeur anémiant ! Il en est de même pour la soupe. Lorsque les femmes de l'usine ont déjeuné, il nous faut laver leur Schüssel et les ranger. A une heure et demie seulement, vient notre tour de manger la soupe et trois pommes de terre.

Après midi, il faut recommencer pour le soir et ainsi jour après jour, même le dimanche matin.

Nous faisons la cuisine aussi pour les prisonniers russes, et cela nous faisait mille six cents bouches affamées à nourrir.

— Mais on sent moins la fatigue quand c'est pour les camarades, disait Colette, et cette idée nous redonnait courage.

PRISONNIERS RUSSES

Une figure hâve et hagarde s'approche du tonneau d'épluchures et de saletés qui trône à l'entrée de la cuisine.

— Que veux-tu ? demande Nicole qui revient avec un seau de charbon. Mais, d'un geste prompt, l'homme a saisi une poignée de pourriture qu'il porte goulûment à ses lèvres en se sauvant. Là-bas, le Kapo hurle et frappe des squelettes qui travaillent.

— Ils ont peur de nous. Alors, chaque jour, nous jetons avec nos épluchures des légumes dans le tonneau.

Une confiance amicale s'est formée entre nous et, parfois, un visage blafard et méchant, usé par la faim et la souffrance, sourit en nous voyant.

Il faut être adroit, la consommation de légumes devient de plus en plus forte, le tonneau se remplit trop vite. C'est égal, les prisonniers russes sont contents, ils nous font maintenant des signes de têtes amicaux, et ils apprennent à sourire.

Qui a jeté des légumes dans le tonneau de m... après notre départ ? Que sont devenus ces fantômes pouilleux ?

A Ravensbrück, nous avons atteint ce degré de déchéance, mais dans les tonneaux nous n'avons pas trouvé de légumes !

NICOLE

Je l'ai connue à Torgau, et elle devait être ma seule amie. Il y avait Anne aussi, mais Nicole passait avant.

Peut-on analyser dans un livre le cœur d'une sœur ? Je ne m'en sens pas le courage et, pourtant, je voudrais fixer à jamais le visage d'une Française et d'un grand cœur.

Elle avait de beaux yeux, de beaux cheveux blonds et un charmant visage.

— Ce sera plus amusant de faire tout à la cuisine, sauf les légumes et, depuis ce jour, c'est sur nous que retombaient les lourds travaux. Elle avait peu de santé, mais une énergie farouche la soutenait.

Gaie, tout en étant triste, sociable, tout en aimant la solitude, aimée de la plupart, estimée de toutes, elle était douce et souriante, éternellement optimiste. Après le déjeuner elle restait seule dans un coin, alors que les autres, riant et badinant, attendaient l'heure du travail. Alors, je venais m'asseoir auprès d'elle. Au bout d'un long moment, elle s'apercevait de ma présence :

— Pourquoi n'es-tu pas avec les autres ? et elle se replongeait dans une rêverie nostalgique.

Parfois, avec une lueur de tendresse, elle se tournait vers moi :

— Tu es bien jeune pour cet enfer ! Je haussais les épaules.

— Vous aussi.

— Oh ! moi, et un profond soupir s'échappait de sa poitrine.

Froide, renfermée, souvent ironique, elle ne voulait pas être sentimentale :

— Allons, me disait-elle parfois, un peu de courage. Tu n'as pas de colonne vertébrale ? et si ce n'était son beau regard bienveillant, j'aurais aisément douté de son cœur.

Elle ne parlait jamais d'elle-même. Elle crut me faire une grande confidence en m'apprenant que son unique frère était, lui aussi, déporté, qu'elle aimait beaucoup sa grand-mère et que ses parents étaient diplomates. Je n'en sus pas davantage. Mais Lucienne, qui la connaissait mieux, me conta vaguement ses aventures : Nicole avait fait une belle résistance, s'y donnant complètement et menant une vie très dure. Elle fut dénoncée, arrêtée. Lors du transfert de Romainville à Ravensbrück, elle s'évada et se réfugia dans une grange. C'était en Alsace. La propriétaire l'ayant aperçue et craignant des représailles, la dénonça aux Allemands qui l'arrêtèrent une deuxième fois.

Son patriotisme était farouche, elle haïssait les chleus. Lorsqu'elle disait cette « saloperie », cette « vermine », cette « guenon », nous savions qu'il était question de Frau Renige, Frau Putze ou Frau Grille.

Un jour, derrière une grande cuve, il nous fallut laver des épinards, en réalité des feuilles de betteraves fourragères. Je remplissais d'eau un baquet de bois où lesdits épinards étaient entassés :

— Assieds-toi, me dit Nicole, c'est inutile d'user ses forces pour rien. La saloperie ne te voit pas, et elle fixa le tuyau de telle façon que le baquet se remplissait sans qu'il fût besoin de tenir le jet.

— Du Schweinerei, et Frau Grille débouche inopinément accompagnée d'un flot d'insultes. Se tournant vers moi, Nicole, très douce, demande :

— Qu'est-ce qu'elle a à gueuler ainsi cette guenon ?

— Was sagt sie ? que dit-elle ? hurle Frau Grille.

— Te mêle pas de mes oignons, vieille garce, grosse tortue, je te demande si ta grand-mère fait du trapèze ?

Frau Grille, hors d'elle, rugissait :

— Was sagt diese Sau ? que dit cette truie, et Nicole douce et souriante, d'un ton calme :

— Allez, vieille guenon, ferme-la ta saloperie de gueule. Alors, Frau Grille, folle de rage, sentant que l'on se payait sa tête, attrapa Nicole par le bras. Cela ne dura qu'un instant, Nicole, oubliant toute réserve, cria :

— Ah ! ça non, tu ne me toucheras pas, salope, et de l'autre main, elle allongea à Frau Grille une gifle en plein visage. Frau Grille, prise de panique, se sauva.

A la porte de la cuisine, un soldat allemand regardait la scène et riait beaucoup. Nicole était très en colère :

— Qu'ils me fassent ce qu'ils veulent, qu'ils me fusillent pour avoir frappé une de leurs saloperies, je m'en f... mais moi, ils ne me toucheront pas. Je suis française.

Les jours passèrent et je vivais dans l'angoisse.

— J'ai peur pour vous, Nicole. Et elle haussait les épaules :

— Il faut laisser agir la Providence.

Et le jour du départ arriva. Frau Grille n'avait pas transmis sa plainte à ses supérieurs. Comment l'expliquer ?

Nicole m'était devenue indispensable. Elle avait l'énergie et l'optimisme qui me manquaient, et aussi une vue objective de la situation.

Un jour que je sommeillais, elle me caressa les cheveux et, me croyant endormie, elle me parla avec une tendresse et une douceur dont je ne la croyais pas capable.

De retour à Ravensbrück, nous avons travaillé ensemble au terrassement.

Un jour, elle est partie avec un transport. J'ai beaucoup pleuré.

— Tu en trouveras d'autres comme moi, et elle haussait les épaules, mais au moment de quitter le Block, elle se retourna et je vis ses yeux pleins de larmes et un regard si tendre.

— Je t'aime bien, et elle sortit, pressée par les cris des policières.

Rangées cinq par cinq devant le Block, le convoi stationnait et Nicole, m'ayant aperçue à une fenêtre, cria d'une voix émue :

— Courage, on se retrouvera, et n'oublie pas que : où que tu sois, la France avant tout.

— Fais attention à ta santé, ajouta-t-elle. Il faisait nuit, et lorsque, dans l'ombre, le convoi se mit en marche, j'entendis la voix de Nicole :

— Adieu, et vive la France.

Je revis Nicole de longs mois après. Je ne la reconnus pas. Elle se jeta dans mes bras, couverte de poux et de vermine, les os saillants. Je pleurais de pitié. Nous eûmes encore quelques bons moments ensemble, mais elle avait eu trop faim et son épuisement était trop complet. Ses dernières forces étaient dirigées vers un but unique : vivre!

Trois jours avant la libération, j'allais au Revier. Nicole m'a à peine reconnue. Elle a lutté jusqu'au bout, et jusqu'à la dernière minute, elle a eu confiance.

Lorsque les camions blancs nous sortirent de l'enfer, je n'éprouvais pas de joie, seulement une profonde douleur de devoir laisser sur la terre étrangère mon unique amie.

LA SCARLATINE

De longs gémissements ébranlent les murs du Revier. Le docteur Maria semble préoccupée :

— Qu'en penses-tu ? demande Cyliane.

— C'est ma première vraie malade, rétorque Maria nerveusement.

— Quel diagnostic ? Maria haussa les épaules et remonta sur son lit.

— On dîne ? et coupant une tranche de pain, elle étala sa margarine dessus. Je rentrai du travail et pris place à côté d'elle, sur le lit qu'occupait Maman.

— Qui est-ce ?

— Madame M. soupira Maria.

— C'est grave ?

Ce n'étaient plus des gémissements, mais des râles douloureux.

— Ce sont des glaires qui l'empêchent de respirer, explique Maria. Elle pâlit soudain, Mademoiselle Baté, l'infirmière, lui avait soufflé quelques mots dans l'oreille :

— Je crois que sa petite fille est orpheline, murmura Maria en sautant de son lit.

Un brusque silence s'abattit sur le Revier.

Il était sept heures du soir et nous étions le jeudi 28 septembre.

Toutes les malades, assises sur leur lit, joignaient les mains. On alla chercher Cyliane. Il y eut une minute de silence. Maria ferma les yeux de notre camarade, nous nous mîmes à genoux :

— Ave Maria. Que son âme repose en paix. Je me serrais contre Maman, je n'avais jamais vu un mort et j'avais peur. Maman, depuis la mort de son mari, n'en avait pas revu non plus, et je sentais qu'une plaie insuffisamment cicatrisée se rouvrait.

La voix de Cyliane s'éleva :

— Son mari, martyrisé par la Gestapo, est mort héroïquement ; elle laisse une petite fille de huit ans. Pour cette petite fille : Ave Maria.

Alors Maman se leva : interprète, elle devait prévenir de ce décès les autorités du camp.

Quelques instants après, Badine rentra, rendit les honneurs et déclara que l'on devait porter la femme au lavabo. Alors nous lui demandâmes l'autorisation de veiller notre camarade et il accorda la permission. Il permit aussi de sortir des magasins une chemise blanche et propre et Cécile, aidée de Mademoiselle Baté, commença la toilette de la morte.

Tout le camp sombra dans un profond abattement.

— Même pas un prêtre, dirent les unes.

— Si loin de sa maison.

— Si seule, et de noirs nuages, chassés par le vent, s'amoncelaient dans le ciel devenu obscur.

On ne trouva même pas de drap blanc. Il fut remplacé par un dessus de lit à carreaux bleus. Deux femmes portèrent le corps vers le lavabo, accompagnées d'un lourd silence. Là, le camp entier attendait. Une table avait été dressée et l'on y coucha le corps. Badine suivait. Devant la table, il salua puis, se tournant à demi, il indiqua une direction :

— Frankreich, et l'on orienta la table dans cet axe, et, face à la France, notre amie reposait en paix.

Nous avons obtenu une bougie et une lampe à pétrole, et la longue veillée commença. Madame M., les mains jointes, tenait un chapelet qu'une camarade était parvenue à lui glisser entre les doigts. A ses pieds était posée la tête du

Christ sculptée par Yvonne et un maladroit bouquet tricolore fait de bleuets, blé, coquelicots. La bougie éclairait faiblement le beau visage blanc et paisible. Yvonne, assise sur un tabouret, faisait un croquis, tandis que nous récitions le chapelet.

Nous étions cinq à veiller, dont Maman. Vers onze heures elle alla se coucher, moi je voulus demeurer plus longtemps. Je ne pouvais détourner mon esprit de ce profond mystère de la vie et de la mort et, abîmée dans une rêverie sans fond, je restais là engourdie et bouleversée.

Une main me toucha l'épaule :

— Va te coucher. Je refusais.

— Il est minuit, va dormir, demain la vie va continuer. Il te faudra être forte, va, c'est mon tour de veiller, et, tout en me caressant doucement les cheveux, une main ferme me poussa vers la sortie. Les automates doivent marcher ainsi. Dans la cour du camp, une bourrasque fraîche et violente me fouetta le visage. Je levais les yeux vers le ciel. Les nuages bas et lourds fuyaient rapidement vers l'est. De l'autre côté des barbelés, la sentinelle faisait les cent pas. La nuit m'environnait de toute part. J'avais peur.

Lorsque je me glissais sous ma couverture, Maman, dont je partageais le lit, se réveilla. Au même instant, un râle se fit entendre. Nerveuse, je sursautais :

— Qu'est-ce ? Maria avait déjà bondi de son lit.

— Il faut aller chercher Badine et, à tout prix, le médecin-major, sinon, elle va me filer entre les doigts. Quelques instants après, Maman était de retour :

— Il a bu et il est ivre mort. Il ne comprend rien et ne veut parler de rien.

— Si je pouvais lui faire une piqûre, soupirait Maria. Mais l'armoire à médicaments ne contenait que de l'aspirine, quelques pommades, quelques pilules. J'allais réveiller Cyliane.

— Venez vite, une autre femme va mourir. Ma main tremblait et, en rentrant dans le Revier, nous fûmes accueillies par les mêmes râles que ceux de Madame M., quelques heures plus tôt.

Toutes les malades étaient réveillées et leurs regards affolés suivaient les gestes de nos médecins impuissants.

— Allez voir encore, et Maman sortit du Revier.

Les râles devenaient de plus en plus forts. Cyliane demanda :

— Faut-il chercher sa fille ?

— Pas encore, souffla Maria, si j'avais une piqûre, elle serait sauvée. Maman rentrait :

— Il n'y a pas moyen de lui parler, il est fou furieux.

Alors, Maria qui n'était pas grande se redressa :

— J'y vais. Lorsqu'elle revint, elle était blanche de fureur :

— Il a levé la main sur moi et m'a dit qu'il s'en foutait, qu'on n'avait qu'à toutes crever. Soudain, un râle plus fort que les autres secoua le corps de la pauvre femme et un lourd silence s'abattit sur la petite infirmerie.

Il était cinq heures du matin et déjà l'aube du vendredi 29 septembre commençait à poindre.

Alors Maman, se jetant à genoux, sanglota. Nos nerfs étaient à bout ; Maria, même, essuya une larme. Toutes les malades gémissaient, quand soudain la porte s'ouvrit. Marie-Odile entra suivie de Georgette, orpheline depuis si peu de temps.

L'angoisse nous serrait le cœur. La jeune fille brusquement réveillée s'approcha du lit mortuaire comme dans un songe. Elle ne pleura pas, mais ses traits se crispèrent dans une souffrance atroce. Elle avait mal jusqu'au fond de son âme.

Alors Marie-Odile la prit par la main :

— Georgette, il faut embrasser ta mère.

— Oh ! non, murmura l'enfant, j'ai peur. Marie-Odile insistait :

— Il le faut, c'est la dernière fois, et d'un ton impératif :

— Tu n'as donc pas de cœur, embrasse ta mère.

— Non, non, je ne peux pas, j'ai peur. Mais, Marie-Odile est grande et forte et, empoignant la tête de Georgette, elle la poussa vers celle de sa mère. A ce contact, la jeune fille poussa un cri, suivi de beaucoup d'autres. On la fit sortir et nous crûmes qu'elle était devenue folle.

Cette nouvelle dégrisa Badine et un silence glacial l'accueillit lorsque, l'œil encore vague, il vint rendre les honneurs à notre camarade. Le major, appelé par téléphone, arriva trop tard. Et Maman ne se dominant plus, se jeta sur lui :

— Vous êtes un assassin, avec une piqûre, on l'aurait

sauvée, c'est la deuxième depuis hier soir. Oh ! je vous hais, je vous hais, je vous hais. Il parlait un peu français :

— Je comprends la tragédie, vous êtes une femme, pour cela j'excuse votre réaction brutale, mais dominez-vous, madame, je suis officier.

— Vous êtes un assassin.

— Venez, et Cyliane emmena Maman dans la cour.

Après un examen détaillé, le corps de Madame B. alla rejoindre celui de Madame M.

A cette nouvelle, les femmes de Torgau furent prises de panique :

— C'est une épidémie, dirent les unes.

— On nous cache la vérité.

— Nous allons toutes mourir ainsi, les unes après les autres, et, dans le Revier, les malades gémissaient :

— Deux en une nuit, à qui le tour ?

Maria rassurait, mais le bruit était lancé. Il s'enfla et devint une idée fixe.

— C'est une épidémie, et chacune sentait la mort planer sur elle.

Enfin, nous quittâmes le camp.

— De quoi sont-elles mortes ?

— Maladie inconnue, a été le diagnostic.

Arrivées à Ravensbrück, Lucienne eut la scarlatine, et Colette, et beaucoup d'autres.

Etait-ce la scarlatine à Torgau ?

Il semble que oui, mais la lumière ne sera jamais faite sur ce mystère.

DÉPART

Aujourd'hui, mercredi 4 octobre, il est midi.

— J'en ai marre de cette cuisine, me confie Nicole succombant sous un seau de charbon. Ouvre donc la bouche, ajouta-t-elle, me voyant aux prises avec un sac de cinquante kilos de pommes de terre.

— Attends, je vais t'aider.

— Schnell, cinq par cinq, crie Frau Renige.

— C'est pas neuf heures, pourtant.

— Los, tempo. Inquiète, je demande à Frau Grille :

— Warum ? Elle hausse les épaules

— Appel.

Cela nous paraît curieux, un appel en plein midi.

— Je pressens une catastrophe. Nicole, optimiste, nous réconforte.

— Ce ne doit pas être grave, le camp semble tranquille. Je courus vers Maman en arrivant :

— Que se passe-t-il ?

— Nous partons.

— Où ? Maria hausse les épaules, impatientée :

— Avec cette vermine, peut-on savoir !

Et, quelques heures après, entassées dans des wagons à bestiaux, nous roulions vers une destination inconnue.

VOYAGE POUR RENTRER A RAVENSBRÜCK
LE WAGON

Nous roulons vers le nord.

— Si on chantait, propose Anne.

— Vas-y.

Unissons nos voix avant de nous quitter,
Je vais parcourir d'autres lieux,
La vie est belle et le monde est si beau.
Je pars pour un très long voyage.
Je vais par le monde emportant ma joie
Et mes chansons pour bagage.
Je chante l'amour
Et je chante ma foi,
Je pars pour un très long voyage.

Je ne suis pas avec Maman. Avec tout le Revier, elle voyage dans le wagon d'à côté. Andrée, atteinte de je ne sais quel microbe, crie et gémit. Elle semble délirer. Jeanne se lamente. Maria vomit. Une autre pleure. Mes nerfs sont à bout, cette atmosphère de maladie et de mort m'effraie.

— Je ne tiendrai pas le coup, mais Nicole m'encourage :

— Viens avec nous, ce n'est pas bon cette ambiance de maladie. Mais Maman se fâche :

— Tu m'abandonnes.

— Venez avec moi.

— Mon devoir est de rester avec les médecins et les malades. Je suis interprète et Maria est une amie. J'hésite, je redoute les séparations.

— Tu viens ? dit Nicole. Que Maman comprenne que pour moi, il vaut mieux être loin de ces pleurs et de ces cris. Il me semble par moments que je perds mon équilibre.

— Tu as voulu me lâcher, me lance encore Maman au moment où le train démarre.

Le sort en est jeté. Dans le fond à gauche du wagon, notre groupe de dix se resserre : il y a Toquette si pleine d'entrain et de courage, Lucienne si gentille, Tita, Nanine, Jeanine si frêle et si jolie, Liliane la jeune parachutiste, Virginia aux jolies chansons, Anne, Nicole et moi. Il y a aussi Madeleine, Lucette, Monique, Lili, toutes jeunes et gaies.

— *It's a long way to Tipperary*, et le chœur reprend :

It's a long way to go
It's a long way to go
It's a long, long, long way.

Et le soldat allemand qui nous escorte ne comprend pas pourquoi nous rions tant.

Les Français, au moment de notre départ, nous ont lancé des livres. Nous les lisons à haute voix. Ils parlent d'espérance et de confiance. Le jour baisse ; alors on raconte des histoires et enfin la nuit nous enveloppe :

— Il faut dormir.

— Comment ? Mais chacune y mettant du sien, on finit par se coucher.

Pour ma part, je m'emboîte entre Nicole et Lucienne et, quelques instants après, le silence règne sur notre domaine.

LA NUIT

Nous voyageons depuis deux jours. Profitant des longs arrêts, je vais voir Maman qui ne m'a pas encore pardonné. C'est égal, c'est une grande joie de se retrouver et de se raconter les aventures.

Le 5 au soir, par une fente, nous apercevons les ruines de Berlin.

— Il me semble que nous rentrons à Ravensbrück, murmure Lucienne.

— Vous croyez ?

— Je le crains.

Ce soir, nous n'avons pas chanté et Toquette a conseillé.

— Il faut vite dormir et reprendre des forces. Nous ignorons de quoi demain sera fait.

Au milieu de la nuit, je me suis réveillée, en proie à une angoisse étrange :

— Nicole, vous dormez ?

— Non.

— Qu'en pensez-vous ?

— De quoi ?

— De Ravensbrück ?

— ...

— Si on ne savait pas ce que c'est, mais rentrer dans l'enfer, quand on y a déjà été... Nicole me caresse les cheveux.

— Nous sommes dans la main de Dieu.

— Nicole, Dieu ne nous a-t-il pas abandonnés ?

— Un père n'abandonne pas ses enfants.

— Vous n'avez pas peur ?

— Si, j'ai peur. Chacune de nous a peur, une peur panique. Mais il ne faut pas le dire. Il faut garder cela au fond du cœur, sinon les autres n'auront plus de courage.

Le jour se leva sur des visages fatigués :

— On chante ? Et nous débarquâmes en gare de Fürstenberg, au son de :

Je chante l'amour et je chante ma foi,
Je pars pour mon dernier voyage.

ARRIVÉE

— Ruhe, ruhe, hurlent les gardiens.

— Fünf zu fünf, et le flot des prisonnières se déversa sur le quai.

— Numéro 57.977, 57.977. Maman n'était pas là.

— Ta mère est allée avec les malades, tu la retrouveras au camp, me dit ma voisine.

Une fois les numéros appelés, usant de ruse, je parvins à me glisser près de Nicole, en décalant tout d'un rang.

— Maman est allée avec les malades.

— Links, links, criaient les soldats, et, martelant le sol de nos semelles usées, nous partîmes en direction du camp.

— Stop ! Et pour la deuxième fois, je m'arrêtais devant les murs noirs et la lourde porte du Frauenkonzentrationslager.

Je pris la main de Nicole :

— C'est ridicule, je ne m'en sens pas le courage. Elle me la serra fortement :

— Nous sommes toutes ainsi.

— Links, links, ruhe, et nous pénétrâmes dans l'enceinte de l'enfer, les bras le long du corps, la tête haute, tournée à droite, là où sont les officiers, pour la deuxième fois ! C'était le vendredi 6 octobre, il était deux heures.

RAVENSBRÜCK II

> Même le plus noir nuage
> A toujours sa frange d'or.

Les nuages qui s'amassent sur nos têtes sont obscurs et d'autant plus menaçants et noirs que notre endurance commence à faiblir et, cependant, ils ont, eux aussi, leur frange d'or !

Sur notre groupe de dix, trois seulement sont rentrées.

Sur les deux cent cinquante femmes de Torgau, environ dix-sept !

Beaucoup de soupirs, beaucoup de larmes, parfois rien, mais une douleur insupportable au fond du cœur, une attente fébrile souvent déçue, mais enfin victorieuse, une volonté forte, une confiance absolue, un espoir fou.

— On les aura.

Et le front penché vers la terre, chargées de lourdes chaînes, écrasées de nuages, nous savons que même le plus noir nuage a toujours sa frange d'or.

ARRIVÉE

Nous voici de retour à Ravensbrück.

— Ben, on est verni ! soupire Claude.

— Ruhe, los, schnell. Et les policières tirant à droite, poussant à gauche, ne nous laissent pas un instant de répit.

— Fünf zu fünf. Et nous voici à nouveau devant la grande porte verte des douches. Cette fois-ci, pas de valises, pas de pillage. Cette arrivée ne soulève plus la même curiosité que la précédente.

— Dis donc, un transport ? L'interpellée hausse les épaules :

— C'est pas des nouvelles, elles ont déjà des croix et des numéros.

— Oh ! bon, et, déçue, la curieuse s'éloigne.

Cependant, quelques-unes parviennent à s'approcher :

— D'où venez-vous ?

— De Torgau.

— C'est quoi ?

— Une usine.

— Beaucoup de travail ?

— On l'a refusé.

— ?

— On était mieux qu'ici.

Et, rentrée dans son lit, elle racontera aux camarades : Elles ont refusé le travail d'usine. Les jeunes se redressent, l'œil étincelant.

— C'est bien ça, si toutes le faisaient ainsi ! Mais, les anciennes hochent la tête.

— On verra, on verra.

Dix par dix, les groupes ressortent des douches.

— Non, mais, sans blague, montre voir la gueule que t'as. J't'aurais pas r'connue avec c't'ensemble !

— Oh ! cocotte, que t'es chic !

— Ruhe, Mensch.

Pour ma part, j'ai bénéficié d'une jupe noire et d'une blouse verte, celle de Maman est multicolore.

— 57.977, 57.978.

Nous avons changé de numéros. Dorénavant, Maman sera 75.536 et moi 75.537.

Ce qui signifie que, depuis un mois, il y eut dix-sept mille cinq cent trente-huit entrées au camp.

— Links, links. Nous avançons, inquiètes, vers le Block qui ne sera plus le 24.

BLOCK DIX-NEUF

C'est au Block 19 que nous conduisent les policières.

— Du Scheisse Franzosen, nous reçoit la Blockova, en guise de bienvenue et, d'un geste menaçant, elle nous fait comprendre qu'elle saura nous dresser. Sur son bras, elle porte un triangle vert : criminelle. Les Stubovas en ont un noir : asociales. Elles parlent je ne sais quelle langue et nous réalisons que c'est un Block de tziganes qui nous est dévolu.

— Mauvaise affaire, soupire Lucienne.

— Ils se sont peut-être trompés.

Mais ils ne s'étaient pas trompés. Ainsi traite-t-on celles qui refusent leurs bras au grand Reich !

— Ruhe, hurle la Stubova.

— Si une seule d'entre vous élève la voix, nous serons toutes privées de soupe, explique l'interprète.

La porte s'ouvre.

— Achtung, garde à vous, rugit la Stubova.

Une Aufseherin entre. Elle est très jeune, en bottes, un stick à la main ; des boucles blondes encadrent un joli visage.

— Elle n'a pas l'air désagréable, souffle Marie.

— Ruhe du Schwein, alte Sau, du Französische Scheissdreck, silence, cochon, vieille truie, m... française, et les grossièretés pleuvent sur nos têtes avec violence et volubilité.

Le visage jeune et gracieux est devenu satanique. Le stick s'abat avec force, un gémissement s'élève que dominent les vociférations éclatantes.

— Ruhe, cette exclamation ébranle les murs du Block.

On n'entendait que le silence et, au garde-à-vous, rigides, nous n'osions respirer.

Un regard d'acier nous examina, elle nous passait en revue :

— Französin ?

L'interpellée avait à peine dit oui que deux gifles retentissantes la jetèrent à terre.

— Aufstehen, hurlait l'Allemande, écumante ; et elle frappe à nouveau.

Pour ce démon, le seul fait d'être française constituait un crime considérable.

Calmée, elle continua son inspection. Soudain, à la vue de Lili, son œil s'enflamme. Elle hurle :

— Wo ist die Dolmetscherin ?

L'interprète, tremblante, s'avança :

— L'Aufseherin ne veut pas voir des cheveux coiffés en hauteur, expliqua-t-elle, il faut tirer vos cheveux en arrière, très plats. Elle battra à mort celles d'entre vous qui n'exécuteront pas cet ordre.

Elle ajouta :

— L'Aufseherin dit aussi qu'en sa présence vous devez toutes vous mettre au garde-à-vous, claquer des talons et, si vous avez à lui adresser la parole, dans une attitude de respect, il vous faut dire : Schutzhäftling numéro... prisonnière numéro..., et vous devez énoncer en allemand votre numéro. Si vous avez à pénétrer dans son bureau, il faut vous déchausser à la porte.

— Avez-vous compris ? traduit l'interprète.

Satisfaite de son effet, l'Aufseherin sortit du Block au milieu d'un silence pesant.

Un malaise étrange nous avait envahies. Alors, toutes ces souffrances, toutes ces épreuves endurées jusqu'à ce jour, ce n'était rien ! C'était l'avant-propos. Maintenant seulement commence la tragédie et, dans nos bouches, il nous semble sentir le goût âcre du bagne.

Dans un bruit de ferraille, les gros bidons de soupe nous changent les idées.

— Je meurs de faim, soupire Colette.

— Qu'est-ce que tu dirais d'un canard ?

— Ruhe, Mensch.

— Silence, crie l'interprète.

Et, une après l'autre, la gamelle à la main, nous défilons devant Anne-Marie qui distribue des rutabagas filandreux, nageant dans de l'eau sale.

Pas de cuiller, il nous faut laper comme des chiens le breuvage immonde.

— Je les dresserai, avait rugi la Blockova, à notre arrivée. L'Aufseherin semblait être dans les mêmes dispositions. Des ordres avaient été donnés et ils étaient fidèlement exécutés.

Nous couchâmes trois par lit, sur des paillasses couvertes de sang, de vermine et sentant la sueur et la misère. Pas de vitres aux fenêtres et des lambeaux de couverture.

J'ai pleuré dans les bras de Maman. Il me semble que chacune de nous se sentit submergée cette nuit-là.

APPEL

La sirène nous sortit d'un engourdissement douloureux.
— J'suis plus fatiguée qu'hier.
— Oh ! j'pourrai jamais me lever.
— Où est mon soulier ?
— Qu'il fait froid !
— Vivement la fin de la guerre !
— Schnell, Kaffee, raus.
— Y sont fous, à c't'heure-ci.

Les allées étroites entre les travées étaient grouillantes.
— Laisse-moi passer.
— Non, mais, où c'est qu'elle s'pousse c'te conasse ?
— T'as pas entendu qu'ils ont dit Kaffee ?
— Dis donc, tu m'diras aussi s'ils donnent des croissants ? ironise une voix du troisième étage.
— J'suis pas un boul'vard quand même.
— Mais je suis pressée, gémit une voix.
— Tu n'avais qu'à prendre le métro.
— Non, mais, quelle em... où c'est qu'tu veux aller ?
— Aux w.-c.
— Place, clame une voix de crécelle, place, y a madame qui va aux w.-c.

Eclat de rire général.
— Ruche, ruhe, uszki machen, silence, faire les lits.
— Mais, sors-toi d'là.
— Où veux-tu que j'aille ?
— Où tu voudras.
— Du Schwein, du Sauhund, du Schuft, chiennerie, saligaud, saloperie, et les éclats de voix nous font toutes frémir. C'est Nicole qui, en sortant, a frôlé le lit de Muty, la Stubova !

Un lit de princesse. Elle y couche seule avec deux épaisses couvertures de laine, un drap, un oreiller, le tout recouvert d'un dessus de lit bleu à carreaux, comme les nôtres d'ailleurs.

Muty, la petite mère, n'est pas la reine du Block, la reine, c'est Frau X, la Blockova. Mais Muty est une grande dame et le contact de son lit avec ces viles Françaises pourrait la souiller.

La sirène hurle.

— Raus, tempo, schnell.

Nous voici rangées devant le Block : dix rangs de cinquante, dans la nuit froide et obscure.

Le numéro de Nicole est 75.426 et une bonne fortune l'a placée non loin de moi, on se range par ordre de numéros.

Il fait froid, dans nos petites robes légères, en cette nuit d'octobre, à trois heures du matin.

— Achtung.

Les Aufseherinnen passent et repassent, comptent et recomptent, elles s'éloignent.

— Si on se remuait, propose ma voisine.

— Achtung, les souris vertes reviennent et s'éloignent à nouveau.

Lucette tape des talons, Nicole frotte le dos de sa voisine, moi je souffle dans celui de Maman.

— Achtung.

Cette fois-ci, c'est la nôtre qui s'approche, celle d'hier soir.

— Fini de rigoler, murmure Colette derrière moi.

Oui, fini de rigoler !

L'inspection est détaillée et sévère. Nos cheveux sont plats et nous sommes très laides.

— Unrath, ordure, lance l'Allemande en frappant une femme au premier rang.

— Du alte Sau, vorsicht, vieille truie, attention.

Le coup a atteint une de nos camarades dont les bras n'étaient pas suffisamment allongés le long du corps.

Il est cinq heures, cinq heures quinze, cinq heures vingt, cinq heures vingt et une. Chaque minute me semble durer un siècle. L'Allemande passe et repasse, il faut serrer les dents, ne pas lui montrer qu'on souffre, elle serait trop contente. Cinq heures trente, cinq heures trente et une, cinq heures trente-deux. Le sang que mes veines portent est lui aussi froid.

Cinq heures quarante, cinq heures quarante et une, cinq heures quarante-deux. Il me semble que jamais plus un courant chaud ne pourra pénétrer dans cette carcasse gelée ! Il faut, cependant, ne pas lui montrer que je souffre. Elle serait trop contente. Cette idée seule me soutient.

Soudain la sirène mugit et il nous fut permis de rentrer au Block.

Entraînée par le flot de femmes, je fus portée jusque dans le dortoir et, pour la première fois, je perdis tout contrôle sur moi-même. A bout de fatigue, de peur, de froid, mes nerfs lâchèrent et, appuyée contre la cloison, je pleurais et je gémissais.

— Allez, pleure pas, me disaient les femmes en passant devant moi.

D'autres me caressaient les cheveux.

— Faut être plus courageuse que ça, et moi je hurlais :

— Je ne veux pas être courageuse, j'ai froid, j'ai si froid !

Soudain, une main ferme me saisit.

— Viens, ça ira mieux. C'était Nicole.

— J'ai froid, j'ai si froid, et secouée de frissons, je sanglotais.

— Allez, monte sur mon lit.

— Je ne peux pas, j'ai si froid. Je parvins quand même à atteindre le deuxième étage.

— Mets tes pieds sous moi et mets tes mains ici, sous mes bras.

— Oh ! j'ai mal.

— C'est la chaleur qui revient, ça ira mieux.

Ce n'est que de longues heures après que ma figure se détendit et qu'une douce tiédeur m'envahit.

Et cet appel eut lieu tous les matins. En hiver, les souliers restaient collés à la neige. Le givre couvrait le camp, un froid noir nous saisissait à l'aurore et parfois un vent glacial, et cependant...

— Achtung, criaient les Aufseherinnen, et il fallait se tenir au garde-à-vous, sans même pouvoir claquer des dents.

Souvent, lorsque les gardiennes s'éloignaient, nous battions des semelles et, à voix très basse, nous chantions, cela réchauffe et donne du courage.

Marchons au pas, camarades,
Marchons au pas hardiment,
Par-delà les fusillages,
La liberté nous attend.
Place aux vrais fils de la terre,
Place aux enfants du labeur,
Affranchissons tous nos frères,
Sera le cri du vainqueur !

TERRASSEMENT

Finie notre quarantaine. Elle n'a duré que quatre jours d'ailleurs.

La sirène a mugi :

— Ruhe, fünf zu fünf.

Bien encadrée, notre colonne se met en marche.

Il y a Nicole, Lucienne, Anne, Tita, Nanine. Beaucoup n'ont pas été piquées et nous regardent nous éloigner.

— Où qu'c'est qu'on va ?

— Tu l'verras bien.

— Moi j'te dis qu'on va au sable.

— Tu crois ?

Miette ne s'est pas trompée et nous voici à quelques kilomètres du camp, sur un plateau exposé à tous les vents.

Ce sont des Polonaises qui nous surveillent. Elles sont nombreuses, quelques Aufseherinnen et deux SS qui, tenant un chien en laisse, nous suivent du regard, et il n'est pas doux !

Une pelle à chacune, et au travail !

— Ruhe, Ciho, silence.

Il nous est défendu de parler et même de lever la tête.

Nous ne levons pas la tête, mais nous parlons.

Le travail n'est pas dur, mais tuant. En face de nous une montagne de sable. Il faut la repousser de quelques centaines de mètres. Pour cela, plusieurs chaînes sont constituées. Chacune reçoit une pelletée de sable qui lui vient de sa voisine de droite et qu'elle doit transmettre à celle de gauche, cela pendant douze heures par jour.

— Moi, je te dis que c'est Corneille.

— Non, je peux parier, c'est Racine.

Un peu plus loin, une âcre discussion s'est engagée.

— Moi, je suis contre le travail d'usine. Cela abêtit. Je suis pour l'artisanat.

— Et si tout le monde disait comme toi, imbécile, de quoi qu'c'est qu'on vivrait ?

Nanine fredonne le troisième mouvement de la sonate de Franck.

— Je ne me souviens plus du quatrième.

— Mais si.

— Ruhe, Mensch, Arbeit, et un fouet tourne au-dessus de nos têtes. Il s'éloigne.

— Tu prends de la farine, des oignons et tu fais un roux.
— Arbeit, arbeit, les policières nous trouvent paresseuses.
— Prends-en le moins possible, encourage Nicole. D'abord, il ne faut pas user tes forces pour eux, ensuite parce que c'est un genre de sabotage.
— Du faule Schwangere, paresseuse enceinte, et saisissant ma pelle, elle m'explique qu'elle doit être pleine de sable et non remplie à moitié.
— Nichts comprendre.
— Du Dummkopf, tu es imbécile et me saisissant le bras elle me montre.
— So. Toute souriante je dis :
— Ya, ya, en en prenant le moins possible.
— Cholera, Schweinerein.
— Nichts compris.
— Ich habe so eine Dummheit nie gesehen, je n'ai jamais vu pareille imbécillité.
— Moi non plus. Heureusement elle ne comprend pas notre langue.

Nous eûmes de bons moments au terrassement ! On en faisait le moins possible et puis on parlait de chez nous, et aussi de tant de choses belles. On avait besoin de pureté, de clarté, c'était bon, pour des bagnardes, de parler de Bach, de Corneille, de Platon, de Raphaël, et aussi d'un bon beefsteak béarnais !

LES VIEILLES DAMES

Elles sont loin les messes du Block 15 ou celles de Torgau.

Au Block 19, Block de tziganes, le dimanche ne signifie rien, il nous est défendu de sortir du Block.

Alors, nous nous sommes tournées vers Mademoiselle Vieille, qui est si douce, si pieuse.
— Vous voulez réciter les prières de la messe ?
— Mes petites, je voudrais bien mais j'en suis indigne.
— Mais si, mais si, et puis nous n'avons plus de livre et nous ne savons pas tout par cœur.

Alors, la petite voix de Madame Vieille s'élève :
— Je monterai à l'autel de Dieu.

— Du Dieu qui réjouit ma jeunesse.

— Il est mon allégresse et je le louerai sur la harpe et la cithare.

Ce n'est pas toujours très exact, mais nous admirons sa mémoire.

— Mon Dieu, je ne suis pas digne.

— Allez, la messe est dite.

Et comme pour s'excuser, Mademoiselle Vieille ajoute :

— Oh! je n'ai pas beaucoup de mérite, depuis mon enfance je suis allée tous les matins à la messe.

Mademoiselle Vieille est restée à Ravensbrück et Madame de Cortas aussi, et Yo Bellot qui dessinait si bien, et Madame Vernot, et Yvette Landy qui habitait Rouen, et Mademoiselle Pardet, directrice du collège de Dijon, et Madame Petron toujours si gaie, et tant d'autres!

On les appelait les vieilles dames, et elles étaient attendrissantes dans leur faiblesse et leur volonté de vivre!

— Nous ne sommes plus jeunes, disaient-elles, mais nous sommes solides.

Pauvres vieilles dames!

REVIER II

Voici déjà deux jours que mes amies sont parties, Nicole, Anne et tant d'autres. Lucienne est à l'hôpital, elle a la scarlatine, et il me semble que le ciel est bien obscur. Le Block 19 est plus infernal que jamais, et une sérieuse dépression a envahi le cœur de celles qui sont restées.

L'appel d'hier, dimanche 15 octobre, a duré de deux heures à huit heures, et depuis j'ai si mal aux reins, il me semble que j'ai de la fièvre.

Je souffre des reins depuis longtemps et, sans difficultés, je suis admise au Revier II.

C'est un Block comme les autres, mais les lits sont à deux étages au lieu de trois ; on a droit à un drap de dessous blanc, et les appels sont supprimés : sérieux avantages qui me consolent d'être séparée de Maman. Il faut cependant partager un lot de cinquante centimètres avec une autre malade.

— Schnell, et une infirmière m'indique le lit que je dois occuper, vers le fond du dortoir, à gauche, au deuxième étage.

Quel délassement! Quelle détente! Un drap,un oreiller, pas de travail, pas d'appel, on nous porte la soupe au lit, on nous distribue le pain.

Est-ce une chimère? Il me semble être au paradis. Je ferme les yeux et je rêve. Je pleure aussi un peu car j'ai le temps de penser à ceux que j'aime et qui sont en France, à celles qui viennent de me quitter, et cependant, une voisine, cachée sous ses couvertures, lit un livre. Je le lui demande. C'est le « Livre de prières du prisonnier ». Comme c'est amusant un texte imprimé! et quelle distraction! Dans mon cœur je chante les cantiques, je me pénètre des Epîtres, des Evangiles : pensez aux petits oiseaux et aux lis des champs, qui donc en prend soin? Et plus loin, ces paroles réconfortantes : pas un cheveu ne tombera de votre tête sans que Dieu l'ait voulu.

Que de sources profondes de méditation! Comme les heures semblent courtes et douces! Et voici celle où les femmes vont au travail, les pauvres.

J'entends une sirène, mais elle n'est pas pour moi et, frileusement, je plonge la tête sous la couverture.

J'ai dormi des heures et des heures, me voici détendue. Je commence à avoir faim.

— Française? me demande ma voisine de gauche.

— Oui, et vous?

— Evidemment, et un large sourire éclaire une charmante figure.

— Quel âge avez-vous?

— Dix-neuf ans.

— Pourquoi êtes-vous là?

— Quel Block? Et questions et réponses se succèdent rapidement.

— Je suis d'Angers.

— Et vous? Et nous voici amies.

Denise est gaie et gentille. Tout le monde l'aime.

— Avez-vous lu : la Bande des aoûtats?

— Non, et aussitôt, à travers le dortoir, une voix perçante se fait entendre :

— Marie-Jeanne, t'as pris la Bande des aoûtats?

— Oui, c'est Alice qui l'a.

— Eh! Alice, et derrière moi, une forme endormie sursaute :

— Quoi ? qu'est-ce qu'il y a ?

— Tu as la Bande des aoûtats ?

— Oui.

— Tu veux me la passer ?

— Pourquoi ?

— Il y a là une Française qui ne l'a pas lu, et aussitôt le livre atterrit sur mon estomac.

— Dépêche-toi de le lire, et ne te le fais pas prendre.

C'est passionnant. Si vous n'avez pas lu la Bande des aoûtats, je vous le recommande, surtout si vous êtes un garçon de douze ans. C'est égal, j'en garde un merveilleux souvenir.

— Le Mythe de la Caverne ? me demande Denise.

— C'est Platon.

— Ah ! oui, et que pensez-vous de Kant ? Et nous discutons âprement. Quelle oasis !

Ma paix est cependant un peu troublée.

— Untersuchung, et il me faut aller me faire radiographier. J'apprends que j'ai une dilatation du cœur, examen démontré erroné, par la suite. Tout cela ne guérit pas mes reins, dont je souffre toujours.

Le repos cependant fait son œuvre, et le 8 novembre, je quitte le Revier, guérie.

Je ne suis pas si malade que je ne puisse bouger, et en revenant des w.-c., il m'arrive de traîner entre les travées des lits.

— Française ?

— Was ?

— Deutscherin ? Allemande ?

— Nein, Oestereicherin, non Autrichienne.

— Warum hier ? pourquoi ici ?

Et je comprends que pour avoir couché avec un Français on est puni du bagne par le Grand Reich.

— Von wo ? d'où ?

— Salzburg.

— Schön ? joli ? Les yeux malades brillent.

— Oh ! die Bergen sind schön, Oh ! oui, les montagnes sont belles, et on sent dans ce cœur tant de nostalgie.

— Wie Jahre alt bis du ? Quel âge as-tu ?

— Sechzehn Jahre, seize ans. Je souris.

— Française ?

— Co ? Ça c'est une Polonaise, elle est si malade qu'elle ne peut que gémir.

— Française ?

— ...

— Moi, je suis française, qui cherchez-vous ? Et, près de la fenêtre, une figure blafarde se soulève.

— Je ne cherche personne.

— Venez me parler, et lourdement la tête retombe.

— Comme vous êtes jeune ! Ma fille aînée doit avoir votre âge, et un pli douloureux traverse le front ridé.

— Vous êtes malade ?

— Vous ne le voyez pas ? Oh ! si, le je vois, et mon cœur se serre. Je souris.

— Mais non, vous avez très bonne mine. Un sourire fugitif éclaire le visage émacié.

— Restez près de moi, et une main décharnée s'agrippe à ma chemise.

— Comment vous appelez-vous ?

Je dis mon nom.

— Il me semble que j'ai connu autrefois un membre de votre famille, il y a bien longtemps. Je m'appelle Madame de la Croix, j'ai neuf enfants, le dernier n'a pas un an, que vont-ils devenir ?

— Ils vous attendent et, bientôt, vous les reverrez.

— Ils m'attendront toujours, soupire la pauvre femme. Je ne veux pas vous attrister, mais je sens la mort si près, mon pauvre mari, que fera-t-il avec neuf enfants ?

— Que puis-je faire pour vous ?

— Oh ! rien du tout. Cela me fait du bien de vous parler. Vous ressemblez à ma fille aînée, allez, mon enfant, et que mon souvenir ne vous attriste pas, et d'un geste bref, elle me fit signe de partir.

— Attendez, si jamais, dans la vie, vous rencontrez l'un ou l'autre de mes enfants, vous leur direz que leur mère n'a cessé de penser à eux et d'offrir pour eux chacune de ses souffrances, allez.

— Quelle est l'adresse de votre famille ?

Mais, épuisée par l'effort qu'elle vient de faire, la malheureuse femme se mit à gémir.

Ombre fugitive. Elles sont nombreuses ces silhouettes maigres et décharnées qui défilent devant mes yeux, ces êtres écrasés de souffrance et de douleur, dont une seule est bouleversante. Et il y en a tant ! Je ne les ai pas oubliées, mais ce cortège gémissant n'a pas de limite.

Le lendemain, Madame de la Croix ne vivait plus !

— Oh ! Mein Gott, mein Gott.

— Ruhe, Frau Scheffer.

— Mein Gott, mein Gott, et voici tout le lit secoué par les violents frissons de ma voisine de lit.

— Qu'est-ce qu'elle a ? me demande Denise.

— Je n'en sais rien.

— Elle est de quel pays ?

— Allemande. J'avoue que c'est bien pénible de partager son lit avec une femme de cette race.

De plus, je sens contre mon corps une peau brûlante et frissonnante, des os saillants qui me pénètrent dans les côtes.

— Mein Gott, mein Gott, répète la femme.

— Je te plains.

— Il n'y a pas de quoi, et je m'éloigne autant que je peux de ce corps fiévreux.

Frau Scheffer est un déchet de l'humanité. Décharnée, rasée et couverte de poux. Je les vois courir à l'autre bout du lit, le long du cou et des bras. Lorsque Frau Scheffer retire sa couverture, j'aperçois des régiments de ces bestioles, campées dans les salières qu'elle a profondes.

Je n'ai jamais très bien compris comment je n'en ai pas hérité. Il y a des grâces d'état.

Cette nuit, Frau Scheffer a gémi plus que jamais et sa sueur coulait sur mes jambes.

— Ach ! kalt, so kalt, froid, si froid, et il était clair qu'une fièvre ardente dévorait cette pauvre femme.

Sous ma tête, était plié mon manteau, et dans mon cœur s'engagea un combat : c'est une Allemande, disait une voix, elle n'a qu'à crever, cela en fera une de moins, et puis, elle te passera tous ses poux. Mais, répondait une autre voix, c'est un être humain qui souffre, il faut l'aider. Si toi, tu avais ce qu'elle a, tu serais heureuse si une main se tendait vers toi.

Je jetais mon manteau sur les épaules de la femme.

Je sursaute soudain, sentant sur mon pied couler un petit jet humide. Du pus ! En soulevant le drap, je découvre que les jambes de Frau Scheffer sont couvertes d'abcès. Ai-je atteint le fond ? Le lit est si étroit que je ne puis éviter ce contact qui m'écœure.

— Mon Dieu, je vous l'offre.

Mon drap est couvert de pus, de sang et de poux.

— Mon Dieu, je vous l'offre.

Enfin, on a emmené Frau Scheffer et j'ai obtenu un drap propre. Elle avait le typhus.

BLOCK 17

Le ciel a écouté nos supplications, et nous voici dans le Block 17. Sans peine, nous avons quitté Muty, Any-Marie et la féroce Aufseherin. Ici, le Block est propre et tranquille.

— Quel repos !

— Dis donc, nous sommes les seules Françaises, m'annonce Andrée.

— Ben, et moi alors ?

— D'où qu'tu sors ?

— J'suis dans c'Block, il y a aussi Cécile, Thérèse et la petite Andrée et Marie-Josèphe.

— On est bien ici ?

— Pas mal. On arrive à se planquer.

Nous logeons au troisième étage, non loin de la fenêtre, au fond du dortoir. Andrée partage avec une Autrichienne le lit qui fait suite au nôtre.

La bonne vie que celle du Block 17, et, cependant, vue de loin, ce n'était pas la plus belle époque.

Le Block 17 n'est pas un Block de passage. Les prisonnières qui l'habitent appartiennent à des colonnes fixes et mènent une vie régulière. Le matin, après l'appel, elles se rendent au travail ; on les voit revenir un quart d'heure à midi pour la soupe, puis repartir et ne rentrer qu'à six heures pour toucher leur part de pain, se laver et se coucher.

Dans le Tagesraum, une équipe de vieilles dames tricotent sous la haute surveillance de Pani Hilda, et le dortoir, clair et vide, n'abrite que quelques Innendienst, carte de maladie qui exempte de travail, et quelques femmes enceintes qui, silencieusement, sommeillent sur leurs lits, alors qu'on entend ronfler les Nachtsschichten, les travailleuses de nuit.

Mais nous, les Françaises, nous avons jeté la perturbation dans le Block modèle.

— On travaille ? m'a demandé Andrée.

— Où ?

— Ben, on peut s'inscrire dans une colonne fixe.

— Tu as envie ?

— J'suis pas folle ! et avec Andrée, nous sommes entrées dans la corporation des Verfügbar, race maudite entre toutes.

Cependant, nous avons de puissants appuis. La Blockova est un triangle vert, assez lunatique.

— Faut s'en méfier, nous prévient Marie-Josèphe, elle tape dur et elle est pas normale.

— Il y a longtemps qu'elle est ici ?

— Il paraît qu'ça fait quinze ans, elle a tué.

— C'est pas étonnant qu'elle a un grain !

Par contre, les Stubovas, polonaises, sont accessibles : il y a Irenka, si jeune et si jolie.

— Comment est-elle ?

— Ben, comme ça !

— Elle a l'air si douce !

— Faut pas s'y fier, et elle nous raconte qu'Irenka a vingt ans et qu'elle est au camp depuis cinq ans.

— Tu comprends, elle a une formation d'esprit et de caractère très bagne. Elle a l'intransigeance des jeunes, leur énergie et leur bon cœur.

— Ben, pourquoi faut pas s'y fier ?

— Elle aime qu'on travaille, qu'on soit propre, qu'on soit gai, tu comprends qu'avec les Françaises, ça ne colle pas toujours. D'abord, elle ne les aime pas, et puis elle veut qu'on travaille et elle comprend pas notre langue.

Cependant, Irenka ferme les yeux, on ne peut lui en demander davantage.

Mais notre ange gardien, c'est la deuxième Stubova, Pani Ewa.

— Oh ! ça, dit Marie-Josèphe, c'est un ange, et c'est vrai.

Pani Ewa parle français, elle a vécu en France autrefois et y a laissé une parcelle de son cœur.

— Ne crie pas tant, Irène, dit-elle souvent à la jeune Stubova, les Françaises comprennent mieux la douceur que les cris, et avec bonté elle s'approche de la délinquante :

— Madame, il vous faut ôter vos souliers pour entrer dans le dortoir.

Parfois, la voix d'Irène s'élève menaçante :

— Les Françaises sont des choléras, elles ne veulent pas travailler, mais pour la soupe, ce sont les premières, et pour se laver, elles ont encore plus peur de l'eau que des poux.

Pani Ewa l'apaise :

— Les Françaises sont plus évoluées que nous autres, peuples d'Orient. Lorsque chez eux, on bâtissait d'admirables cathédrales, chez nous on défrichait les forêts. Nous sommes fortes, jeunes et solides, habituées à une vie sans confort. Elles ont dépassé ce stade.

— Elles sont sales, attaque Irène avec mépris.

— Elles ont des salles de bains chez elles et de l'eau chaude. Alors elles sont propres. Elles ont des parfums et de la poudre. Nous autres mettons souvent les pommes de terre ou le linge sale dans nos baignoires, et nous savons nous laver à l'eau froide, elles ne savent pas, elles.

— Et cette paresse affreuse ?

— Ce n'est pas de la paresse, chez elles, les Françaises travaillent plus que nous, mais elles refusent de donner leur labeur à l'ennemi.

— Nous ne sommes pas des sauvages quand même, murmure Irenka.

— Non, mais les Françaises ne s'assimileront jamais ici.

Pani Ewa a vu juste, le pourcentage de la mortalité française est le plus élevé.

— Arbeit, Arbeit, crie Irène.

Nous sommes restées deux mois au Block 17, et pas un jour nous n'avons travaillé.

— Vous les protégez, a dit Irène, d'un ton de reproche, à Pani Ewa.

— Peut-être, et un large sourire très doux éclaira sa charmante figure.

MARA

— Ciho, silence, gronde une voix.

— Ruhe, menace une autre.

Quelle est cette complainte qu'on entend dans la nuit ? C'est Mara.

Mara couche dans le dernier lit au fond du dortoir. De grands cheveux noirs encadrent un masque biblique. Un nez droit, une belle bouche et de grands yeux noirs, un peu vagues, mais étincelants. Une peau brune, lisse et mate, recouvre des joues osseuses.

Mara est grande. Elle hoche la tête et, les lèvres entrouvertes, elle chante sur un ton monocorde une mélopée que l'on devine tragique. Le timbre de sa voix est incolore, et lorsque ce chant sinistre s'élève dans le silence de la nuit, on est parcouru de frissons.

— Ciho, répète la Polonaise.

— Ruhe, ajoute l'Allemande, et un bruit sec résonne. Un gémissement de bête blessée et le silence à nouveau plane sur le dortoir, que troublent seuls quelques ronflements sonores :

— Qui est Mara ?

— Une folle.

— Une idiote de village.

— Une sorcière, c'est toujours elle qui est battue, punie, injuriée ; on lui mange sa soupe, on lui crache au visage, et Mara, la sorcière, ne sait que gémir et réciter sa triste mélopée.

Pani Ewa lui donna un jour un rabiot de soupe et lui caressant les cheveux, avec une grande douceur, elle lui dit quelques mots que je ne compris pas.

— Qui est Mara ?

— Mara, me dit-elle, est une paysanne des Carpathes. Elle vivait dans la montagne avec son homme et ses sept fils. Ils parlaient leur dialecte, portaient le costume des montagnards, vivaient heureux et unis, se nourrissant du fruit de leurs chasses. C'était une vie rude et laborieuse. Mara disait :

— Quand nous mangeons la soupe et qu'autour de la table de bois je vois mon homme et mes sept grands fils, je me sens fière et heureuse. Un jour, une patrouille allemande est passée par là. Ils ont mis le feu à la chaumière et, sous les yeux de Mara, ils ont fusillé son homme et ses sept fils. Depuis ce moment, elle a perdu la mémoire et, ce chant qu'elle répète, l'œil étincelant, c'est un chant de guerre et de vengeance contre les assassins de ses fils, ce sont des malédictions et des imprécations, ce sont aussi des larmes amères.

Mara est une fille de la campagne, c'est une femme simple, ainsi exprime-t-elle sa douleur.

Un jour nous n'avons plus entendu la voix lugubre de Mara.

— Qu'est-elle devenue ?

Et Pani Ewa, les larmes dans les yeux, nous a dit :

— J'ai fait tout ce que j'ai pu pour la protéger, mais ils sont venus la prendre, ils l'ont gazée.

LES VERFÜGBAR : LES DISPONIBLES

Longtemps rivés à la chaîne,
La faim nous a tourmentés,
Assez, assez de nos chaînes,
Nous voulons nous racheter.

— Tu connais Coury ?

— Non.

— Une fille épatante, et, le lendemain, Paulette m'apporte un petit paquet.

— Fais attention, c'est tordant.

— Qu'est-ce que c'est ?

— Une petite pièce écrite par Coury. Mais ne la salis pas et ne te la fais pas prendre. Lis-la vite.

En première page, je lis : Le Verfügbar aux enfers.

C'est un chef-d'œuvre. Je ne désespère pas qu'un jour, pressée pas ses camarades, l'auteur ne publie ce petit opuscule. En attendant, laissez-moi dire deux mots de cette espèce maudite, comme je disais, et de laquelle nous, Françaises, faisons presque toutes partie.

Le Verfügbar est un être automatique, peu sensible et chez lequel seuls quelques mots provoquent une réaction.

Race pourchassée et affamée.

Race misérable.

Race passive et forte dans son apathie.

Race éprouvée.

C'est l'heure de l'appel, une silhouette se détache d'une colonne et fuit vers un Block, c'est une Verfügbar. Une forme boiteuse et gémissante défile avec la colonne des malades, c'est une Verfügbar. Une ombre saute par une fenêtre, encore une Verfügbar.

Ce sont les reines de l'irrégularité, de l'indiscipline, du sabotage par omission. Ce sont aussi les éternelles victimes.

Regardez-les cachées dans un coin du lavabo, l'œil morne, les oreilles tendues, la bouche entrouverte.

Mais, soudain, un mot vient les frapper.

— Arbeit, Arbeit, et comme une ruée de moineaux, les voilà qui s'envolent.

Où ? Comment ? Nul ne le sait, mais l'Aufseherin trouve le lavabo vide.

Ouvrez les yeux, regardez bien dans le Block voisin, accroupie derrière la porte des w.-c., une Verfügbar.

Mais un cri résonne dans la rue, la voilà qui bondit.

— Suppe holen, Suppe holen. Lorsque le bidon de soupe arrive au Block, les Verfügbar sont en tête de la colonne.

Leur gamelle, plus ou moins propre, qui pendait à leur ceinture, est mise en position et les voilà qui dévorent en un instant l'infect breuvage qui est leur seule nourriture. La faim leur ronge les entrailles et la gamelle vidée, elles ne peuvent en détacher du fond leur regard morne et désolé.

Parfois un mot magique les fait bondir en avant, l'œil étincelant.

— Nachholen, rabiot, crie la Stubova, mais comme elles ne sont pas des « travailleurs », la louche à moitié pleine leur passe sous le nez. Alors, tristes et misérables, elles retournent au fond du Block où, l'oreille à l'écoute, elles seront prêtes à bondir à la moindre alerte.

Bande héroïque que celle des Verfügbar. Eternelles pourchassées. Si vous voulez faire leur connaissance, allez demain matin, à l'heure de l'Arbeitappell, sur la Lagerstrasse, entre le Revier et le Kammer, le magasin ; là, vous verrez la longue colonne dite du Revier. Toutes les femmes malades en font partie, elles défilent devant l'Oberaufseherin, puis rentrent au Block où, précédées de la Stubova, elles vont à la visite médicale.

Quelle aubaine pour une Verfügbar ! Elles s'y retrouvent chaque matin :

— Ça va, Mado ?

— Oui, et toi ?

— Ben, comme toujours.

— Où est Lucette ?

— Elle est derrière.

La colonne, à son tour, s'ébranle.

Alors, traînant la jambe, pliées en deux, boitant, geignant et pleurnichant, nos Verfügbar avancent. L'Oberaufseherin, d'un œil méprisant, compte les éclopées qui, au premier détour d'une rue, oublient leurs infirmités pour fuir les corvées qui les guettent.

Il y a aussi la colonne des tricoteuses, des cartes roses et des femmes enceintes. Autant de refuges que les Verfügbar ne méprisent pas.

— Qui êtes-vous ?

— Une Verfügbar. C'est un état, un métier, une tâche difficile à conduire. Je connais des Françaises qui sont restées à Ravensbrück plus d'un an et n'ont même pas un jour de travail à leur actif.

Pour ma part, sur neuf mois, je n'ai travaillé que les deux derniers.

LES SCHMUCKSTÜCKE

Il ne faut pas confondre la Verfügbar et le Schmuckstück qui veut dire en allemand pierre précieuse.

Le Schmuckstück est une Verfügbar déchue. Il y a la colonne des Schmuckstücke qui vont au sable, aux diverses corvées, alors que vous ne verrez jamais une colonne de Verfügbar. Ces dernières esquivent les coups que les autres ne savent éviter.

Il y a de la fierté à être Verfügbar, mais de la honte à être Schmuckstück.

Les Polonaises ont eu trop souvent tendance à confondre ces deux conditions. Cela les a amenées à commettre de graves erreurs psychologiques et à les opposer aux Françaises.

SECRÉTAIRE DE BLOCK

— Vous entendez pas qu'on vous appelle ? Maman, endormie, sursaute.

— Moi ? et, en effet, notre nom se fait entendre avec force et nervosité.

— C'est la Blockova. Vite, Maman dégringole de notre troisième étage.

— Mon Dieu, que se passe-t-il ?

Quelques instants après, je la vois revenir.

— C'est la terrible Aufseherin du 19 qui vient me chercher. Elle me demande d'être secrétaire du Block.

— C'est bon ou mauvais ?

— Plutôt bon.

Maintenant, me voici seule avec Andrée planquée sur mon lit. Nous ne courons pas les lavabos comme les autres Verfügbar ; grâce à la bienveillance de Pani Ewa, il nous est possible de nous coucher dans la journée.

Que d'histoires nous nous racontons ! Parfois, nous inventons des chansons, d'autres fois, nous récitons notre chapelet.

Maintenant que Maman est secrétaire, elle a pu nous rapporter du papier et un crayon. Alors nous jouons à la bataille navale, aux petits carrés.

Cependant, elles nous ont paru longues, ces heures-là.

Lorsque, le soir, Maman rentre de son travail, elle nous raconte ses aventures. La Blockova est polonaise, elle s'appelle Kaminska, froide, polie, dure, elle traite sa secrétaire avec hauteur et mépris.

— Ce que cette femme peut manger ! nous raconte Maman. Elle est au camp depuis cinq ans et possède mille amies à la cuisine ou ailleurs, et elles lui font la cour en lui apportant des plats excellents. Elle les mange sous mon nez et jamais n'aura l'idée de m'en offrir, et je t'assure que ça sent bon.

Vers sept heures, Maman rentrait de son travail ; or, un soir, je ne la vis pas arriver. La soupe était distribuée depuis longtemps et déjà Irène criait dans le Block :

— Schnell, schnell, schlafen. La lumière s'éteignit et la sirène mugit : c'est l'extinction des feux et les policières parcourent le camp en hurlant :

— Feuer Abend, Feuer Abend. Et dans les Blocks, les Stubovas crient :

— Ruhe, ruhe, schlafen, silence, silence, dormez.

Et Maman n'est toujours pas là.

— Elle ne rentrera pas cette nuit. Tout le monde sait qu'après la sirène du soir, il est dangereux de sortir. Des patrouilles allemandes parcourent le camp et tirent sans préavis. Du haut des miradors, des projecteurs, de temps à autre, fouillent de leurs rayons lumineux les moindres recoins du camp. La crainte d'une insurrection obsède nos gardiens.

— Que pensez-vous ? Ensommeillée, ma voisine ne répond pas.

Une angoisse soudaine crispa mon cœur.

— Quelque chose est arrivée à Maman. Alors, je me mis à prier, puis à pleurer. Une sueur froide coulait le long de mon dos.

— Va, ne pleure pas, c'est sûrement pas grave. Une voix humaine me tira de ma torpeur angoissée.

— Oui, mais enfin, elle aurait dû me prévenir, et une idée me vint à l'esprit.

— Je vais aller voir.

— Fais attention à la patrouille.

L'inquiétude dominant la peur, je m'approchais de la fenêtre et, avec précaution, j'avançais dans la nuit. Tendue, j'écoutais le cœur battant. Enfin, je parvins au Block 19. Tout est obscur. Timidement, je frappai à la porte du Dienstzimmer, le bureau.

— Wer ist da ? qui est là ? répondit une voix, qui n'était pas celle de Maman.

J'entrouvris la porte et je vis, assise auprès d'une table, à la lueur d'une bougie, le profil sévère de la Blockova et, oh ! soulagement, le visage fatigué et combien cher de Maman.

— Que fais-tu ici ?

— Je vous attendais et j'étais inquiète pour vous.

— C'est ridicule, tu es folle d'être venue ici la nuit ; retourne te coucher et fais attention.

Le lendemain matin, je retrouvai Maman à l'appel.

— Que s'est-il passé ?

— Il manquait un numéro pour l'appel, il fallait le retrouver avant l'aube, sinon j'étais bonne pour le Strafblock, la prison du camp, et voilà les joies d'une secrétaire !

LÖSKA

Löska est tchèque, elle chante de jolies chansons et, le soir, lorsque sa voix s'élève dans le silence du dortoir, il vous semble entendre le rire d'un ange.

— Löska ?

— Ya.

— Chantez-nous quelque chose, et un large sourire découvre une rangée de dents saines et blanches.

— Ich kann nicht singen, je ne sais pas chanter.

— Mais si Löska, cette berceuse de votre pays, et comme le chant du rossignol, la voix claire et limpide de Löska s'élève dans l'obscurité du soir.

Löska n'est pas Stubova, mais elle porte au bras gauche une bande verte qui lui confère les mêmes fonctions que celles d'Irène ou d'Ewa. C'est elle qui distribue la soupe et son large sourire attire tous les cœurs.

— Löska, Komm hier, viens ici, crie la Blockova.

— Oh ! Löska, Löska, gémit une Schmuckstück.

— Löska, crie la voix affolée d'une Verfügbar, et partout Löska passe et apaise. On ne lui demande jamais un service en vain. Indulgente et généreuse, elle ne hait aucune race, elle est essentiellement humaine.

Nous avons pris son adresse, mais retrouverons-nous jamais, dans ce vaste monde, Löska, la Stubova du Block 17.

ANIA

Ania et Gerda partagent le lit voisin du nôtre : deux paysannes russes et bolcheviques. Gerda est rustre et brutale mais Ania sait sourire avec douceur et dans ses yeux on peut lire une grande bonté.

— Pani, madame. Tirée par sa manche, Maman se retourne.

— Dla was, pour vous. Et une main rouge et sale nous offre des frênes. C'est Ania qui rentre du travail. Elle fait partie de la colonne du bûcheronnage et elle partage avec nous son butin.

— Souvent, Ania gémit :

— Oj, Oj. Et alors, nous savons qu'elle pense à sa mère qui est restée là-bas, dans la plaine moscovite.

— Rossia, Karacho ? La Russie, bien ?

— Da, Karacho, oui, bien.

Et pour nous prouver que son pays est beau et qu'elle l'aime, elle entonne avec Gerda un chant patriotique, rythmé et nostalgique, et souvent il semble qu'une larme perle sous les cils de la jeune Russe. Ania a seize ans !

Avant de s'endormir, nous l'entendons marmonner quelque chose. Un jour, Maman lui a demandé :

— Ania, que dis-tu le soir, avant de t'endormir ?

— Je dis ma prière, répondit Ania en rougissant.

— Comment se fait-il, Ania, que, toi qui es bolchevique, tu dises ta prière le soir ? C'est défendu par ton parti. Alors, tout bas, Ania expliqua :

— Ma mère et mon père disaient toujours leur prière et quand j'ai quitté la maison, ma mère m'a dit : Ania, où que tu sois, dis toujours ta prière, et tu ne te sentiras jamais seule.

Et Ania, simplement, ajouta :

— C'est pour cela que je dis ma prière, le soir, avant de m'endormir, et c'est vrai, je suis moins seule.

LA NOUVELLE AUFSEHERIN DU 19

Depuis hier, une nouvelle Aufseherin a remplacé le démon qui nous terrorisait tant.

Maman est satisfaite du changement.

— Celle-ci a l'air plus douce, nous dit-elle, je crois qu'elle redoute la tâche qui lui est imposée. Elle évite les contacts avec les prisonnières et Maman l'a vue pleurer l'autre matin, dans un coin retiré du Dienstzimmer.

Un jour, la Blockova Kaminska était en train de manger de la viande et du riz quand l'Aufseherin entra. Maman travaillait à sa table.

— En voulez-vous ? et Kaminska offrit à l'Allemande une assiette bien garnie. Cette dernière se tourna vers Maman :

— Et la secrétaire ? Vous ne lui en offrez pas ? La Blockova haussa les épaules. Alors, geste stupéfiant pour une SS :

— Tenez, dit-elle, et elle tendit son assiette à Maman.

Lorsque Blockova et Stubovas furent sorties de la pièce, Maman, restée seule avec l'Aufseherin, lui demanda :

— Vous avez eu, ce matin, un geste étonnant pour une Allemande et, de plus, une SS. Il était empreint d'humanité, et c'est ce qui m'a touchée, nous ne sommes plus habituées à la bonté, ni même à la pitié. Je vous remercie.

Alors, la femme explique :

— Je suis catholique, alors, vous comprenez. Un de mes frères est prêtre, j'ai une sœur religieuse. Je n'ai pu échapper à cette tâche infâme qui me dégoûte.

Elle n'est pas restée longtemps, cette Aufseherin. Quatre jours après, elle était remplacée.

DIPHTÉRIE

Je veux donner ma vie
A la bonne espérance et
Tout entière l'enfouir
Dans la soif de comprendre
Dans la splendeur d'aimer
Sa main.

Les heures paraissent longues. Voici déjà l'hiver, la neige, et les appels du matin sont douloureux. Il est défendu de bouger, mais il est permis de tomber, et sur le tapis blanc et glacial, les corps gisent là, sans connaissance.

Pour ma part, j'ai mal à la gorge ; la nuit, la sueur inonde mon lit et je tousse tant que mes voisines n'hésitent pas à me lancer des insultes en toutes les langues. Aux appels, Maman me soutient et il me semble que des frissons me secouent de la tête aux pieds.

— Il faut aller au Revier, me conseille Maman.

Au Revier, on prit ma température ; c'était le matin et j'avais 38° 5.

— Gar nichts, rien, et, méprisante, l'infirmière me repousse. Il faut 39° 5 pour espérer un regard.

Force me fut donc de continuer ma vie de verfügbar. Toussant et frissonnant, je passais de longues heures à rêver douloureusement.

Andrée, gentiment, m'égayait ; mais je retombais vite dans une demi-apathie. Bientôt, je perdis la voix.

— Cela ne peut continuer.

Maman s'inquiète. Et le lendemain, je retournais au Revier.

— 40° 1, annonce l'infirmière. Je suis bonne pour passer chez le médecin. Il me faut rester de longues heures debout. Enfin, voici mon tour.

— Diphtérie, diagnostique le docteur polonais, et d'un geste bref, elle me montre la porte.

Il me fallut encore attendre, debout, la carte signée du docteur allemand qui m'autorisait à être hospitalisée.

Une Française passe près de moi, je crois la connaître :

— De quel Block êtes-vous ?

— Du 15.

— Connaissez-vous Tania de F. ?
— Bien sûr.
— Voulez-vous lui demander de dire à ma mère, au Block 19, que j'ai la diphtérie et qu'on m'hospitalise.

Au bout d'une attente qui dura sept heures, je fus conduite au Block 7 des malades où, avec délice et presque sans connaissance, je m'enfouis dans des draps blancs.

Je passais trois semaines au Revier, et un jour où je faillis passer de vie à trépas, Paulette, l'infirmière, vola un comprimé d'aspirine. Ce fut le seul soin que je reçus, il y a des grâces d'état !

MADAME BELGE

Toute maladie est mauvaise dans un camp, mais ne me parlez pas de la diphtérie.

Ma voisine de lit est une grosse belge dont un érysipèle recouvre tout le côté gauche de la figure. Cela lui donne un fort méchant caractère.

— Mais, poussez-vous donc !
— ...
— Oh ! que j'ai froid.
— ...
— Que tout est sale ici !
— ...
— Même pas une voisine à qui parler. Le fait est que la pauvre madame belge est mal tombée pour la conversation. Je ne peux proférer un son. Il me semble que mes cordes vocales sont paralysées.

Je hausse les épaules, je tourne le dos, mais cela ne satisfait pas ma turbulente voisine.

Cette nuit, avec une maladresse peut-être un peu voulue, elle renversa sa Schussel de café sur ma tête. J'allais lui dire son fait sans ménagement, hélas ! le corps fut plus fort que l'esprit. Je ne pus articuler une seule parole et force me fut de finir la nuit marinant dans du café.

REVIER 7

Les malades affluent, nous sommes cinq pour deux lits : une diphtérie, un érysipèle, une angine, une dysenterie et une grippe. Elle a eu de la chance, celle-là, elle n'a rien attrapé.

— Pardon, madame, dis-je à ma voisine de dessous qui se

meurt du typhus, je crois que vous ne mangez pas votre soupe, puis-je la prendre ?

Elle a bu le liquide, et moi je dévore le solide, c'est-à-dire rutabagas ou choux. Que c'est bon ! Ma faim est plus forte que la peur de la contagion.

DOCTEUR MAIDA

— Ça va mieux ?

— ..., et la doctoresse tchèque tâte ma gorge.

— Essayez de parler.

— ...

— Courage, demain vous serez guérie.

— Hélas, ni demain, ni après ; cependant, le docteur Maida, fidèlement, deux fois par jour, vient me réconforter :

— Je n'ai pas de médicaments, pas de piqûres, mais si la nuit vous sentez que vous étouffez, alors, il faut venir me réveiller. Mon lit est à tel endroit, et, ajoute-t-elle, je ne pourrai pas faire grand-chose, mais je ne voudrais pas que vous mourriez seule !

Elle est douce et souriante, notre docteur Maida. Même les plus misérables, elle les traite avec bienveillance.

— Je voudrais tant aller voir ma fille, lui a dit Maman, un jour.

— Je veux bien, mais c'est interdit. Et elle ajouta en souriant :

— Allez, mais faites vite.

Hélas, en sortant, Maman tomba nez à nez sur l'Oberschwester :

— Was machst du hier ? que fais-tu ici ? Du bist nicht von dieses Block, tu n'es pas de ce Block, et sans même laisser à Maman le temps d'émettre un son, elle se rua dans le Dienstzimmer. Pétrifiée, Maman attendit. Quelques secondes après, la corpulente femme en ressortit et hurla :

— Wo ist die Maida ? où est Maida ? et, la voyant arriver, elle se jeta sur elle et la battit aux yeux de tous.

— Was macht diese Frau hier ? que fait cette femme ici ?

Lorsque l'Oberschwester quitta le Block, un grand silence y régnait. Les malades même n'osaient plus gémir.

— Je suis vraiment désolée, dit Maman. Mais le docteur Maida avait retrouvé son charmant sourire.

— Cela n'a aucune importance, et, maintenant qu'elle est venue et sortie, allez donc voir votre fille, vous serez plus tranquille.

LES LAVABOS

Je ne peux plus me décider à pénétrer dans les lavabos.

Les femmes, épuisées, meurent.

Le silence de la nuit est troublé soudain par des plaintes déchirantes.

— O Boze, Boze moj ! Oh ! mon Dieu, mon Dieu.

Encore un dernier sanglot qui se perd dans les ronflements du grand dortoir. Et puis, plus rien.

Le lendemain matin, les filles de salle sortent les cadavres.

Cela consiste à attraper le corps par les cheveux et à le traîner le long des travées, jusque dans les lavabos. Là, les vêtements sont ôtés, ils serviront aux nouvelles arrivées, et les cadavres cireux sont entassés dans le coin, près de la fenêtre.

Les pauvres femmes, ayant quitté notre vallée de larmes sans aucune assistance, ont la plupart les yeux ouverts et les membres repliés. Elles sont devenues raides dans l'état même où la mort les a trouvées.

Il y a tant de travail dans le camp que les corps restent souvent quelques jours par terre, dans les lavabos.

A force de s'entasser, ils nous gênent pour faire notre toilette.

— Repoussez donc cette jambe, me conseille ma voisine. J'ai envie de vomir, tant cette odeur fade de cadavre est pénétrante. Si ce n'était cette odeur nauséabonde, je n'hésiterais pas à me laver comme avant, chaque jour. La vue de la mort me laisse insensible. Je considère d'un œil distrait ces squelettes osseux, aux rictus douloureux, mais il y a cette odeur ! L'autre nuit, j'ai eu si soif que je suis allée boire aux lavabos. Les rats qui rongeaient les nez et les oreilles se sont dispersés dans une bruyante déroute.

Tu es poussière, a dit la Bible. Poussière, que ces cierges jaunâtres qui gisent là, les yeux grands ouverts et sans vie, dans une tragique nudité.

— Je leur ai tout donné, et je leur ai tout repris...

— Que la paix soit avec elles, et vous, mon Dieu, que soit faite votre sainte volonté !

LA RADIOGRAPHIE

A force de démarches, Maman a obtenu qu'on me radiographie la gorge.

— Ça ne peut pas durer, et, ce matin, je me rends au grand Revier, accompagnée du docteur Maida.

Après une longue attente, la porte du saint des saints s'ouvre enfin.

— Was ist denn los ? me demande la doctoresse polonaise chargée des examens.

— Laryngoscopie ? Qu'elle attende, quand j'aurai le temps et, rude, elle me repousse dans la petite pièce adjacente où on attend.

— Je reviendrai plus tard, me dit Maida. Ne craignez rien, je lui ai tout expliqué ; et elle s'éloigne, me laissant seule au milieu de toutes mes camarades éclopées. Le matin, j'avais encore 39° 5, et ma fatigue est extrême.

— Française ? De la tête, je fais signe que oui.

— Moi aussi, quelle misère ! et un pauvre être rasé, sans dents, s'approche de moi. Au même moment, la porte s'ouvre :

— 75.537. J'avance.

— Plus vite, donc, tu crois que je n'ai pas autre chose à faire ? Allez, ouvre la bouche, grande, plus grande, et d'un geste brutal, la doctoresse m'introduit un appareil dans la bouche.

— Tire la langue, mais tu ne sais donc pas tirer la langue, imbécile.

Mary, l'assistante, me souffle dans l'oreille :

— Attention, elle est nerveuse.

Je fais donc de mon mieux, mais cela ne satisfait pas le docteur.

— Je ne peux pas, tu es une imbécile ; pour ta punition, tu vas attendre à côté, jusqu'à ce que je t'appelle. Ça te fera réfléchir, et peut-être comprendras-tu qu'il vaut mieux obéir, et d'un coup sec et brutal, elle m'expédie dans l'antichambre.

J'attendis deux heures. Enfin, la redoutable femme appelle mon numéro.

— Tu es décidée à obéir ?

Une fois de plus, j'ouvris une bouche énorme, tirai la langue :

— Encore plus, mais je vais te battre. Je n'en pouvais plus de fatigue ; je devins très blanche et, soudain, sans que je n'y puisse rien, je vomis sur l'arrogante doctoresse. Elle hurla de fureur.

— Et ça se croit de l'intelligentsia, putain va !

Je ne sais où je trouvai la force de fuir. Peut-être dans la satisfaction d'avoir fait un affront à une brutale ennemie.

— Alors, quel est le résultat de l'examen ? s'enquit le docteur Maida. Je lui racontais mon aventure et nous avons bien ri toutes deux.

— Je regrette de n'avoir pas vu sa tête ! Elle ne l'a pas volé !

NOEL

Malgré la protection de Maida, j'ai été renvoyée du Revier hier matin, 23 décembre ! j'avais encore 38°5, mais je n'en suis pas mécontente car c'eût été trop triste de passer Noël loin de Maman.

— C'est demain Noël ! et très excitées, les prisonnières courent en tous sens. Elles vont à la cuisine, rapportent des provisions sous leurs robes ; celles qui travaillent au bûcheronnage ramènent des branches de sapin.

Soudain, la sirène lugubre mugit :

— Appell, Appell, crient les Lagerpolizei.

— General Appell, schnell.

Et les Blockovas de crier :

— Heraus, schnell, Appell.

Vite, il faut s'habiller et sortir, se ranger dix par dix et attendre.

Il est cinq heures et déjà la nuit tombe. Le camp est couvert de neige. Il fait moins froid que le matin.

— Achtung, et les minutes succèdent aux minutes. Dans le ciel apparaissent déjà les premières étoiles.

— Tu te rappelles l'année dernière ?

— Il ne faut pas y penser.

— Crois-tu qu'ils pensent à nous là-bas ?

— J'en suis sûre.

— Tu pleures ?

En rentrant de l'appel, trois heures après, Maman aussi avait les yeux rouges.

— Venez dîner chez nous.

Dans le Block régnait une grande gaieté.

— Alle in Tagesraum, criaient les Stubovas. Nous fûmes surprises d'y trouver un arbre de Noël, éclairé de bougies et décoré pauvrement mais joliment.

Notre Blockova entra et fut accueillie par un silence craintif.

— Mes enfants, c'est aujourd'hui Noël, je suis heureuse de le passer avec vous. C'est mon seizième Noël au bagne. J'ai une fille qui avait cinq ans lorsque je l'ai laissée et, si je la revois, elle aura vingt et un ans. En vous regardant là, vous les jeunes, je pense que ma fille a votre âge et qu'elle aurait pu être dans cet enfer. — Pause.

— Mes enfants, j'ai été nommée votre Blockova, c'est un honneur et une joie pour moi. Pas réciproque, pensai-je. Je suis votre mère et vous êtes mes chers enfants. Je songeais aux coups de cravache de notre mère. Il me faut parfois être sévère, mais c'est toujours votre intérêt et votre bien que je recherche. Que cette fête de famille qui est la nôtre aussi, nous unisse plus que jamais, et à vous, mes chers enfants, le cœur ému, je dis joyeux Noël, et dans un sanglot elle s'effondra sur la chaise qui lui était dévolue. Aussitôt, le chœur des Allemandes entonna :

Stille Nacht, Heilige Nacht, douce nuit, sainte nuit, et il y eut beaucoup de larmes. Les Polonaises aussi chantèrent des Noëls, et les Russes, et les Tchèques, et nous nous esquivâmes, Maman et moi, afin de nous rendre à l'invitation de Wanda, au Block 15.

DINER DE NOEL

— Venez vite, venez vite, et la voix de Wanda nous accueille gaiement.

— Approchez-vous de la fenêtre, ça ira mieux, nous conseille-t-elle.

Et nous voici toutes quatre sur un seul lit. Emerveillées, nous admirons les trésors étalés devant nos yeux.

Il est vrai que les K. sont des personnes riches et considérées. Wanda est secrétaire dans un Betrieb et lorsqu'on appelle Frau Wanda ou Pani Wanda, on sent une nuance de respect. Lorsqu'on travaille au Beckleidung, ce n'est pas difficile de voler des vêtements. Aussi, Pani Wanda et toujours fort bien mise. Sa fille de vingt ans travaille dans les cuisines. Ces différentes fonctions, tout en les mettant à l'abri de la mendicité, attirent sur elles des regards parfois envieux et souvent déférents. Etant polonaises, elles ont reçu des colis de leur famille et tout cela contribue à rendre ces dames populaires. Leur valeur personnelle y a aussi une part : Murka est fort gaie et sa mère sérieuse ; toutes deux sont serviables.

— Voici le menu. Il nous semble rêver. Murka s'est surpassée dans ses vols et grâce à cela, nous avons une salade délicieuse et puis du rôti de porc, et des pommes de terre, et un dessert excellent. Maman en perd la parole. En un clin d'œil, les assiettes sont nettoyées, léchées, vous pensez, on a si faim !

— C'était formidable, résume Maman.

— Vous souvenez-vous, il y a deux ans... Et la sirène nous ramène dans la triste réalité.

— Bonsoir et merci.

C'était une charmante soirée !

25 DÉCEMBRE 1944

Maman se réveille souriante.

— Joyeux Noël, mon enfant chérie. Mon cœur est serré, mais Maman est détendue.

— Je n'ai pas aussi bien dormi depuis longtemps. C'est un cadeau du petit Jésus que cette nuit merveilleuse ! Pour la première fois, je me sens reposée et calme.

Elle a, en effet, presque bonne mine et cela me réconforte.

Aujourd'hui Noël, il n'y aura pas de travail. Au Block 15, Tania récite les prières de la messe. Il fait froid et il neige.

Les Blockovas et les Stubovas sont occupées à se faire des petits plats fins avec le produit des vols.

Les autres attendent la soupe avec impatience. Elle est immangeable. Les Russes chantent des chants nostalgiques, les Polonaises récitent des prières, les Françaises organisent une séance et, pour ma part, j'attends avec impatience le lendemain.

Ce fut la journée la plus triste de l'année.

BLOCK 26

— Los, los, fünf zu fünf.
— Que se passe-t-il ?
— On change de Block.
— Où va-t-on ?
— On ne sait pas.
— Schnell, schnell.
— On va p'têt dans un p'tit Block. Hélas, les optimistes ont tort une fois de plus. Après cinq heures d'attente, c'est au Block 26 que nous mène notre nouvelle Blockova.

C'est un grand Block, très misérable, où grouille une plèbe crasseuse, rasée, pleine de poux. C'est la tour de Babel, mais il nous semble que les Tchèques y sont en majorité.

— Hytro, hytro, vite, vite, crie la Stubova.
— Y a-t-il des Françaises ?

Il semble que non, à première vue. Cependant, une voix perçante arrive jusqu'à nous.

— Ta gueule.
— J't'em...
— Eh ! crie Margot, y a des Françaises là-haut ?
— Ruhe, ruhe, hurlent les gardiennes en cravachant le tas, tandis que, hébétées, des Schmuckstücke nous considèrent avec curiosité.
— Droite, gauche, droite, et la Blockova dirige chacune sur la partie du Block qui lui est affectée.

Margot a enfin attiré l'attention d'une des Françaises.

— Dis donc, c'est bien c'Block ?
— Si t'es pas contente, tu sais, t'as qu'à l'dire.
— Tout doux, clame Margot, nous on n'est pas des putains, on vient du Block 17. Y a longtemps qu't'es ici ?
— Ça fait quéques mois.
— Vous êtes beaucoup de Françaises ?
— On est bien assez. Puis, tu sais, y a pas de place ici. On est déjà trois par lit, on tient pas à être cinq.
— On te d'mande pas ton avis, des fois.
— Non, mais j'le donne. Et Dédé part d'un gros rire.

— Va donc, saloperie de garce.

Dans la bouche de Dédé, cet adjectif est un grand compliment. Quand elle dit garce, c'est qu'on est copain. Le vouvoiement et le « madame », sont la marque du plus profond mépris.

D'ailleurs, c'est bien comme ça que Margot comprend :

— Oh ! putain, va, et les voilà amies.

— Non, mais, sans blague, tout c'cortège, c'est pas pour chez nous ?

— Et, qu'est-ce que tu crois, qu'on est en villégiature ?

— Non, mais, faut pas charrier, vous entrerez pas.

On est quand même entré. Il a fallu se battre et prendre d'assaut les lits déjà pleins, se bagarrer avec des Tchèques, des Russes, des Ukrainiennes, se faire recevoir par les très raffinées, à coup de « choléra », et par les autres, les plus nombreuses, à coups de poing.

Maman est bonne pour le sport. Je ne suis pas mauvaise, et, lorsque la sirène du soir mugit, nous étions victorieusement installées dans un lit du deuxième étage, près de la fenêtre.

ENCORE LE BLOCK 26

Chacun pour soi et Dieu pour tous.

Ici, c'est la jungle, la tour de Babel. Les arguments, ce sont les coups de poing.

— Laisse-moi passer.

— Non ? Eh ! bien, v'lan.

Il n'y a qu'un w.-c. pour mille cinq cents femmes, à peine quelques robinets au lavabo qui fonctionnent. Les tuyauteries ont gelé et tout se passe dehors.

— Du Schwein, Scheissdreck et, apercevant un SS, la malheureuse femme s'enfuit, les jupes encore toutes relevées.

Au début, on détournait la tête, maintenant, nous-mêmes allons, sans honte, nous accroupir contre un Block.

A trois heures et demie du matin, lorsque nous sortons à l'appel, il semble que la blancheur de la neige cache toutes ces misères, mais, lorsque le jour se lève, alors apparaît un paysage curieux sur lequel je ne veux pas insister.

Quelques heures après, des femmes, munies de petits seaux, sont désignées pour nettoyer le camp. Ces femmes font partie de la « colonne de jardinage ». Curieux jardinage.

BLOCK 28

Nous ne sommes pas restées longtemps au 26 : du 25 janvier au 4 février. Nous n'avons d'ailleurs pas gagné au change.

Le Block 28 est aussi sale que le 26, aussi délabré, aussi misérable, et, de plus, il y règne une discipline sévère.

Pas question, après l'appel, de se camoufler dans un coin. La trique à la main, les Blockovas et les Stubovas savent coincer les malheureuses Schmuchstücke.

— Arbeit, Arbeit, et, traînant des jambes fatiguées, il faut aller au terrassement, au bûcheronnage, au charbon, etc. Les cordons de policières ne laissent échapper personne et les pauvres Verfügbar ont fort à faire.

Du reste, au Block 28, il n'y a plus de Verfügbar.

Du groupe de Torgau, nous ne restons que trois, et les autres Françaises du Block travaillent à des colonnes fixes.

— Dis donc Andrée, on ferait mieux de travailler nous aussi.

— Ça, c'est certain, que tant qu'à faire il vaut mieux se trouver un bon emploi que d'aller au sable. Et nous voici en quête de travail.

— Pourquoi pas la colonne de jardinage ?

— C'est difficile d'y entrer.

— C'est une colonne très snob, m'explique Maman.

— Ben pour ramasser la m..., mais j'apprends qu'il y a deux colonnes : l'une jardinage extérieur, considérée comme vulgaire, et l'autre, jardinage intérieur. Colonne spécifiquement polonaise, très « comme il faut ». Madame Caesara y est contremaître. Maman la connaît et, grâce à elle, je fis quelques jours après mon entrée dans la colonne de jardinage.

LA COLONNE DE JARDINAGE

— Après l'appel, entre le Block 1 et 2, m'a recommandé Madame Caesara.

Je m'y rends, le cœur battant, avec une pointe de nostalgie et un brin de fierté. Finie la vie errante et indépendante du Verfügbar. Me voici enfin dans une situation régulière.

— Arbeit, Arbeit, me hurla dans l'oreille une policière déchaînée.

— Ya, ya.

— Komm hier, et, brutalement, elle veut m'introduire dans la colonne du sable.

— Gartenkolonne, et, digne, je m'éloigne vers le Block 1 où celle-ci se forme.

— Vous êtes la nouvelle ? Et voilà Madame Caesara qui vient m'expliquer qu'il faut marcher droit, du bon pied, car :

— Nous sommes la colonne la mieux. Je dois reconnaître que l'expérience m'a prouvé qu'elle n'avait pas tort.

C'est Irène qui est chef de la colonne. Elle me considère avec une pointe de dédain, hausse les épaules et crie :

— Marche.

Devant l'Oberaufseherin, elle crie :

— Gartenkolonne 28.

L'ABRI

— Je ne connais pas grand-chose aux fleurs. Madame Caesara hausse les épaules.

— Que dois-je faire ?

— Ce qu'on te dira.

On nous distribue des pelles et :

— En avant, marche, crie Irène.

Nous voici au fond du camp, près de l'abri.

— Stop. Nous sommes vingt. Irène nous considère.

— Quelles sont celles qui veulent rentrer au Block ? Quelques mains se lèvent.

— Dix, dix, bien. Arrangez-vous entre vous. Il est six heures trente. Nous nous partageons en deux groupes. Les unes assureront le travail jusqu'à neuf heures trente et les autres jusqu'à midi.

Et, ce disant, Irène et dix d'entre nous s'éloignent, alors que, suivies de Madame Caesara, nous descendons dans l'abri.

Hanka m'explique :

— On est chargé de faire cet abri, ça fait quelques mois qu'on travaille dessus. Lorsqu'il est terminé à un bout, on le démolit à l'autre, et ainsi de suite. Quand le jardinier SS vient nous inspecter, il trouve que nous travaillons pas vite, mais on lui explique que c'est du travail solide, alors il le croit.

Pani Wanda s'est assise sur un tronc d'arbre, tandis que Halma et Jeannette devisent gaiement. Joasia bat des semelles et Coury sort un papier qu'elle montre à Danielle.

Seule, Madame Caesara marche de long en large, au-dessus de l'abri.

— Travaillez, mesdames, travaillez, dit-elle de temps à autre.

Et Hanka m'explique encore :

— Quand on aperçoit au loin une SS ou un homme, alors, on travaille, mais le reste du temps, il suffit que deux ou trois aient l'air de le faire pour le cas où on serait dénoncées, et s'emparant d'une pelle, elle m'entraîne sur la plate-forme.

— Uwaga, attention. Au détour de la rue, une Aufseherin est apparue. Aussitôt l'abri vibre, chacune travaille avec énergie et conscience. L'Aufseherin passe.

— Allez, crie Jeannette, c'est fini. Et l'abri retombe dans sa torpeur.

Il règne cependant une discipline dans cette équipe de travailleuses.

— Ne faites rien, si vous voulez, dit Irenka, moi, je ne vous pousserai jamais à travailler pour les Chleus, mais, pour conserver ce travail de choix, il faut savoir être fines. Asseyez-vous, dormez, mais gardez toujours une pelle près de vous afin qu'au premier signal vous puissiez vous mettre au travail.

A neuf heures trente, l'autre groupe arrive, et il nous est permis d'aller nous reposer.

Vive la Gartenkolonne !

MADAME CAESARA

Il y a Irenka, chef de colonne. Elle est jeune.

J'entends par là qu'à vingt ans, on est gai, vibrant et parfois un peu dur. Voici cinq ans qu'Irène est dans le camp. Elle est désabusée, et pourtant...

Bien que très aimable pour nous, je ne crois pas qu'elle aime les Françaises. Cela se sent. Madame Caesara non plus ne les aime pas beaucoup.

Nous ne sommes que trois Françaises dans notre colonne : Coury, Danielle et moi-même. Jeannette est un peu tchèque je crois. Les autres sont polonaises : il y a Pani Wanda, avocate de Cracovie, originale et sympathique ; il y a Hanka, jeune et jolie, il y a Wanda qui boite et Katia, et... toutes gentilles et bien élevées.

N'oubliez pas que c'est la colonne la plus « comme il faut », et si jamais vous l'oubliez, tournez votre regard vers Madame Caesara qui marche de long en large, près de l'abri.

— Travaillez, mesdames, travaillez.

Ce matin, dans l'abri, il y a eu discussion, Coury et Danielle n'étaient pas là et j'ai pris parti pour la France (ma mère est polonaise d'origine).

— Viens ici, et Madame Caesara, raide comme la justice, drapée de toute sa dignité, m'attendait.

— J'ai tout entendu.

—...

— Tu n'as pas honte ?

—...

— Ta mère est polonaise.

— Mon père est français.

— Tu n'avais pas le droit de défendre la France.

— Ça, par exemple !

— Tu es impertinente, et elle me débita un de ces discours ! L'honneur de la Pologne, la voix de la nature, les principes, une fille dénaturée, l'ingratitude, la lâcheté. Oh ! là, là, quel déluge. Il me semble que cela m'a mis très en colère, je ne me souviens plus très bien, mais j'ai dû lui dire qu'elle, Madame Caesara, et tous les principes, je les em...

— Tu n'as aucun cœur, et depuis ce jour, la haine de Madame Caesara m'a poursuivie.

PROPOSITIONS

— Achtung.

— J'ai à vous faire une proposition, annonce la Blockova.

— On demande des volontaires pour le bordel. Voici les conditions : tant d'heures de travail par jour, tels suppléments. Levez la main.

Et il y a eu des volontaires...

— Qu'est-ce que tu en penses ?
— J'pense rien du tout.
— C'est une honte.
— Non, et Jeanne hausse les épaules. Il n'y a pas une seule Française qui soit volontaire. Les autres ? Ben, qu'ça soit ici ou ailleurs ! C'est le même prix, et au moins ça leur fait un supplément !

LA CHASSE

— Uwaga ? et la voix de Madame Caesara se fait pressante.
— Travaillez, mesdames, travaillez.
Puis, nerveusement, elle ordonne :
— Vous quatre, sortez la terre. Vous trois, piochez là. Les autres, creusez, creusez. Travaillez, mesdames, travaillez.
— Raus, raus, hurle une voix dans le lointain.
— Appel, appel, répètent aussitôt mille échos.
— Schnell, raus, et les Lagerpolizei, en formation serrée, avancent vers les Blocks du bas.
— Tempo, los.
— Que se passe-t-il ? Nous sommes inquiètes. Cet appel nous concerne-t-il ?
Voilà Irenka qui arrive en courant, et l'autre groupe.
— N'ayez pas peur, nous rassure-t-elle, c'est une sélection pour aller travailler dans les tranchées au front, ça ne nous regarde pas.
— Travaillez, mesdames, travaillez, répète Madame Caesara.
Il faut avoir l'air occupé, car avec eux on ne sait jamais.
D'un œil inquiet, nous suivons les opérations. Des Blocks 27, 28, 29 et 30, toutes les femmes sont sorties. On n'entend plus que les Stubovas chasser les retardataires.
— Los, Hytro, Predko. Toutes les issues sont gardées et les rues barrées par des cordons de policières.
— Travaillez, mesdames, travaillez. Mais Coury semble préoccupée. Elle s'approche d'Irenka.
— Comptez sur moi, répond celle-ci, je connais bien les Blokovas de ces Blocks et on s'arrangera. C'est que la mère de Coury est au Block 27. Depuis quelques jours, les Françaises ont quitté le Block 15.

— Achtung, achtung.

Cela dura, je crois, trente minutes qui nous parurent autant de siècles, et le langage humain est, à mon avis, insuffisant, pour décrire la scène dont nous fûmes les spectatrices.

L'Achtung avait été à peine clamé qu'un homme à bicyclette fonça dans le tas de femmes.

Un SS brun, aux yeux noirs et perçants, à la bouche veule et cruelle, à la tête de brute.

— Phlaum, s'écrie Irène.

— Travaillez, travaillez, répétait Madame Caesara.

A quelques mètres de nous, les femmes tombaient, gémissaient, criaient, appelaient au secours, tandis que sur sa bicyclette l'homme écumant rugissait :

— Krematorium, Krematorium.

Aveugle dans sa frénésie, il sélectionnait. Affolées, les femmes fuyaient, éperdues. Vaine tentative, car elles se heurtaient à d'implacables policières qui, sans pitié, avec des lanières de cuir, les ramenaient au centre.

Que de cris, de lamentations, de vociférations !

— De grâce, mesdames, travaillez, sans cela il va venir ici, suppliait Madame Caesara d'une voix tremblante. Et, l'angoisse nous serrant le cœur, nous piochions avec une vigueur inusitée.

Là-bas, les clameurs redoublaient. Une malheureuse eut l'imprudence de tenter de fuir sous les yeux du sadique. Alors, perdant tout contrôle de lui-même, il s'élança à sa poursuite, toujours à bicyclette, la cravache à la main.

Les hurlements rageurs ébranlaient les Blocks et l'écume coulait de sa bouche goulue.

Pâles et pétrifiées, nous considérions cette scène abominable.

— Travaillez, mesdames, travaillez.

La femme poursuivie fuyait toujours. Soudain, elle s'effondra.

— Du Scheissdreck, du Schweine, et les coups pleuvaient sur elle. Telle une bête féroce, le SS releva le tas sanglant, le secoua, le traîna, le frappa de son poing brutal, le secoua encore, le jeta à terre, le laboura de coups de pied.

Il ne criait plus, le bourreau écumant ; seul, un souffle puissant s'exhalait de sa forte poitrine, alors qu'à ses pieds sa victime sanglante gisait inanimée.

Il aboya encore quelque ordre incompréhensible et, remontant sur sa bicyclette, il s'éloigna, calme, vers sa tanière.

— C'est fini, soupira Irenka, il est parti.

— Ma mère ? Et Coury, pâle et tremblante, s'élança en avant. Irène la suivit et parla avec une Blockova, et, quelques instants après, nous vîmes Coury au bras de sa mère qui s'éloignait vers d'autres Blocks.

— Sauvée, nous annonce-t-elle en revenant.

Nous n'avons pas déjeuné ce jour-là, la soupe ne nous a pas paru bonne.

Et dans la nuit obscure, les flammes de la haute cheminée étaient plus rouges que de coutume, plus dense aussi la fumée.

— Ce sont des âmes qui volent vers le ciel, disaient les Polonaises.

BLOCK 14

— On change de Block, m'annonça Maman, au retour du travail.

— Où allons-nous ?

— Je ne sais.

Quelle n'est pas ma joie, le soir, en rentrant, d'apprendre que, dorénavant, nous habiterons le Block 14. Il passe pour être un Block civilisé. Le personnel officiant est polonais et la Blockova est bien élevée. Ce ne sont plus ces Blocks de sauvages du 26 ou du 28.

— C'est un Block aristocratique. La plupart de mes camarades du jardinage y ont élu domicile.

— Pardon, madame, dit-on lorsqu'on veut passer.

— Je vous en prie, mais de rien, avec plaisir, que puis-je faire pour vous ? Autant de locutions oubliées, et de mise ici.

— Mesdames, disent les Stubovas, et une politesse courtoise règne parmi les femmes qui, pour la plupart, sont de l'intelligentsia polonaise.

Il ne faut cependant pas demander l'impossible, et on ne peut supprimer les petites rivalités, jalousies ou autres sentiments si humains. Dans les Blocks dits « du fond », cela se résoud à coups de poing, de « choléra », de vociférations. Ici le ton est calme, mais aigre :

— Je croyais, madame, que la bonne éducation.

— Permettez-moi, madame, de vous dire que vous faites erreur.

— Madame, vous m'étonnez, etc...

— Dans quel Block êtes-vous ?

— Au 14. Et cela vous donne de la considération.

— Quelle rue ?

— Avenue Henri-Martin.

— Non, pardon, ici c'est le faubourg Saint-Germain.

APPEL GÉNÉRAL

La sirène mugit.

— Qu'est-ce ? il est trois heures.

Voilà Irène qui accourt.

— Appel, appel.

— Quoi, pour nous aussi ? Essoufflée, elle nous explique :

— Oui, toutes les colonnes doivent rentrer au camp. C'est un appel général.

— Pourquoi ? Irène hausse les épaules.

— Alors, dans cinq minutes, sur la Lagerstrasse. Inquiète, je cours retrouver Maman.

— Vous avez entendu.

— Oui, mais n'aie pas peur.

— Achtung. Et voici le « marchand de vaches », ainsi appelons-nous Phlaum, qui débouche. Mon cœur se serre. Toutes les colonnes de travail sont là, rigides dans un impeccable garde-à-vous.

Aujourd'hui, Phlaum est calme. Il avance, suivi d'autres SS, passe en revue cette armée de femmes rangées par bataillons. Son regard est perçant :

— Du, Du, Du, Du, et, une à une, les prisonnières sortent des rangs.

— Hier, fünf zu fünf, ordonne une policière.

Tandis que les SS avancent, implacables dans leur choix. Impossible de fuir. Un silence de mort plane comme un lourd nuage, et là-bas la nouvelle colonne s'allonge rapidement.

— Attention, murmure Irenka, c'est bientôt notre tour. Tenez-vous droites. N'ayez pas peur. Regardez devant vous.

— Le voilà.

— ?

— Gartenkolonne, annonce Irenka d'une voix claire. Le lourd regard s'abat sur chacune d'entre nous.

— Hum, et considérant la nouvelle colonne, issue de son tirage, Phlaum ronchonna.

— Gut, genug, et suivi de ses acolytes, il s'éloigna d'un pas pesant.

Quelques instants après, la sirène mugissait à nouveau.

— Sauvées, sauvées, criait Irenka. Je vous l'avais bien dit de ne pas avoir peur !

Est-ce nos prières ? Et là-bas, derrière les barbelés du Block 31, les femmes choisies attendent. Il y a les N.N. et beaucoup de camarades.

Adieu, adieu, où vont-elles ? Est-ce mieux de partir ou de rester.

— Mon Dieu, je me remets entre vos mains !

C'est quand même bien bon de se retrouver dans les bras de Maman, au Block 14.

L'OBERSCHWESTER

C'est égal, les sélections semblent à la mode, et la colonne du jardinage n'est pas immortelle. D'ailleurs, Irenka ne tient pas à me garder, et depuis hier, me voici en quête de travail.

— Si tu entrais au Revier, comme infirmière ?

L'idée est bonne, mais comment faire ? Je suis allée trouver Tania.

— Je vais m'en occuper, et quelques jours après, je fus convoquée au Revier sept.

— Quel âge avez-vous ? me demande la Blockova.

— Quels diplômes ?

— Secouriste.

— Française ? L'affaire semble en bonne voie.

— Revenez demain, et je vous emmènerai chez l'Oberschwester. C'est elle qui doit décider.

C'est bien tentant, mais Maman ne partage pas ma joie.

— Tu n'es pas en bonne santé, j'aimerais mieux te voir travailler dehors.

Me voici devant la porte du bureau de l'Oberschwester ; la Blockova me donne ses dernières instructions.

— Tenez-vous droite et répondez clairement. Parlez allemand si vous pouvez.

La porte s'ouvre.

— Entrez, et nous voici dans un petit bureau qui me paraît joli. Une grosse femme me considère.

— Was wollen Sie ? que voulez-vous ? et la Blockova expose l'objet de notre visite. Il manque des infirmières et l'Oberschwester sourit, intéressée. Puis, fixant soudain sur moi ses yeux bleus d'acier, elle me demanda :

— Quelle langue parlez-vous ?

— Français, polonais, anglais, allemand.

— Gut, gut.

— Quel âge ?

— Vingt et un ans.

— Sehr gut, quels examens ?

— Secouriste, Croix-Rouge, Ecole ménagère et les deux baccalauréats.

— Perfekt. Je vous prends. Puis, réfléchissant soudain :

— Je n'ai pas compris, quelle nationalité ?

— Française.

— Française ? et sa voix devint menaçante. Weg, Ich will nicht diese Schweinerei hier, je ne veux pas de cette cochonnerie ici.

— Je suis ravie, me dit Maman, en guise de consolation. Et force me fut de chercher quelque autre situation.

TANIA

Qui n'a pas connu Tania de F. au Block 15 ?

— Un beau brin de femme, comme disait Margot. Toujours de bonne humeur, optimiste, courageuse.

— Tu veux t'cacher ? Attends, on va aller voir Madame de F.

— T'as faim ? Va voir Madame de F.

— T'as peur, t'as l'cafard ? t'en as marre ? C'est pas difficile, le premier lit à droite en entrant dans le dortoir vous accueille toujours et vous vient toujours en aide.

— Où allez-vous ?

— A l'hôpital, je vais voir ce que devient la petite Lili.

— Que faites-vous ?

— Chut ! je tricote en fraude des bas pour la petite vieille, Madame T., qui a si froid.

— Pouvez-vous me rendre un service ?

— Mais, bien entendu. Connue de beaucoup, estimée de tous, Madame de F. a une situation comme on dit.

Souvent, le soir, j'allais m'asseoir sur son lit.

— J'en ai assez de ce camp, alors elle me caressait les cheveux, et avec des paroles si douces et réconfortantes, elle me rendait la paix.

Internée depuis longtemps, elle recevait de temps en temps des colis de la Croix-Rouge.

— Tenez, me disait-elle, voici du sucre ; et autour d'elle, avec bonté et discernement, elle distribuait les précieuses denrées.

Dans un lieu où régnait l'égoïsme, cette figure a marqué. Elle s'élève pure et paisible au-dessus de cette masse grise.

Chacune ne pense qu'à soi, qu'à survivre, qu'à manger ! Elle ne songe qu'à donner, qu'à consoler, qu'à aimer.

— Noirceurs, bassesses que le bagne ! disent les unes.

— Reptiles dans la fange, soupirent les autres.

C'est possible, mais quelques belles pierres précieuses, une frange d'or lumineuse.

LES LAPINS

Cruelles expériences que celles des « lapins ». Vous les connaissez toutes, ces jeunes Polonaises sur lesquelles ont été faites les opérations expérimentales.

Beaucoup sont mortes, quelques-unes ont survécu, mais, témoins vivants d'atrocités, on cherche à les faire disparaître.

— Appel, appel.

— C'est quoi ?

— On cherche des lapins.

— Pourquoi ?

— Pour les gazer.

Mais tout le monde s'en mêle.

— Voici de faux numéros.

— On organisera une diversion et, grâce aux ruses courageuses employées par les camarades, les lapins sont sauvés.

Deux d'entre elles se trouvent à Paris où des spécialistes essayent de les guérir.

BEKLEIDUNGSWERK

— Pourquoi ne vas-tu pas aux wagons ?
— C'est bien ?
— Pardi, puisque je te le dis.
— Comment faire ?
— Wanda y a une bonne situation, elle arrangera cela.
— Allez voir Bérangère au Block 24, nous dit-elle, dites que c'est de ma part.

Du haut du troisième étage apparaît une tête toute souriante.

— Wanda ? oui, votre fille ? Bien entendu. Demain matin entre le Block trois et quatre.

Et me voici, cheminant aux côtés de Wanda, qui me prend sous sa protection.

Il y a deux kilomètres à faire.

— Comme c'est joli ! Nous passons près du lac gris et brumeux au fond duquel se dessine un clocher. Quelques oiseaux et des rayons roses teintent la surface unie et paisible de l'eau, la ligne de chemin de fer, la basse-cour des SS, des canards, qui, eux aussi, marchent fünf zu fünf, des cochons qui portent des numéros et le signe SS, le jardin potager cultivé par les Bibelwerker, et puis les halles, des quais, un amoncellement d'objets hétéroclites, des wagons...

— C'est ici, me souffle Wanda.

Elle est secrétaire et travaille dans le bureau.

— Si tu as trop froid ou si tu as besoin de quelque chose, voilà où je suis : halle quatre. Pour l'instant, je me place dans la colonne de Bérangère. Il y en a plusieurs : celle de la halle un, celles de la halle deux, trois, quatre. Il y a les Russes, les travailleuses de force et les Françaises, qui travaillent à la porcelaine.

Curieux spectacle que celui qui s'étend devant mes yeux.

— Les Chleus, m'explique Coco, ont organisé l'Europe. En voici le fruit !

— ?

— C'est très simple, ils ont volé partout des tas de choses, et tout le temps il y a des trains qui arrivent ici avec leur butin.

— ...

— Il y a de tout, regarde ces étoffes : des tapis, des

fauteuils de dentiste, des valises, des édredons, des soieries, de l'argenterie, de la verrerie, de la porcelaine, etc. Tu vois bien ?

— Oui.

— Alors, nous, on doit décharger et trier.

— C'est tout ?

— Et puis, écoute, t'as pas l'air vache, je vais te donner un truc, si t'as envie de quelque chose, faut pas t'gêner, mais gare à la fouille ce soir.

— On fouille ?

— Tous les soirs, mais si tu sais t'y prendre, tu crains rien.

— Et puis, une fois qu'c'est trié ?

— Ben, tu le rembarques. Ils s'en servent pour les sinistrés ou autre chose. Alors, une fois qu't'as tout trié et rangé, t'es bonne pour emballer ta marchandise.

— C'est pas dur ? Coco hausse les épaules.

— Ça dépend : des fois, t'as un train qu'y faut décharger de suite et tu peux rester jusqu'à minuit, parfois c'est des uniformes qui rentrent du front, alors c'est pas beau à voir, des lambeaux de chair, de sang, et puis, y a des jours où tu fais rien.

— Arbeit, Arbeit, crie une voix.

— Travaillez, mesdames, voilà Toto.

TOTO

Grand, blond, l'œil vif et sournois, le verbe haut, la main toujours levée, voici Toto.

Avec respect et déférence, on lui dit : Herr Untershaft Führer, alors il se redresse très fier et donne des ordres.

— Ce n'est pas le plus mauvais, m'a dit Wanda, mais il faut s'en méfier.

Herr Motzig, c'est son nom, a un penchant très prononcé pour l'alcool. Peut-être a-t-il le vin tendre ? Souvent, il l'a violent et agressif, alors gare...

— Il cogne dur, me dit Jeannot en se frottant la tête.

— Chien qui aboie ne mord pas, dit le proverbe. Toto ne sait que gueuler, et il doit savoir mordre aussi.

Toto ne méprise pas les femmes non plus, et « Bec-de-lièvre » a des bontés pour son chef. Cela nous procure une certaine tranquillité, car l'Aufseherin disparaît de longues heures dans le bureau de la halle deux qui est celui de Motzig.

— Arbeit, Arbeit, et gare à celle que Toto trouvera inoccupée. Alors, pour éviter qu'on se tourne les sangs, voici l'organisation.

— Que l'une d'entre vous se place à l'entrée de notre tente et qu'elle surveille. Lorsqu'elle verra ou entendra Toto, qu'elle chante : le voici l'agneau si doux.

— Bravo.

Et nous voici confortablement installées sur des caisses.

— Pour la tarte à l'orange, tu prends une pâte brisée...

— Qui peut douter si nous sommes au monde pour autre chose que pour aimer ? Et la voix claire de Bérangère cite des Pensées de Pascal dont elle a trouvé un exemplaire dans tout le fourbi.

— Si tu le planquais dans tes cheveux ? murmure Margot.

— Les sanglots longs, des violons, de l'automne, fredonne une voix douce.

Tandis qu'Emilienne, la petite Italienne, tricote des chaussettes.

— Le voici l'agneau si doux, et aussitôt nous arrivent des éclats de voix.

— Arbeit, Arbeit, et, menaçant, il pénètre dans notre repaire. Rien à dire, chacune travaille avec une rage apparente. Les unes trient et retrient sans cesse les mêmes caisses. D'autres transportent des objets parfaitement inutiles, et Toto, content de voir cette activité, se retire avec un grognement satisfait.

— Repos ! crie Bérangère.

— Et je m'en vais, au vent mauvais, poursuit la chanteuse.

— Tu le mets à four doux, vingt-cinq minutes.

— L'homme n'est ni ange ni bête. Et Emilienne a repris ses chaussettes interrompues.

— Le voici l'agneau si doux !

LE BUREAU

De la fenêtre ouverte, s'échappe un délicieux fumet d'oignons.

— Tu sens ?

— Ça embaume.

— Faut pas s'en faire.

— N'y pense pas va, et des rires parviennent jusqu'à nous. C'est l'heure du déjeuner. Il nous a fallu faire une longue queue dehors et manger en plein vent une soupe froide et mauvaise.

— Elle est pas généreuse, Emmy.

Emmy est notre chef de colonne ; elle est Alsacienne et pas méchante, mais elle n'a pas le sens de l'à-propos ; c'est une justice à lui rendre.

— Nachholen, rabiot, crie Emmy, et aussitôt la voici entourée d'une nuée de femmes affamées. Mais ce n'est jamais pour les Françaises, qui ne sont pas travailleuses de force.

Cependant, elle n'est pas méchante, et un jour elle annonça :

— Nachholen, pour les Françaises.

Manque de pot, ce fut le jour où les Françaises avaient reçu un colis de la Croix-Rouge.

— Elles s'en font pas ! Et Lili hume l'air avec férocité.

Au bureau, il fait chaud, trop chaud même, car la fenêtre est souvent ouverte. Le poêle ronfle, et pour cause.

— Coupe le bois, m'a conseillé Wanda, ainsi tu auras un prétexte pour venir te chauffer.

— Va, clame Lucienne, ne crie pas contre le bureau, t'as été bien contente l'autre jour d'avoir du savon et un peigne.

— Ça va, ça va.

En effet, de lourdes caisses ont été déchargées.

— In Büro, a hurlé Toto et, se plantant devant Wanda et l'autre secrétaire, il a dit :

— Les caisses sont pleines de savon, c'est le bien du Grand Reich. Les savons sont comptés, je vous les confie ici. Si un seul morceau manque, vous serez fusillées.

Ainsi parla Herr Motzig.

Plusieurs heures après, chacune de nous avait un savon, vous comprenez, une caisse avait été défoncée au cours du voyage.

— Cachez-le bien, nous a recommandé Wanda, et, lorsque Toto est arrivé, elle lui exposa avec énergie qu'une caisse avait été ouverte :

— Je ne peux en répondre, vos soldats convoyeurs ont dû se servir.

Toto cria beaucoup contre les soldats convoyeurs, et fit transporter les caisses chez lui.

En attendant, nous nous lavons tous les jours au savon.

PAPA – MAMAN

> Unissons-nous, camarades,
> Unissons-nous joyeusement,
> Joyeusement.
> Aujourd'hui le ciel maussade
> Demain sera le printemps

— Dis donc, maman, si tu allais au marché ?

— Mais si tu veux, donne-moi un panier, et voilà Bérangère qui s'éloigne à petits pas hâtifs vers la halle trois, où se trouvent les tissus.

Pendant ce temps « papa » fait sa toilette.

— Dis donc, ma fille, t'as fait le ménage ?

— Non, pas encore.

— Eh bien ! Il faudrait y songer. Et Marcelle se frotte le cou avec énergie.

Faire le ménage, cela consiste à entasser les caisses de telle façon qu'à l'intérieur de la tente on constitue une petite pièce.

— T'as balayé ? Et, armée du râteau, je ratisse notre « appartement ».

— Tiens, maman qui revient. En effet, Bérangère, épanouie, entre sous la tente et pose son panier.

— T'as fait de bonnes affaires ?

— Pas mal.

— Tu t'es pas fait rouler ?

— Pour qui me prends-tu ? Et Bérangère extrait une chemise blanche.

— Ça c'est pour notre fille.

— En voilà une à carreaux, pour toi papa, et puis tenez, choisissez, en voilà vingt-cinq !

— Qu'est-ce qu'elle a dit Yoke ?

— Tu crois que je lui ai demandé son avis ?

Et maman gaiement nous raconte comment elle a réussi à pénétrer dans la halle trois et à voler le stock de chemisettes.

— Bravo, maman, applaudit Marcelle, tu es digne d'être ma femme.

— Voyons ma fille, et Bérangère m'inspecte avec attention. T'as pas une jupe convenable. J'vais aller t'en acheter une. Et Bérangère repart, décidée.

— Fais attention, maman, lui crie Marcelle.

Nous formons là une drôle de famille, mais bien unie. Elle est d'ailleurs très large. Ma mère à moi est le petit-fils de Bérangère et de Marcelle. Suzy est notre grand-père à toutes ; Lucienne est le gendre. Quant à Wanda, du bureau, elle est notre notaire. Et le 18 avril, jour de mon anniversaire, elle a réussi à dresser un acte notarié sur parchemin, signé et contresigné de mes parents, me reconnaissant pour fille, sinon naturelle, tout au moins légitime. Que de fous rires !

Notre famille porte le nom illustre de « Comte de la Couillonnade, Marquis de la Porcelaine » et nos armes représentent un écu en bannière « or » sur lequel se détache un pou « gueule ».

Maman ne goûta qu'à moitié la plaisanterie, et d'autant plus que Bérangère l'a gracieusement remerciée d'avoir « poussé », comme disent les sages-femmes, alors qu'elle, Bérangère, ne récoltait que les joies de posséder une fille.

Bérangère est médecin de sa profession et son incontestable valeur a influencé jusqu'à Toto qui aime la consulter.

— Péranchère, l'entend-on souvent hurler, komm hier, et maman, l'œil malicieux, se rend au bureau.

— Mes enfants, repos aujourd'hui. Bérangère nous apprend que Toto, se trouvant pâle, lui a demandé une consultation :

— Oh ! Herr Unterschaftsführer, lui ai-je dit, ganz kaput, et je lui ai indiqué deux remèdes, les seuls qui puissent l'aider : la bouillotte d'eau chaude et le repos sans bouger.

En effet, Toto craint beaucoup pour sa santé, et jusqu'au soir nous pouvons ne rien faire.

— Dis donc, maman, déclare Marcelle, si tu nous donnais un jour de repos ?

— Bien sûr, et la voilà qui s'approche de la « bête féroce » et d'un ton très doux, elle lui explique :

— Herr Unterschaftsführer, vous avez mauvaise mine, attention à votre foie.

— Mais je n'ai mal nulle part, répond le SS.

Avec adresse, Bérangère le convainc qu'il a une crise de

foie ; elle est médecin et elle le voit à des signes qui ne trompent pas, ce serait trop long à expliquer, mais dans l'intérêt de Herr Motzig, elle lui conseille de se reposer, oui, au lit, avec une bouillotte, non, pas de régime.

— Tu comprends, nous explique-t-elle après, quand il ne mange pas, il est encore de plus mauvaise humeur, et puis, après tout, son foie, je m'en f..., tout ce que je lui demande, c'est qu'il nous f... la paix.

JEANNOT

Pauvre Jeannot, elle semble si triste et si seule ! Je lui demande :

— D'où es-tu Jeannot ?

— Je suis Belge, mon père est vicomte, ma grand-mère était dame d'honneur à la Cour. J'ai été élevée dans un beau château. Jamais révélation ne m'a tant stupéfiée !

J'ai vu les grands déchets de l'humanité me dire :

— Je sors d'un bordel.

— Je suis enfant de bohémiens.

Mais entendre ce pauvre être misérable me dire : mon père est vicomte, est chose stupéfiante.

Je ne vous ai pas présenté Jeannot ? la chose est aisée : représentez-vous Michel Simon en femme, couvert de poux et de vermine, la bouche ouverte, l'œil morne, enfin une vraie tête de Schmuckstück, avec cela un cœur d'or, très bonne camarade, des sentiments très élevés. Je me tourne vers Bérangère :

— Qui est Jeannot ?

— A mon avis, c'est une fille pas très normale. Son père est peut-être un vicomte qui a fait des frasques. Pauvre Jeannot en est le fruit, et elle a été élevée par la mère de cet homme dans un château. A mon avis, sa mère est une putain, d'où l'atavisme. Mais c'est une brave fille.

Pauvre Jeannot !

— Appel, crie Bec-de-lièvre, et quelques instants après, cinq par cinq, il nous faut attendre près des rails de chemin de fer.

— Qu'est-ce que c'est ?

Bérangère semble ennuyée.

— C'est une sélection pour la chambre à gaz.

En effet, voici Toto, le docteur et d'autres SS qui avancent.

On nous explique :

— Il va falloir une à une montrer vos jambes au docteur. Celles qui seront enflées seront bonnes pour le Krematorium et, ainsi prévenues, nous relevons nos jupes.

— Pas si vite, pas si vite, ricane le docteur avec un petit rire satanique.

Et voici le tour de Jeannot.

— Weg, et d'un geste bref, il la fait passer du côté des condamnées. Il y en a déjà cinq ou six qui, l'œil vague, ne réalisent pas encore le sort qui les attend.

Il est vrai que les jambes de Jeannot ont dû tripler de volume.

— Bérangère, Bérangère, au secours, et, pâle et tremblante, la pauvre Jeannot nous fait des signes désespérés.

— Ruhe, crie l'Aufseherin. Mais Bérangère avance :

— Diese Frau arbeitet sehr gut, et elle explique que Jeannot est la plus grande travailleuse du groupe, que sa disparition se ferait sentir dans le rendement du travail. Mais Toto, sévère, l'arrête.

— Avec des pieds comme ça, comment peut-elle travailler ? Krematorium, Krematorium, crie-t-il en riant pour réconforter les pauvres victimes. Le regard de Jeannot est tragique :

— Mais, Herr Unterschaftsführer.

— Ruhe. Alors, prenant son courage à deux mains, Bérangère lance son dernier argument :

— Les jambes de Jeannot sont toujours comme ça : elle est très solide, elle a été à pied de Bruxelles à Paris.

— De Bruxelles à Paris ? demande le docteur. Pourquoi ?

— Parce qu'elle aime la marche. Je n'ai jamais compris comment ces hommes se sont contentés d'une telle réponse, mais le fait est qu'un coup de pied expédia Jeannot à l'autre bout de la place et que Toto, menaçant, hurle :

— Soit, mais que je la voie travailler !

Jeannot n'en croyait pas ses oreilles et elle jura tout ce qu'on voulait.

Quelques jours se passèrent, lorsque des vociférations nous éveillèrent —, nous faisions la sieste — Toto était tellement furieux que ce détail passa inaperçu.

— Wer hat geschissen hier ? Et en effet, nous vîmes du fond de la tente un gros croton posé en travers du chemin.

— Französisches Schwein, hurlait Toto, et Bérangère, humble, promit que cela ne se reproduirait pas.

Et les jours passèrent. Soudain :

— Péranchère, hurlait Toto, komm hier, et au bout de son bras, il tenait les cheveux de Jeannot qui, toute déculottée, hurlait :

— Dieses Schwein hat geschissen, du Scheissdreck Französin, c'est ce cochon qui fait de la m... et, la jetant à terre, il ordonna à Bérangère de battre Jeannot.

— Du must schlagen, Jeannot.

Alors Bérangère hurla de toutes ses forces, l'air furieux :

— Ecoute, Jeannot, tu es folle. Pourquoi tu t'es fait voir ? T'en fais pas, c'est lui qui est un salopard et un Scheissdreck.

Toto, ne comprenant pas un mot de français, trouva que Bérangère était à la hauteur de la situation, et satisfait, il sortit de la tente.

Le même soir, il y eut une visite de poux et Jeannot, qui en avait beaucoup, fut rasée.

— Was ist denn los mit Jeannot ? s'enquit Toto le lendemain en apercevant la pauvre fille avec la tête comme un genou. Alors Bérangère avança et expliqua qu'elle avait fait raser Jeannot parce que celle-ci avait « geschissen », sous la tente.

— Prima, avait répondu Motzig, et son estime pour Bérangère fit une envolée définitive.

NAPOLÉONE ET NAPOLÉON

Nous en avons assez de manger froid et de sentir les bonnes odeurs du bureau ! Après maintes recherches, nous avons trouvé une vieille théière dans laquelle nous mettons du suif ou je ne sais quoi, bref, cela dégage de la chaleur sans fumée.

— Pas mal, admet Bérangère, mais on peut faire mieux.

Maintenant, nous avons trouvé un ancien poêle, très curieux tout cela. Il n'y a qu'Emilienne et Napoléone qui savent s'en servir. Camouflé dans des caisses, il nous permet enfin de nous faire de ces plats ! Un seul inconvénient : il dégage une fumée qui est invisible mais qui noircit terriblement.

C'est égal, avec de l'adresse, personne ne se doute de l'existence d'un poêle sous la tente.

— Napoléone, Napoléone, appelle Toto avec impatience.

Napoléone n'est ni grande ni jolie, mais a un visage malicieux et intelligent, de grands yeux bruns, des cheveux noirs un peu longs, un nez droit et volontaire, et surtout, ce qui fait sa renommée c'est qu'elle s'appelle Napoléone et qu'elle est de Corse.

Bérangère, qui sait exploiter les situations, a expliqué à Toto que Napoléone est une descendante très illustre du non moins illustre Bonaparte, et même elle a su faire voir une ressemblance entre l'empereur et notre camarade.

La nouvelle s'est répandue comme une traînée de poudre dans les milieux SS et chaque fois qu'un nouvel officier vient au Bockleigung, Toto s'empresse de lui montrer ses « curiosités ». Il en est très fier, et Napoléone vient en tête.

— Napoléone, Napoléone, et la voix devient impatiente.

— M..., murmure-t-elle, j'suis en plein dans mon feu.

— Napoléone. Et la voici qui accourt du fond de la tente, la figure et les mains toutes noires de fumée.

— Was ist das ? questionne avec sévérité Toto, was machst du ? que fais-tu ? Que répondre ? Mais notre camarade, d'un air convaincu, explique :

— Ich bin so schwarz weil ich arbeite wie ein Neger, je suis si noire parce que je travaille comme un nègre.

A grand-peine, nous réussissons à étouffer notre fou rire, et, satisfait, Toto s'éloigne.

FINESSE

Toto vient de frapper Jeannot.

— Ce n'est pas élégant, déclare Bérangère.

— Warum ? Depuis que « maman » est remontée dans l'estime de Toto, elle prend un de ces toupets !

— En France, explique-t-elle, un homme ne touche pas une femme, même avec une rose !

— Eh bien ! chez nous, répond Herr Unterschaftsführer, c'est avec le vase qu'on les bat !

SOUVENIRS

— Von wo ? d'où es-tu ? demande Motzig à Lulu. Il est de bonne humeur ce matin.

— De Marseille. Ça ne lui dit rien.

— Und du ? et toi ?

— De Lyon. Pas davantage.

— Keine von Paris ? aucune de Paris ? et une réelle déception se peint sur son visage. Il semble visiblement étonné qu'on puisse être française sans pour cela être de Paris. La Providence me permet de lui procurer une cause de joie.

— Ich bin von Paris, je suis de Paris.

Avec émotion il me considéra et, soudain, éclata :

— Oh ! Paris, Paris, schön, Moulin-Rouge, Montmartre, et, depuis ce jour, il me « considéra ». Vous pensez ! Paris, Paris...

LA PORCELAINE

Nous vivons dans un luxe inouï.

— Dans quoi mangeons-nous aujourd'hui ? demande papa.

— Dans du Meissen, propose maman.

— Tu es d'accord, fifille ? Et chaque jour, notre soupe distribuée, nous la faisons réchauffer, et avec délice la transvasons dans des assiettes magnifiques.

— Et, qu'est-ce que tu dirais si on prenait le « Cardiff » aujourd'hui ? Et puis, c'est le tour du « Vieux Petersbourg », du « Limoges », du « Vieux Lunéville », du « Saxe ». Notre argenterie est tout aussi somptueuse, massive, aux armes de quelque seigneur inconnu qui, en ce moment, exilé, pleure peut-être en songeant à ses pièces précieuses.

Ainsi va le monde.

FOUILLE

Voler, c'est très joli, mais ne pas se faire prendre, voilà qui demande beaucoup d'astuce.

— Fifille, regarde-moi.

— ...

— Tu ne vois rien ?

— Non.

— Eh bien ! regarde, et, sidérée, je constate que Bérangère emporte du savon, des médicaments, des pyjamas, etc.

— Attention, maman, prévient Marcelle, un jour tu finiras par te faire prendre.

Mais Bérangère est forte.

— Les Françaises ne volent pas, a-t-elle assuré un jour à Toto. Nous avons une idée juste de l'honneur. Et Bérangère ne riait pas en avançant cette déclaration : ce disant, « maman » croulait sous son butin.

Chaque soir, au moment de partir, Toto et les Aufseherinnen procèdent à la fouille. Il faut écarter les bras et se laisser tâter le corps, les jambes, les cheveux. N'ayant jamais la conscience tranquille, c'est toujours un moment énervant. Parfois, avec lâcheté, quelqu'une se déleste de sa capture et il est difficile d'expliquer ce que fait par terre une culotte, par exemple.

Alors, Toto hurle :

— On a volé, vous êtes des voleuses. Et la fouille recommence, impitoyable.

Si Toto trouve un objet quelconque qui lui apparaît suspect, il fait déshabiller la malheureuse femme toute nue, dehors, aux yeux de tous. Et si les soupçons se confirment, il la bat et la laisse à terre, nue et sanglante.

Ce matin, trois kilos de tabac ont disparu. Motzig le sait et, ce soir, il procède à une fouille rigoureuse.

— C'est pas le jour d'emporter quelque chose, a prévenu Bérangère, et Wanda m'a demandé :

— J'espère que ce soir tu n'as rien sur toi.

Pour une fois, j'ai la conscience tranquille, je me laisse inspecter.

— Was ist das ? qu'est-ce que c'est ? Et, dans ma manche, on entend un froissement de papier. Je blêmis. En effet, il y a quelques jours, une camarade au camp m'a demandé de lui apporter du papier à cigarettes. Je l'avais cousu dans ma manche, et il devait en rester.

En effet, ayant arraché l'étoffe, victorieusement l'Aufseherin brandit des petits feuillets minces qui ne trompent personne. Je tremblais de tous mes membres.

Et voici Toto.

— Ah! Ah! tabac, glousse-t-il avec fureur. Wo ist das tabac ? et je me rends compte avec horreur que je suis accusée d'avoir volé les trois kilos de tabac. J'essaye de me défendre.

— Ruhe, zu nack, silence et mets-toi nue. Je sais ce qui m'attend.

Alors, Wanda qui a suivi la scène s'approche.

— Elle n'a pas volé le tabac.

— Comment le savez-vous ? hurle Toto ; et elle lui explique la vérité, que certes j'ai commis une faute en prenant le papier, mais c'est pour une camarade, car je ne fume pas.

— Je la connais depuis longtemps, assure-t-elle. Elle ne fume pas.

Toto hésite :

— Sur ma responsabilité, insiste Wanda.

— Sur votre responsabilité, et sur le ton de commandement, il ordonna :

— Links, links, et la colonne se mit en marche vers le camp.

J'ai eu chaud!

ORGANISER

— Comme ci, comme ça, disent les étrangères.

— Organiser, disent les Françaises.

Ne jouons pas sur les mots. Cela veut dire : voler, voler le Grand Reich ou, si vous préférez, récupérer.

Cependant, entre voler et organiser, une profonde différence est à signaler.

Il y a celles qui volent leurs camarades et celles qui, tout simplement, exercent leur habileté sur le Grand Reich.

Les premières sont méprisées et poursuivies par la morale du bagne, les dernières, au contraire, admirées et encouragées.

— Ici, me déclare Mimi, c'est le vol organisé. Il est vrai que depuis le Verfügbar jusqu'au SS, ce sport est pratiqué et apprécié.

Lorsqu'en Suède, pour la première fois depuis un an, je me suis confessée, j'ai dit au prêtre :

— Mon Père, voici un an que je ne me suis pas confessée. J'ai été déportée.

Avec bonté, il me demanda :
— Avez-vous tué, mon enfant ?
Avec effroi, je lui répondis que non.
— Avez-vous volé ?
— Oh ! pour ça oui, mon père, tant que j'ai pu.
— Qui avez-vous volé mon enfant ?
— Mais les Allemands.
Alors, enthousiasmé, il leva les bras au ciel :
— Bravo, mon enfant, vous avez très bien fait, et il me donna l'absolution.

LE PRINTEMPS

Les nuages sont bas, et cependant une brise légère effleure notre peau luisante.
— Ça sent le printemps, murmure Maman.
Au loin, le canon tonne.
— Les Russes avancent, déclare Bérangère.
— Courage, courage, se répètent les femmes épuisées.
— Il n'y en a plus pour longtemps.
Les jours allongent, l'appel du matin semble moins long, et cependant la flamme du crématoire est plus rouge que jamais, et les sélections ne nous laissent pas un instant de repos.
— Courage, courage, se répètent les ombres exténuées.
Beaucoup de camarades ont quitté le camp.
— Direction inconnue ; d'autres meurent du typhus ; la ration de pain est encore diminuée.
Cependant, une brise fraîche effleure les fronts las et, de toutes parts, les plus fortes répètent :
— Courage, courage. Il n'y en a plus pour longtemps. Entendez-vous le canon qui tonne dans le lointain ? Courage, courage...

Mais un jour de notre vie
Le printemps refleurira
Liberté, liberté chérie
Je dirai, tu es à moi
O terre enfin libre
Où nous pourrons revivre
Aimer, aimer !

RECHASSE

— Appel, appel, appel.

La sirène ne marche plus car les centrales électriques ont été bombardées. Ni sirène, ni lumière.

— Appell, general Appell, hurlent les Lagerpolizei, et ce cri nous remplit d'effroi. Appel égale sélection, soit les femmes pour creuser des tranchées sur le front russe, soit les vieilles dames âgées ou fatiguées pour la chambre à gaz. Pour ma part, quel que soit le motif de l'appel, l'angoisse étreint mon cœur, c'est que nous sommes deux : Maman et moi. La pauvre Coury, quels que soient ses efforts, n'a pu sauver sa mère, et d'autres sont dans le même cas.

— Appel, appel.

On se cache dans les plafonds, sous les lits, partout.

— Appel, appel, appel.

— Viens, me dit Maman, j'ai une idée. Elle a réussi à voler un peu d'oignons et je me frotte l'œil droit ; avec une bande, de papier, Maman m'enveloppe la tête.

— Appel, appel.

— Qu'as-tu ? me demandent des camarades qui m'ont vue en parfait état quelques secondes avant, et, en soulevant la bande, apparaît un œil tout rouge, tout en larmes, très misérable.

— Si on filait dans l'abri ?

— C'est dangereux.

— Qu'est-ce qu'on risque, après tout ?

— Evidemment, mais la distance qui sépare notre Block du fond du camp est longue, et partout rôdent des Lagerpolizei.

— Perdues pour perdues... L'appel semble destiné aux jeunes ; alors nous sommes directement visées.

— On y va ?

Et nous voilà fuyant à perdre haleine. Il y a Hanka, moi-même et une autre camarade qui travaille au jardinage.

— Oh ! là, hurle une voix.

— Vite, vite, souffle Hanka, on nous a vues.

— Oh ! halt.

— Tourne à droite pour perdre les traces, et nous contournons un Block.

— Oh ! là, là. Et nous nous retrouvons, le cœur battant, dans l'abri.

— Tu crois qu'on nous a vues ?
— Sûrement, t'as pas entendu les policières hurler ?
— Oui, mais nous ont-elles vues entrer ici ?
— Peut-on savoir ? Alors, collées dans l'endroit le plus obscur, nous attendons sans même oser respirer.
Là-haut, des pas ; on nous cherche.
— Au fond, c'était de la folie.
— Si on nous trouve ici, nous sommes fichues.
— Chut ! écoute. Il nous semble que de longues heures s'écoulent.
— J'ai une crampe.
— Si on s'asseyait par terre ?
— Chut ! On entend quelque chose.
— Il y a peut-être quelqu'un qui guette ?
Soudain, un cri retentit.
— Arbeit, Arbeit.
L'appel était fini. Je me sentis alors très fatiguée, et ce fut bon de retrouver la lumière, la vie, le ciel bleu et la brise printanière.
Sauvées encore pour cette fois !

LES COLIS

— Appel, appel. Mon cœur se serre. Encore...
Mais le bruit court :
— On distribue des colis de la Croix-Rouge. Je hausse les épaules.
— N'a-t-on pas dit aussi, il y a deux mois, qu'on distribuait des parapluies ?
— Et des costumes marins comme uniformes, renchérit Jeanne.
— Et que les SS quittaient le camp et que c'était un commandant de la Wehrmacht qui prenait la succession, et, pessimistes, nous nous rendons sur la Lagerstrasse où a lieu l'appel.
— C'est égal, dit l'optimiste, on a bien remis des carreaux aux fenêtres, et repiqué des fleurs.
— Et brûlé quatre mille femmes le même jour.
— J'ai bon espoir, on entend le canon.
— Oui, et puis le camp est miné et un de ces jours on nous fera sauter !

— Comment le sais-tu ?

— Ben, on me l'a dit et j'en suis sûre.

— C'est pas la peine de le répéter sur tous les toits pour ôter le courage, moi j'ai confiance.

— Les Françaises, crie une voix.

— Cinq par cinq, devant le bureau du commandant.

— C'est pas possible ! Et devant nos yeux éblouis, apparaît tout un chargement de colis.

Chacune a le sien : cinq kilos.

Au Block, les Polonaises sont un peu jalouses.

— Regarde, du fromage.

— Du beurre.

— Du chocolat.

— Du beurre de cacahuètes.

— Du sucre.

— Du lait en poudre.

— C'est inouï, c'est fou.

— Ça vient d'Amérique.

— Non, du Danemark.

— C'est égal, c'est inouï. Et chacune presse ses trésors sur son cœur.

— Oh ! ben, maintenant, on est sauvé.

Que d'indigestions, mais aussi quelle douceur, quel réconfort physique et moral !

LES WAGONNETS

— Une triste histoire, et la vieille Polonaise laisse retomber sa main lasse sur la table de bois.

— Quoi donc ? demande Maman qui vient d'arriver. La Polonaise sourit tristement.

— Voici six ans que je suis au camp, et c'est aujourd'hui que j'ai ressenti la plus forte émotion de ma vie, et pourtant j'en ai vu !

Alors, pressée par nos questions, elle nous raconte ce qui suit :

— Je travaille aux wagonnets, vous savez ce que c'est ? Une colonne les charge, une autre les pousse sur les petits rails et, nous autres, nous les déchargeons non loin du lac. Il s'agit généralement d'ordures, d'épluchures, etc. Or, voilà que ce matin, nous apercevons de loin un chargement qui nous parut blanc. Etonnées, nous nous approchâmes, c'était des petits os blancs.

— Ce sont des ossements humains, déclara une de nos camarades qui venait d'Auschwitz, et, s'approchant du wagonnet, elle put à peine en approcher la main tant ils étaient brûlants.

— Arbeit, Arbeit, crièrent les gardiens, et ils nous donnèrent l'ordre de jeter toute cette Schweinerei, cochonnerie, sur le tas de fumier, et ils s'éloignèrent pour surveiller une autre colonne qui travaillait non loin de là. Nous nous concertâmes.

— Que faire ?

Alors, nous approchant du wagonnet, nous étendîmes nos mains au-dessus de nos camarades défuntes et l'une de nous récita une prière :

— Qu'elles reposent en paix ! Et ce fut le dernier hommage que nous leur rendîmes.

Alors, profitant de ce que les SS ne nous regardaient pas, nous jetâmes les os dans le lac.

Alors, nous vîmes arriver un deuxième wagonnet, puis un troisième, un quatrième et un cinquième.

— Environ quatre mille femmes, statistique de notre camarade d'Auschwitz.

APPEL

Une policière passe dans les Blocks.

— Demain, à neuf heures, toutes les Françaises sur la Lagerstrasse.

— Qu'est-ce que cela veut dire ? et l'inquiétude saisit nos cœurs.

Les optimistes jubilent.

— Moi j'vous dis qu'on rentre en France.

— On va nous libérer.

— Oui, répondent les pessimistes, on va nous gazer.

Et les commentaires vont leur train.

Après une nuit d'inquiétude, nous voici, cinq par cinq, sur la Lagerstrasse.

— Ben, c'est gai ! soupire Loulou.

— Qu'est-ce que tu as ?

— T'es aveugle, non, tu vois pas c'te saloperie. En effet, Phlaum, le « marchand de vaches », avance sur nous, à ses côtés marche le Schutzlagersführer.

— Dis donc ?

— Quoi ?

— C'est étrange. En effet, la sélection est curieuse ; trois groupes se forment : les N.N., les Adleliste, liste aristocratique comprenant les noms à particule, femmes de généraux ou autres personnalités du camp, et les autres.

Ces dernières partent vers le Block 31, alors que pour nous l'appel est terminé.

— C'est curieux, et chacune se demande ce que cela veut dire.

Alors, une nouvelle extraordinaire se répand dans le camp.

— Vous avez vu ?

— Non, quoi ?

— C'est formidable.

— Eh bien !

— Il y a des camions de la Croix-Rouge qui sont arrivés.

— Pas possible.

— Les trois cents Françaises triées aujourd'hui partent pour la Suisse, c'est un échange de prisonniers.

— Pas possible, et quelques-unes pleurent d'émotion.

— Oh ! moi, dit quelque sceptique, je croirai quand j'aurai vu.

— Imbécile, va.

— En attendant, nous autres, nous sommes refaites ! Et j'ai honte d'avouer qu'une pointe d'envie et d'amertume entra dans mon cœur.

— Alors, demain, elles seront libres.

Et ce fut vrai, le lendemain elles étaient libres.

Compagnons levez-vous
C'est la fin de nos misères
Les barrières
Nous libèrent
Compagnons nous rentrons chez nous.

ADLE LISTE

Ce furent les journées les plus inquiétantes, mais aussi les plus douces.

— Nos camarades vont tout raconter.

— Enfin, on va peut-être nous aider.

Et l'espoir renaît dans les cœurs. Au loin, le canon russe tonne et la discipline se relâche. On mange du beurre, du sucre et on sent que « quelque chose se passera ».

En attendant, le four crématoire travaille à plein rendement.

— J'crois bien qu'en fait de se passer quelque chose, on va toutes passer en fumée.

Les jours s'écoulent et le travail nous semble lourd.

— Regarde, et Bérangère me saisit le bras.

En effet, là-bas, près du lac, sur la route, on aperçoit des camions blancs.

— C'est la Croix-rouge.

— Serait-ce pour nous ?

— Qui sait ?

Au camp, l'agitation était grande.

— Les Françaises doivent se réunir demain pour un appel général, et chacune rêve que c'est sa dernière nuit de bagne.

C'est bien cela, nous sommes environ trois cents Françaises et on nous dirige vers le Strafblock, le Block de punition, où nous passons une nuit détestable.

— Schnell, fünf zu fünf, et on nous mène au Bad, douche, changement de vêtements.

Comme ça sent bon, la liberté !

Dans un instant, nous allons passer le porche :

— Halt, crie un SS.

Il tient une liste à la main.

— Ein Dolmetsche, une interprète. Maman s'avance, prend le papier, pâlit et, d'une voix mal assurée, lit :

— Celles dont je vais citer les noms doivent sortir des rangs.

Nos deux noms étaient en tête de liste, il y avait aussi Christiane, Jacqueline, Gaby, Annie R., Mary, Isabelle, bref, plus de dix.

— Marche, et la colonne s'ébranla vers la sortie.

Ce fut dur.

Bientôt il ne resta plus une Française dans le camp et, du doigt, on montrait l'Adleliste qui circulait avec nostalgie et inquiétude.

Il y eut trois départs de Françaises et, après avoir passé à la douche et être arrivé devant la porte, le Schutzhaftlagersführer venait avec une liste.

— Je signalerai votre cas aux autorités suédoises, nous promit Bérangère.

— Bon courage. Ce sera bientôt votre tour.

— C'est trop fort, et Madame de D. décida de parler au commandant.

Celui-ci, un peu gêné, répondit que notre tour viendrait : c'était un échange, et nous devions être échangées contre des officiers et, alors que les autres partaient en camion, nous devions être rapatriées en auto particulière.

— Schöne Auto, assure-t-il.

— On s'en f... des autos, on veut s'en aller; mais le commandant haussa les épaules et nous fit distribuer un colis supplémentaire.

Et les jours passèrent.

— Les Françaises ? et la Lagerpolizei nous explique qu'il nous faut aller sur la Lagerstrasse.

Désabusées et un peu inquiètes, nous y allâmes. Déjà les Hollandaises et les Belges étaient parties le matin.

Alors une SS et le Schutzhaftlagersführer apparurent.

— Marche, et notre petite colonne se dirigea vers la grande porte de fer.

— ?

— ...

Nous n'osions parler, mais lorsqu'on nous fit tourner dans la direction de la chambre à gaz [1], chacune pâlit légèrement et, malgré le sourire, on sentait que le combat qui se livrait dans les cœurs était violent.

— Recht, droite, hurle notre gardienne.

Et nous tournâmes le dos au crématoire.

Là-bas, sur la route, une colonne de femmes attendait.

C'était les Belges et les Hollandaises qui attendaient les camions libérateurs.

C'était enfin notre tour!

Compagnons, nous rentrons chez nous
Compagnons, c'est à nous
De revoir notre bergère

1. Sur l'existence, aujourd'hui contestée, d'une chambre à gaz à Ravensbrück, voir annexe III.

Le vieux père
Tous nos frères
Compagnons, la France est devant nous!

DÉPART

Nous sommes assises sur l'herbe, auprès du lac gris.

— Aufstehen, crie une Aufseherin qui passe.

Personne ne bouge. Elle n'ose insister. Il y a là le docteur suédois Arnoldson et autour de lui un groupe de femmes animées.

— Voyez, docteur, cette trace, et, soulevant sa jupe très haut, avec le plus grand naturel, elle explique :

— Eh bien! c'est une morsure de chien.

— Et regardez cette cicatrice, c'est un coup d'un SS.

— On était battue, et chacune déverse son amertume.

La Binz passe sur le trottoir opposé, son stick à la main. Nous restons assises et nous rions.

— Saloperie, va!

— Ton tour viendra.

— Voyez-moi c'te vermine-là, et la Binz passe, rageuse et l'œil noir.

— Voyez, docteur, cette femme SS, c'était la pire, et chacune raconte ce qu'elle sait.

Le soleil baisse, le docteur regarde sa montre :

— Les routes deviennent difficiles à cause des avions, il vaudrait peut-être mieux coucher encore une nuit au camp.

Alors, toutes supplièrent, prises de panique.

— Non, non, tout plutôt qu'une nuit de plus dans cet enfer, non, non.

— Eh! regardez, crie une voix. Et, soudain, apparaissent les grands camions blancs de la Croix-Rouge suédoise. Ainsi que des mouettes blanches...

— Est-ce réel ?

— Mesdames, et le docteur acquiesce.

— Vous ne serez pas très confortables, et il vous faudra être tant par camion.

— Non, mais il est fou.

— T'as entendu c'langage ?

— Il nous dit mesdames, pour qui qu'c'est qu'y nous prend ?

— Il parle de confort.

Et nous voici bientôt entassées dans les camions où tourne la manivelle.

— Go.

Et le ronflement des moteurs s'élève dans l'air paisible.

Nous sommes parties.

Est-ce de la joie ?

Est-ce de la tristesse ?

L'émotion est profonde et trop forte pour être assimilée.

Maman a sangloté, elle n'était pas la seule.

D'autres riaient aux larmes.

Moi, j'ai pleuré, et l'image de mes amies et camarades restées derrière les murs me serrait le cœur. Je ne voyais que la haute cheminée grise, et je pensais à Nicole, Anne, à toutes nos sœurs d'armes.

Cependant, malgré les larmes, toutes entonnèrent *la Marseillaise*.

Aux armes, citoyens
Formons nos bataillons
Marchons, marchons
Qu'un sang impur
Abreuve nos sillons !

ENFIN LIBRES !

On est serré, on a chaud, on a froid, on vous écrase le pied, c'est égal, nous sommes libres !

— Pas encore, pas encore, nous roulons sur territoire allemand.

Le convoi s'est arrêté dans un bois.

— Nous y passerons la nuit, a déclaré le chef de convoi.

— O. K. et les Canadiens nous ouvrent la bâche.

— Il faut organiser un service sanitaire, propose Barar.

Cela consiste à aller de camion en camion :

— Y a-t-il des malades ici ?

— Oui.

— Bon, on reviendra. Combien ?

— Trois. Etc.

Nous n'avons que des comprimés d'aspirine à leur donner et un sourire. Ça suffit.

La nuit tombe et avec elle l'humidité des bois. Fatiguées, les femmes dorment et, avec Jacqueline, nous trouvons une place dans une cabine.

C'était le 25 avril.

— Go, et les camions repartent.

— Stop.

— Que se passe-t-il ?

— Rien.

Cependant, il nous faut sortir de nos camions.

— Regarde. De l'autre côté de la route, des autocars suédois nous attendent.

— Non ! Mais c'est la vie d'château.

Nous passâmes encore une nuit dans les bois.

Lübeck était loin derrière nous.

Il est huit heures du matin et nous sommes le jeudi 26 avril.

— Vous arrivez à la frontière danoise, nous annonce le chauffeur.

— Alors, nous avons quitté l'Allemagne ?

— Oui, et autour de nous apparaissent des figures aimables et souriantes.

— Alors, on a quitté l'enfer, répétons-nous.

— Fini le bagne !

— Finis les coups !

— Finie la terreur !

Ahuries, nous ne comprenons pas.

Première frontière vers la liberté.

— J'ai peur de rêver.

— Pince-moi, et quelques-unes pleurent d'émotion et de joie.

— Nous avons quitté l'Allemagne !

Alors, dans mon cœur je sens une vague de tristesse m'envahir. Comme ce serait bon s'il y avait Nicole, Anne et toutes les autres, et cependant, ne chantaient-elles pas, elles aussi :

Que même le plus noir nuage
A toujours sa frange d'or.

La leur est plus belle que la nôtre. Il nous faut encore traîner des chaînes, mais elles nous paraîtront légères maintenant.

Les nuages se dissipent, autour de nous des sourires, des fleurs, le ciel bleu, et le printemps, l'espoir...

Même le plus noir nuage
A toujours sa frange d'or.

LES ADÈLES

Dans le camion qui nous emporte loin de l'enfer, les femmes s'agitent :

— Ton pied.

— Ben, qu'est-ce qu'il a mon pied ?

— Y m'fait mal, mais retire-le, saloperie de garce.

— Vous pourriez être polie.

— Et vous, moins brutale.

— Oh ! ça va, ça va, vous disputez pas.

— Ça t'regarde ? Mieux vaut ne pas s'en occuper et, avec Jacqueline, nous cherchons un autre gîte pour la nuit.

Dans le bois sombre, tous les camions sont arrêtés.

— On ne repartira qu'à l'aube, avait annoncé l'officier.

— On part, crie une voix.

En effet, le ciel pâlit, et quelques rayons de soleil arrivent péniblement à percer l'épaisseur des arbres.

— Vite, il faut rejoindre notre camion.

Parmi tout ce convoi de Belges et de Hollandaises, nous, les Françaises de l'Adleliste, la liste aristocratique, sommes une minorité et, comme toute minorité, un peu écrasées, mais il y a de la réaction.

— Et ben ? nous accueille une voix perçante.

— ?

— Vos Madames Adèles, ce sont des p...

— Madame Adèle ? tu connais ?

— Non, qui est-ce ?

— Ben, j'vous dis qu'ça, j'm'en souviendrai d'votre Madame Adèle.

Interdites, nous ne comprenons rien.

— Expliquez-nous, qui est Madame Adèle ?

— Ben, vos amies, là.

— Ah ! et la lumière se fait en notre esprit.

— L'Adleliste.

— Ben, c'est ça, c'sont pas une famille qu'ces oiseaux-là ?

Alors, avec Jacqueline, nous partons d'un fou rire inextinguible et, depuis ce jour, il y a les « Adèles », jeunes et grandes.

Lorsque nous débarquâmes à la gare de Stockholm, attendues par le Baron de Geer, notre bienfaiteur, les cinq Adèles intéressées composeront un chant de ralliement sur l'air de « Maréchal nous voilà » :

Cher Baron, nous voilà,
Devant toi, les Adèles de la France...

J'ai oublié la suite de ce chant historique.

ÉPILOGUE

CRUSOO

Nous voici au Danemark.

— Tout le monde descend. Inquiètes, nous demandons :

— Pourquoi ? Mais on nous rassure.

— C'est un camp où vous déjeunerez et pourrez vous nettoyer un peu.

Un jeune homme s'approche pour m'aider à porter mon baluchon ; mais, très effrayée, je refuse de me séparer de ces objets précieux ; s'il allait me les voler ?

— Je crois qu'on peut avoir confiance, me dit Jacqueline.

— C'est possible, mais enfin.

A cinq cents mètres de là, un petit camp en bois nous attend, propre et coquet ; on peut se coucher, se laver, se reposer.

— Et dans quelques instants, vous aurez à déjeuner.

C'est cela, surtout, qui nous hante.

Que c'est bon de rôder de-ci, de-là, au soleil. Tous les Danois de la petite ville sont là et nous interrogent avec intérêt. Celles qui savent l'allemand, expliquent, et l'auditoire semble bouleversé.

— Premier service, premier service, crie une voix, et en un clin d'œil le grand réfectoire est plein.

Devant chacune de nous, une assiette pleine de porridge au lait, un petit pain, du beurre et de la confiture.

— On peut y toucher ?

— Mangez, mangez, nous encouragent les infirmières danoises, avec bonté.

— Tout ça, c'est pour moi ?

— Mais oui, et quand ce sera fini, vous en aurez d'autre.

Il n'en faut pas davantage ; voici toutes les têtes penchées vers la table. Pas un seul bruit, si ce n'est celui des cuillères.

Maman sanglote.

— Oh ! c'est trop beau, c'est trop beau. Elle n'est pas la seule à pleurer. D'autres font entendre des hum, hum, retentissants ou rient aux larmes.

Pour ma part, j'ai mangé cinq assiettes de porridge, six ou sept petits pains et j'aurais pu encore bien en manger davantage, mais un violent malaise intestinal me força à arrêter.

Soudain, une voix appelle.

— Que tout le monde vienne ici.

Les couleurs danoises flottaient à l'entrée et le chef du camp était là, très sérieux.

— Mesdames, j'ai une triste nouvelle à vous communiquer. Votre convoi était composé d'une dizaine de cars. Des camions allemands se sont infiltrés dans votre convoi et les avions les ont mitraillés. La malchance a voulu qu'un de vos cars ait été touché. On signale treize morts, dont le petit chauffeur canadien, et plusieurs blessés. Je demande une minute de silence pour vos camarades. Et on sonna les hymnes patriotiques.

— Que de chichis pour treize morts, me souffla ma voisine. Il me sembla, aussi, que c'était superflu, et je pensais aux cadavres du lavabo.

EN ROUTE POUR COPENHAGUE

On s'est lavé, on a dormi, on a déjeuné encore une fois, et nous voici en route pour la Suède.

PADBORG : petite gare où les cars nous conduisent. Là, un train nous est affecté. Les « Adèles » se sont installées dans un compartiment.

— Venez vite, venez vite, crie Douchka et, en effet, nous voyons sur le quai des dames avec des paniers de sandwiches qu'elles nous distribuent.

Et le train part. On se raconte des histoires.

— Non, mais, tu réalises ?
— C'est fou. Christiane sort dans le couloir.
— Ces « Adèles » sont si bruyantes.
— Les jeunes « Adèles » sont plus raisonnables.
— C'est pas difficile.

Un jeune officier passe. Il nous sourit. Christiane lui répond avec une charmante coquetterie, elle redevient femme. Quelle douce sensation !

Voici la nuit qui tombe. Les grandes « Adèles » sont insupportables ; elles rient et parlent toutes à la fois. Jacqueline vient nous rejoindre.

— On ne peut plus les retenir.
— Je n'ai pas le courage de coucher avec elles.
— Moi non plus.
— Moi non plus.
— Tiens, voici un strapontin.
— Qui le veut ?
— Prends-le, et Christiane s'y installe.

La nuit tombe.

Nous longeons le train et, de couloir en couloir, nous atteignons un wagon qui semble plus calme que les précédents où ces dames de Ravensbrück font tant de bruit.

— Si on restait là ?
— Bonne idée. Ce compartiment est vide et avec Jacqueline, nous nous étendons chacune sur une banquette rembourrée.
— Ça, c'est du luxe.
— Première nuit de confort.
— Bonsoir.
— Hum, hum. Une voix nous réveille.
— Qui est-ce ? Devant nous, deux religieuses sourient avec bonté. Il ne faut pas avoir peur, elles convoient le train et c'est leur compartiment. C'est défendu pour nous de venir là, mais il ne faut pas nous inquiéter, elles nous réveilleront demain matin.

FRÉDÉRICA : en descendant du train, il nous a été distribué une pomme et des sandwiches.

— Que c'est bon !

Et voici le bateau qui nous attend.

— Où on va ?

— On traverse le Petit Belt.
— Il est quatre heures du matin.
— C'est l'heure de l'appel.

Puis un train et de nouveau un bateau qui nous fera traverser le Grand Belt. Le Gouvernement danois veut que nous voyagions en première, et l'on annonce :

— Il y aura un petit déjeuner au restaurant. Deux services.

Mais au cri : premier service, toutes bondissent vers la salle.

— Il y en aura pour tout le monde.
— On dit ça, mais c'est plus sûr d'y être maintenant.
— Du calme, mesdames, il y en aura pour tout le monde. Ne poussez pas.

Les « Adèles » ont réussi à entrer.

— On est quatorze, on prend cette table. Il n'y a que treize places. Avec Jacqueline, nous partageons la même chaise.
— Va donc en demander une au maître d'hôtel.
— Je n'ose pas.
— Que tu es bête.

Alors, timidement, je demande :

— Monsieur, s'il vous plaît, une chaise, et, affolée, je retourne auprès des « Adèles ». Je ne peux pas encore réaliser qu'un homme peut ne pas vous donner des coups de poing sur la g...

Le restaurant nous semble un décor de théâtre : des tables, des nappes, des verres, ça brille. Il y a des fleurs, de la lumière, et quel déjeuner !

— On a perdu l'habitude.
— J'aime mieux manger avec une cuillère.
— Moi aussi, la fourchette me pique la langue.
— Moi, ça revient très bien.
— C'est un conte de fées.
— C'est un rêve.
— Ça valait le coup de s'faire arrêter.
— Pour sûr, comme voyage ?
— Tout avantage, à l'œil.
— Quand on racontera ça. Lyon, Allemagne, Berlin, Leipzig, Berlin, Ravensbrück, Lübeck, Kiel, Danemark, Suède, y seront jaloux.

VERS LA SUÈDE

Et le bateau et le train qui nous mènent à Copenhague semblent irréels.

— Dis donc ?

— Tu crois pas qu'on rêve ?

— J'en sais rien, mais c'est au poil. Et dans la brume matinale se profile, au loin, Copenhague.

— Que c'est beau !

Il est sept heures du matin.

COPENHAGUE : nous attendons dans le train, nous ne traversons pas la ville.

— C'est dommage.

— Va, on y reviendra.

Et voici le bateau, un grand bateau.

— N'ayez pas peur, mais il y a la Gestapo à bord, qui inspectera vos papiers.

Le sang se glace dans nos veines.

— La Gestapo ?

— Vous savez bien que le Danemark est occupé et que la guerre n'est pas finie ?

Nous sommes le 27 avril 1945. On nous a distribué des cartes d'identité provisoires.

— J'ai peur, murmure Marie.

Nous avons toutes un serrement de cœur.

— Française ?

— Oui.

— Weg, allez.

Et nous voici sur le bateau.

La sirène soudain retentit.

Une infirmière s'est approchée de nous :

— Vous voyez ces hommes en civil qui descendent du bateau sur le quai ?

— Oui.

— Ce sont les hommes de la Gestapo.

Le navire, sans une secousse, semble glisser sur l'eau. La capitale danoise devient de plus en plus petite. Bientôt, elle disparaît dans la brume.

— Vous êtes libres, complètement libres.

Et cette fois-ci, c'est à moi de m'appuyer contre la balustrade et de sangloter.

— Liberté, liberté chérie.

Un groupe de jeunes chante.

Le jour se lève.

— C'est le printemps.

— Vive la Suède, crient des femmes.

— Vivre la France, et de douces vagues balancent le bateau, et des mouettes gracieuses nous accompagnent.

Que c'est bon de vivre !

ARRIVÉE

— Vive la Suède, vive la Suède, crient des femmes, et en effet, la terre apparaît à l'horizon.

Et voici le port.

— Malmö, nous annonce-t-on.

Accoudées au bastingage, émues, nous hurlons :

— Vive la Suède, vive la Suède !

Sur le quai, un officier, en grand uniforme, est debout ; une haie de soldats l'entoure.

Voici le bateau qui jette l'ancre.

— Garde à vous, a dû crier l'officier, et tous saluent les misérables bagnardes.

Nous voici à notre tour sur le quai.

— Belges.

— Hollandaises.

— Polonaises.

— Françaises. Nous ne sommes pas nombreuses. Les « Adèles » seulement. Les groupes se sont formés par nationalité, et voici les attachés d'ambassade, de consulat, de mission, qui accourent :

— Belges ? c'est vous ?

— Non, là-bas.

— Hollandaises ?

— Plus loin. Mais personne ne demande où sont les Françaises.

A chaque groupe, le commandant adresse quelques mots.

— Au nom de Sa Majesté le Roi, je vous souhaite la bienvenue. Finies la tyrannie et la barbarie. Finie la terreur. Nous sommes vos frères, vos amis. Ici, vous êtes chez vous. Soyez les bienvenues. Vive la Suède et vive la France !

— Vive la Suède. Un petit homme, jeune et mince, accourt, sa serviette sous le bras.

— Françaises ? où sont les Françaises ?

— Ici.

— Ah ! vous voilà. Quelle chance, avec toutes ces paperasses, le bureau, on n'arrête pas. Enfin, vous voilà. Combien ? Quatorze ? C'est peu. Je ne sais où on va vous mettre. Oui, oui, je saurai. Vos familles ? On enverra peut-être un message, cela n'a pas été prévu. Je suis très pressé. Oui, oui, je vous retrouverai. Au revoir.

Et, en courant, le « représentant de la légation française » s'éloigne.

Là-bas, les consuls belge, hollandais, polonais, discutent, questionnent, s'intéressent.

— Ça a pas changé chez nous.

— C'est égal, ça fait du bien de revoir des gens du pays.

EN SUÈDE

Voici un long chapitre qui s'ouvre devant moi. Il est long et grand et je ne veux pas le traiter superficiellement.

Afin que le tableau que je vous brosse ne soit pas trop chargé, permettez-moi de placer, à ses côtés, une autre toile aux couleurs chatoyantes, aux couleurs bleues et jaunes.

Vous êtes partis de France ? Je veux vous y ramener. Je vous ai menés à travers une route longue et douloureuse.

Dernières heures de liberté, de prison, le camp, les nuages lourds et sombres, et puis le souffle printanier, le rayon de soleil, la confiance, toujours vivante, qui triomphe, la liberté retrouvée et le retour au pays bien-aimé.

Je vais, rapidement, feuilleter le livre de l'éblouissement et de la joie, par une peinture concise.

Cependant, elle ne serait pas complète si j'omettais de parler de la Suède, et c'est pourquoi je placerai, à vos côtés, une toile où vous apprendrez, comme nous, à aimer le magnifique pays auquel nous devons nos premières heures de liberté.

MALMÖ

A Malmö, un repas nous attendait, et un car. Et les visites médicales commencèrent, puis les douches et les grands nettoyages.

Pour ma part, ma gourmandise me valut huit jours dans un hôpital.

— Vous avez la dysenterie, me déclare le médecin tout masqué.

Il murmure quelques mots à une infirmière.

— Venez, et sans que j'eusse le temps de dire ouf, une auto me transportait dans un hôpital.

— Mais c'est une indigestion.

— Typhus, déclara l'infirmière.

Elle ne parlait pas le français et j'ignore le suédois.

— Indigestion.

— Typhus.

Séparée des camarades et de Maman, je passais huit tristes journées dans la petite chambre que je partageais avec deux autres femmes.

— Je n'ai pas le typhus.

Un soir, le téléphone sonne. La jeune infirmière qui était de garde vient me chercher.

— Hitler, Hitler tot. Je compris que Hitler était mort.

A force de démarches, on vint me chercher. Une auto me conduisit au musée zoologique et là, au milieu des girafes empaillées et des aquariums, je retrouvais tout notre groupe qui couchait sur des paillasses avec des draps en papier et menait joyeuse vie.

— Viens voir, et Isabelle m'entraîne à la cantine. Je fus éblouie à la vue des gâteaux et en mangeais dix-huit. Isabelle s'était arrêtée à quatorze.

On nous pesa, on nous lava, on nous donna des vêtements neufs, de l'argent et, un jour, on vint nous chercher.

— Quine lou.

— C'est pour la quarantaine, nous fut-il expliqué.

— Encore un camp ?

— Encore des châlits.

— Encore des fils de fer.

Il y eut beaucoup de soupirs et de récriminations. La liberté était trop près.

Enfin, on annonça :

— La guerre est finie.

On pleura, on s'embrassa, et il nous fut distribué du café au lait pour fêter cet événement.

Du café au lait...

VERS LE NORD

— Je ne peux plus supporter ce camp.

— J'y étouffe.

— Je veux rentrer.

— On se moque de nous.

Chacune fouilla au fond de sa mémoire et retrouva des amis suédois. On leur écrivit, on reçut des colis et un beau jour la nouvelle stupéfiante arriva.

— Vous quittez le camp pour aller dans des familles.

Alors, ce fut le vrai conte de fées, le voyage, et Stockholm, une des plus belles capitales, des amis bons et compréhensifs qui surent nous entourer de douceur et qui soignèrent nos cœurs et nos âmes meurtries.

Des semaines à la campagne, dans une propriété de rêve, au milieu des forêts, des lacs, des élans, Upsala, et de belles promenades. Les premières lettres de France, les larmes d'émotion et parfois de douleur à l'annonce de malheurs, mais, toujours, une main douce qui caresse le cœur, celle de la bonté qui nous environne.

Mais le temps passe. Les premiers avions partent vers la France.

C'est notre tour. Le cœur se serre de quitter de si bons amis. Et, cependant, la France nous tend les bras. Y avons-nous rêvé de ce retour?

Adieu forêts! adieu trolls mystérieux! adieu poésie du nord! Voilà le camp d'aviation et la forteresse volante qui va nous engloutir.

A peine une secousse, et voici que nous abandonnons la terre.

— Vive la Suède ! Merci à la Suède.

RETOUR

— Il ne faut pas penser, me souffle Maman.

— Finie la douceur de vivre.

— Dieu sait ce qui nous attend?

— Il faut recommencer à vivre.

Le pilote annonce : Danemark, Hollande, Belgique.

— Vous entrez en territoire français.

Chacune se penche pour voir. Il n'y a que des nuages blancs et épais.

— On ne voit rien.

— Mais, c'est l'air de chez nous.

Maman est malade.

— Attention, Paris.

Ce mot magique nous fait sursauter. Les cœurs anxieux et impatients battent à se rompre.

— Paris.

L'avion se pose avec douceur.

Le Bourget. Nous sommes le mercredi 27 juin. Il est quinze heures quinze.

— Dis donc, je vois ma sœur.

— Mais je crois bien que c'est ma mère.

Que de larmes, et de rires, et de soupirs!

Maman est mise sur une civière, elle ne ressent qu'un malaise violent et son cœur est faible. Vite une piqûre, une auto.

Voilà mon oncle, ma tante, ma cousine, une amie et la vieille Anglaise qui m'a élevée.

Vite, on transporte Maman.

Paris, les rues, les autobus, le bruit, la tête éclate...

Est-ce de la joie?

Cent visages, que je n'ai pas vus depuis un an, me paraissent irréels.

— Est-ce possible ? Tant de choses, en si peu de temps!

Je ferme les yeux. La prison, le camp, Nicole, la Suède, la France, Paris, et plus de croix gammées. Mon cœur bondit de joie.

— On les a eus.

Je n'en ai jamais douté, mais ça a coûté cher.

C'est quand même bon, l'odeur du pays.

— Bonjour ma chère petite, et Madame S. se précipite vers moi.

— Quelle épreuve, ma pauvre petite. Mais, soudain, surprise, elle recule, me regarde :

— Mais, vous n'avez pas si mauvaise mine que ça. Vous avez même grossi, et s'asseyant à côté de moi :

— Dites-moi, au fond, ce n'était pas si terrible que ça?

— Oh non! madame.

— Je savais bien qu'on exagérait.

— Oui, sûrement.

— Vous mangiez à votre faim?

— Tout à fait.

— Ça se voit bien, avec la mine que vous avez, vous n'avez pas l'air d'avoir beaucoup souffert.

— Oh! pas du tout.

— Je le pensais bien, et puis je n'étais pas inquiète pour vous, j'ai pensé que votre grand-mère vous enverrait des colis.

— Oh! oui.

— Ben, si ce n'était pas l'éloignement, c'était pas si mal que ça?

— Oh! non.

— Et puis; ça vous a fait voir du pays, à votre âge.

— Sûrement.
— Votre famille vous a souvent envoyé des paquets ?
— Tous les jours.
— Et vous aviez des nouvelles ?
— Oui, on pouvait téléphoner.
— Je le disais bien qu'on exagérait, et d'un ton de confidence :
— Si vous saviez, ma petite, tout ce qu'on raconte ici sur les camps. Il y a de quoi avoir des cauchemars. Il y a toujours des hystériques partout, mais avec la mine que vous avez ! Cependant, j'ai trouvé votre mère fatiguée, c'est curieux.
— Elle pèse trente-quatre kilos.
— Ce n'est pas beaucoup. Elle n'a pas dû être raisonnable, avec son énergie, cela ne m'étonne pas, c'est curieux.
— Oui, c'est curieux. Au revoir, madame.
— Au revoir, et ravie de vous voir en si bonne santé.
Toupie, va.

QUESTIONS

— Ma nièce revient d'un camp de concentration.
Aussitôt, l'auditoire devient très intéressé.
— Pas possible, si jeune.
— Eh ! oui, la pauvre petite, et il est clair que mon oncle me laisse la parole.
— Avez-vous beaucoup souffert, mademoiselle ?
— Mangiez-vous à votre faim ?
— Avez-vous subi de mauvais traitements ?
— Les Allemands étaient-ils corrects avec vous ?
— Avez-vous reçu des nouvelles de chez vous ?
— Avez-vous rencontré de bonnes amies ?
— Aviez-vous de l'eau chaude ? une armoire ? un tapis ? de l'argent ? etc.
Autant de questions stupides, posées souvent par des gens considérés intelligents.
Que répondre ?
— Cela vous est peut-être pénible de rappeler ces mauvais souvenirs ?
Et je pense aux longues nuits, aux larmes amères qui débordaient d'un cœur submergé de souffrance, au goût âcre

d'une douleur extrême, à la faim, sans pitié, qui nous donnait le vertige, aux ulcères, aux abcès purulents, aux poux, aux cadavres cireux du lavabo, à la flamme rouge qui s'échappe nuit et jour de la haute cheminée, au dénuement, à la misère...

— Les Allemands étaient-ils corrects ?

Oui... les chiens, les lapins, les enfants stérilisés, la poudre blanche, la chambre à gaz, oui, corrects...

— Les mauvais traitements ? Le nerf de bœuf, le « marchand de vaches », les cinquante coups de bâton, une simple gifle...

— Avez-vous beaucoup souffert, mademoiselle ?

A la vérité, qu'en pensez-vous ?

Et cependant... Nicole, Tania, Bérangère, Coury, tant de fous rires, tant d'héroïsme, tant de générosité, parfois tant d'abnégation, de dévouement, de bravoure.

Même le plus noir nuage
A toujours sa frange d'or.

— Non, monsieur, ce n'est pas ce que vous croyez, on a eu de beaux moments, on a beaucoup souffert, mais on ne regrette rien.

ANNEXES

I

Que deviennent les « bouteilles jetées à la mer » dans le péril mortel ?

Il faut se reporter au chapitre : « Les messages », p. 108.

Nos amis, chez qui nous étions réfugiés les derniers temps, habitent près de T. C'est sur l'autre rive et Maman me montre :

— Tu vois ces arbres là-bas, c'est le parc. En effet, et, à gauche, c'est le mur et la maison de Monsieur F. à côté. Mon cœur bat à rompre. Ceux que j'ai quittés il y a deux mois sont là derrière ce rideau d'arbres, libres. Et voici la gare de Q., le train s'est arrêté. C'est la gare qui dessert T. :

— Comment les prévenir ? songe Maman.

— Qui ?

— Nous avons de la famille à deux kilomètres d'ici, de l'autre côté de la Saône.

— Un message, *tiens, et Jeanne bondit, rapide et légère : vite un crayon, un papier, un mouchoir. Maman écrit :*

— Sommes Béatrix et moi en route pour Romainville. Prévenez famille. Allons bien. Priez. Tendresses. Anne-Béatrix. Aussitôt dit, aussitôt fait. C'est Jeanne qui s'en charge. Le train est reparti, et rayonnante elle nous annonce :

— Et le message aussi.

— Le trouvera-t-on ?

— Sûrement, quand un cheminot verra un mouchoir sur la voie il voudra s'en emparer et trouvera le papier avec la mention : « Pour des déportées, veuillez faire parvenir à telle adresse ce billet ». L'idée est bonne. Et tout le long de la route, tel le petit Poucet, nous semons des messages.

N'ayant pas tant de mouchoirs à sacrifier, nous les glissons dans

URGENT Tél 34.
MAITRE ERARD
Maître de GONDRECOURT
Gondrecourt le château
MEUSE

Cher Maître. Après 2 mois de prison
Lyon ns sommes évacuées vers Vittel.
Tâchez de communiquer avec nous au
plus vite. Envoyez colis vivres et savon
possible aider libération.
Beatrice
15 août

Cher Ami. Avons reçu Vittel
message consolant. Source in-
connue. Hélas continuons sur
l'Allemagne. Maman grave-
ment malade poumons. Sau-
vez encore si possible. Priez
pour nous. ~~Prévenez~~
Supposons source
message que c'est
vous. Insistez sur maladie
Beatrice G.B.

Maître ERARD
notaire à
GONDRECOURT
Meuse

Monsieur le Chef de Gare
Gare de Vittel
Pr Maître ERARD
maire de Gondrecourt
MEUSE Tél 34 le château

A l'arrivée à Vittel nous avons su que notre message était bien parvenu (voir p. 116).

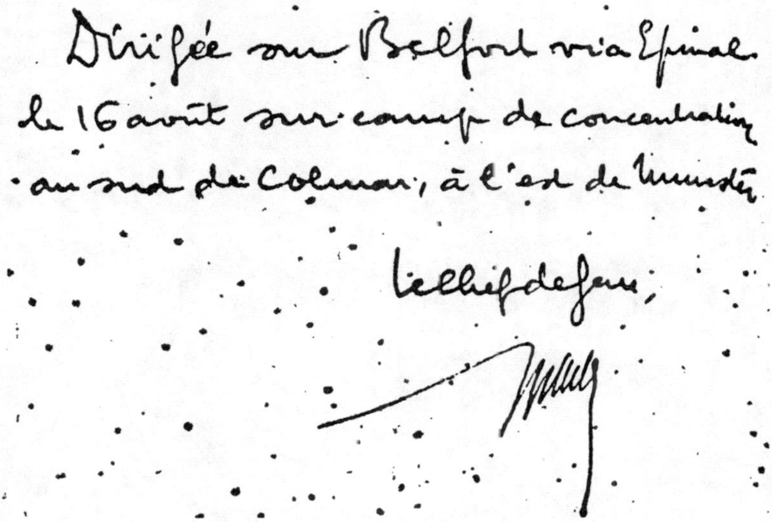
Dirigée sur Belfort via Epinal le 16 août sur camp de concentration au sud de Colmar, à l'est de Munster.

Le chef de gare,

une gare, en faisant des signes expressifs aux cheminots pour qu'ils comprennent que sur la voie ils trouveront quelque chose.

Chacune alerte sa famille et Nicole adresse même un billet à son chef de réseau afin de signaler l'important convoi. Peut-être le maquis pourrait-il faire sauter les voies ou attaquer le train.

Et sur cet espoir, les heures passent, rapides, dans le train.

Le maquis n'est pas venu faire sauter les voies...

Il semble, cependant, qu'un des « messages » soit arrivé à destination. Maman l'avait adressé à notre notaire, officier ministériel pour « que ça fasse sérieux » vis-à-vis du cheminot qui le trouverait!

Ces S.O.S. sont griffonnés sur du papier hygiénique et le notaire les a retrouvés dans son dossier après 1981 lorsqu'il a pris sa retraite.

Vaine notre espérance! Les voies n'ont toujours pas sauté. Ce bref avis fut la seule lumière que notre famille a pu avoir avant notre libération en 1945.

Ces petits « billets » originaux, émouvants dans leur forme concise sont au musée Michelet, à Brive, en souvenir de la grande amitié qui liait Maman à Edmond Michelet.

II

Voici une annexe qui, sans doute, choquera les « honnêtes gens ». Un camp de concentration n'est pas une « compagnie distinguée », mais un lieu où l'on essaie de survivre avec les moyens du bord... plutôt modestes !

Il faut se reporter au chapitre : Papa — Maman p. 262.

Nous formons là une drôle de famille, mais bien unie. Elle est d'ailleurs très large. Ma mère à moi est le petit-fils de Bérangère et de Marcelle. Suzy est notre grand-père à toutes ; Lucienne est le gendre. Quant à Wanda[1]*, du bureau, elle est notre notaire. Et le 18 avril, jour de mon anniversaire, elle a réussi à dresser un* acte notarié *sur parchemin, signé et contresigné de mes parents, me reconnaissant pour fille, sinon naturelle, tout au moins légitime. Que de fous rires !*

Eh ! bien, l'ORIGINAL de cet acte bidon m'a été renvoyé l'année dernière (c'est-à-dire en 1989 !), accompagné du MENU également bidon d'un repas imaginaire dégusté en l'honneur de mon anniversaire et d'un « compliment »... le tout attribué à l'imagination rabelaisienne de Bérangère.

Ce document dont on peut contester la forme (et même le fond !) est à mes yeux intéressant car il révèle un peu l'atmosphère, la psychologie qui peuvent régner dans un tel enfer. Il y a l'atroce, l'incommunicable, la barbarie sauvage et, faisant bon ménage... cette parcelle d'humain qui s'exprime grossièrement, mais qui permet, je le répète, de SURVIVRE !

Il faut avouer que, lorsque Maman fut mise au courant de cette

1. *Alias* Maruszka Krakowska.

grosse plaisanterie, elle ne l'a pas du tout appréciée ! Mais Maman n'avait pas vingt ans !

A vrai dire, mon mari n'a pas non plus goûté cette « amusette » d'un goût contestable et moi-même, avec le recul du temps... Mais on a bien ri, et c'était là l'Essentiel.

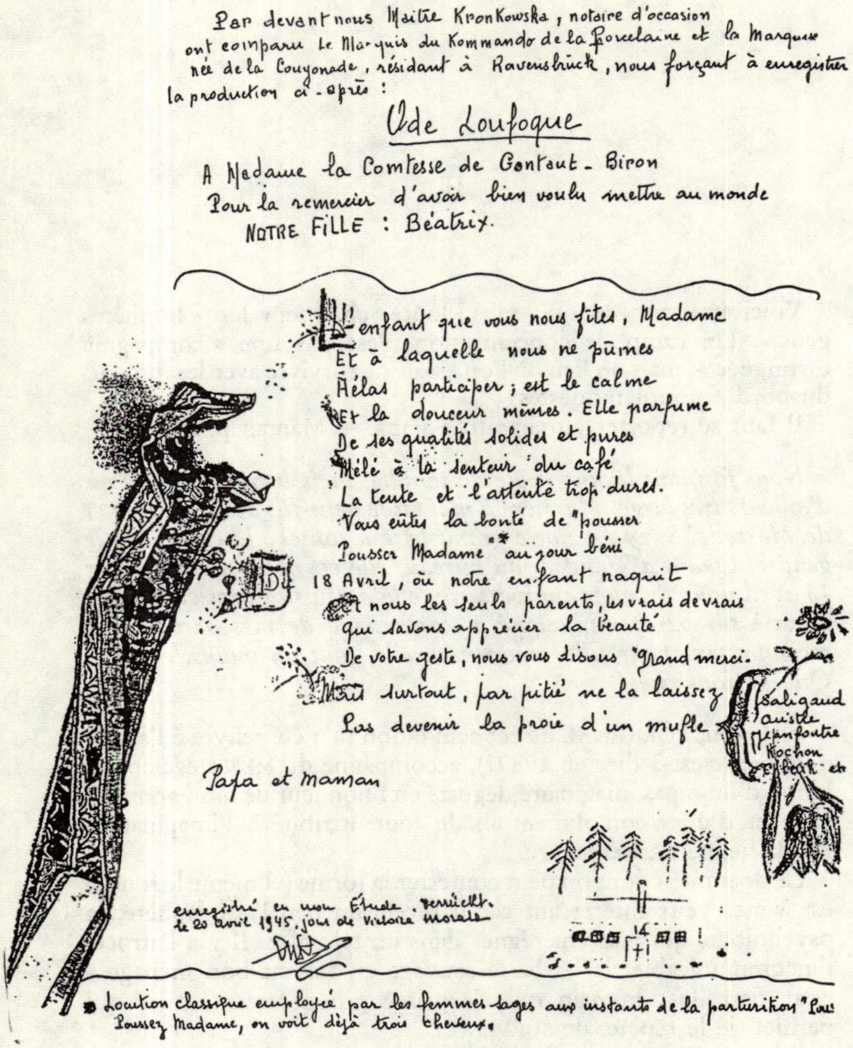

Par devant nous Maître Kronkowska, notaire d'occasion
ont comparu le Marquis du Kommando de la Porcelaine et la Marquise
née de la Couyonade, résidant à Ravensbrück, nous forçant à enregistrer
la production ci-après :

Ode Loufoque

A Madame la Comtesse de Gontaut-Biron
Pour la remercier d'avoir bien voulu mettre au monde
NOTRE FILLE : Béatrix.

L'enfant que vous nous fites, Madame
Et à laquelle nous ne pûmes
Hélas participer ; est le calme
Et la douceur mêmes. Elle parfume
De ses qualités solides et pures
Mêlé à la senteur du café
La tente et l'attente trop dures.
Vous eûtes la bonté de "pousser
Pousser Madame"* au jour béni
18 Avril, où notre enfant naquit
Et nous les seuls parents, les vrais de vrais
qui savons apprécier la beauté
De votre geste, nous vous disons "grand merci.
Mais surtout, par pitié ne la laissez
Pas devenir la proie d'un mufle { saligaud / cuistre / jean-foutre / cochon / et ... et

Papa et Maman

enregistré en mon Étude, verrückt.
le 20 avril 1945, jour de Victoire Morale

* Locution classique employée par les femmes sages aux instants de la parturition "Poussez Poussez Madame, on voit déjà trois cheveux."

On voit que nous avions faim !

Pour votre anniversaire aujourd'hui douce amie
J'aurais voulu vous adresser des fleurs, des fleu
Des bonbons, du jambon – Tiens pourquoi du jamb
curieux cadeau ! peut être aussi du beurre ?
Et pourquoi pas ? Afin d'avoir en euphor
l'organe qui jadis avait des proportions
D'outre garnie ! Mais aujourd'hui finis les fe
Vous reverrez bientôt votre maison chérie
Ravenstruck – midi
18 Avril 194

Beatrix –

Amuse-gueule – Porto – Frontignan – Pernod –

Goûter dinatoire à la Suisse

Croque-Monsieur variés à la mode Valaisanne
(Recettes Berengère)

Jambon froid – Canard froid | vin blanc sec
Compote de pommes –
Salade

Tarte aux poires, – Zygomar {Pistache chocolat
gateaux 4/4 à l'orange
Ananas en conf.
Tourte aux amandes –
Eclairs à divers parfums –
Thé – Café au lait – Chocolat

III

J'écris p. 277 :

Nous n'osions parler, mais lorsqu'on nous fit tourner dans la direction de la chambre à gaz, *chacune pâlit légèrement, et malgré le sourire, on sentait que le combat qui se livrait dans les cœurs était violent.*

— Recht, droite, hurle notre gardienne.

Et nous tournâmes le dos au crématoire.

On dit aujourd'hui qu'il n'y avait pas de chambre à gaz à Ravensbrück, ni d'ailleurs dans les camps de concentration situés en Allemagne.

Je voudrais, à ce sujet, faire quelques réflexions :

1. J'ai écrit, page 15 : *« Je veux vous faire pénétrer l'atmosphère d'un tableau que j'ai non seulement vu mais vécu, et je m'engage à ne citer que des observations faites par moi seule. »*

Or je n'ai pas constaté *de visu* l'existence de la « chambre à gaz ».

2. Ce que j'ai « vu », c'est la grande cheminée du crématoire qui fumait, fumait... et nous disions tristement entre nous : « Ce sont les âmes qui montent au ciel. »

Avec l'âge, je ne veux pas assombrir ni appesantir ce livre de mes vingt ans. Cependant, il me faut mettre mon grain de sel dans cette polémique : y avait-il ou n'y avait-il pas de chambre à gaz à Ravensbrück ?

Une équipe d'Auschwitz est venue en octobre 1944 à Ravensbrück. Elle a travaillé dans le bâtiment où la colonne de peinture entassait son matériel. On lui a fait tout vider et boucher toutes les fentes possibles. Le 23 avril 1945, Anise Postal-Vinay a vu tout un transport dirigé vers cette baraque. Les femmes ne sont même pas entrées dans le camp et... elles ont disparu. Alors ?

3. Ceux qui sont intéressés par ce sujet pourront lire avec profit l'excellent livre de Germaine Tillion : *Ravensbrück*, paru aux Editions du Seuil en 1988. Lire surtout l'annexe I par Anise Postel-Vinay. Elle répond à toutes les questions et donne ses sources officielles.

Il y a aussi le livre d'Eugen Kogon, Hermann Langbein et Adalbert Ruckerl : *Les Chambres à gaz, secret d'Etat* (traduit de l'allemand), paru aux Editions de Minuit en 1984.

IV

Voir le chapitre « Le bain », p. 120.

Nous sommes toujours à Rothau, *depuis si longtemps nous nous lavons avec un verre d'eau, mais essayez ! ce n'est pas commode du tout, alors nous avons demandé l'autorisation de nous laver dans la petite rivière que nous apercevons dans les arbres. La permission est accordée. Nous sommes réparties en quatre groupes, et quinze par quinze nous irons nous baigner. Oh ! joie ! Le lieu choisi n'est pas romantique : au pied d'une usine, mais c'est exprès, ce serait plus difficile de s'évader.*

Dans le mensuel : *Le Collectionneur français* de mai 1989, mon fils tombe par hasard sur l'annonce suivante :

« Recherche livre de la comtesse de Toulouse-Lautrec née Gontaut-Biron relatant sa déportation à Ravensbrück. Règlement comptant d'avance + frais d'envoi. Écr. : Georges Songeon, Villa Koufra, 80 131 Harbonnières. Tél. : 22 85 38 34, remerciements. »

Je me mets aussitôt en rapport avec ce monsieur. Il se trouve qu'il était à Rothau à cette époque. Il me fait rencontrer deux de ses amies qui travaillaient justement dans cette usine au bord de l'eau.

Elles se rappellent fort bien ce « transport » de femmes qui se sont baignées dans la rivière et qu'elles ont héroïquement (c'est moi qui parle !) ravitaillées, sur leur propre ration, au risque de perdre leur liberté et peut-être aussi leur vie.

Comme le monde est petit !

LE GÉNÉRAL DE GAULLE 1er Novembre 1967.

Chère Madame,

Avec beaucoup d'émotion j'ai lu votre livre : « La victoire en pleurant... » que m'avait annoncé ma sœur Cailliau de Gaulle. Ce que vous avez vécu et subi, si jeune, si frêle, mais moralement si solide et si forte, dans cet océan de boue, frappe d'autant mieux l'esprit et le cœur que vous le racontez sans recherche, sans « littérature », même sans plainte ni récrimination, ce qui ne vous empêche pas de le bien écrire.

Comme, au fond de l'épreuve, — qui était un combat, — il vous est arrivé d'en faire offrande à la France, je vous en remercie pour elle et, grâce à vous, en connaissance de cause.

Avec mes souhaits profondément sincères pour vous-même et pour les vôtres, je vous prie de bien vouloir agréer, chère Madame, mes hommages les plus respectueux.

C. de Gaulle

REPUBLIQUE FRANÇAISE — POSTES 0,30 — PARIS — R. LA BOETIE — 1967

Madame la Comtesse
de Toulouse-Lautrec
Château de Grigneuseville
76 Bosc-le-Hard

TABLE

Achevé d'imprimer en février 1992
sur presse CAMERON
dans les ateliers de la S.E.P.C.
à Saint-Amand-Montrond (Cher)
pour le compte de France-Loisirs
123, boulevard de Grenelle, Paris

N° d'édition : 20862. N° d'impression : 485
Dépôt légal : février 1992.

Imprimé en France